KB068024

그레이트 스피치

그레이트 스피치

마음을 움직이는 말의 힘

하이웰 윌리엄스 지음 · 정지현 옮김

GREAT SPEECHES OF OUR TIME

오늘을 담고 내일을 바라보다

이 책에 나오는 연설들은 현대를 만든 사상 기류와 힘의 배치를 잘 보여준다. 대부분은 정치인들, 메시지의 긴급성과 진실의 정확성을 전달하고자 하는 국가 지도자들의 연설이다. 그들 중 다수는 민주적인 방법으로 권력을 얻었다. 자신의 영향력이 정점일 때 행한 연설에서 그들이 평생 유창한 설득 기술을 익히기 위해 노력했음을 알 수 있다. 피델 카스트로와 니키타 흐루시초프, 마오쩌둥의 연설은 독재자들 또한 언어적 기술로 대중에게 깊은 인상을 심어주고자 했음을 보여준다. 언어적 기술은 무력에 의존하는 폭군의 통치 방식을 보완한다. 맥아더 장군과 마셜은 군사 전문가의 지정학적 분석을, 엘리너 루스벨트와 마틴 루터 킹 주니어는 대의명분을 중시한 도덕적 권위와 실질적 영향력을 얻는 운동가의 모습을 보여준다. 전쟁 중이건 평화적인 시기이건 국가 내부, 그리고 국가 간에 일어나는 각종 사건의 물결은 개인의 정신은 물론이고 집단의 의식을 형성한다. 셰이머스 히니와 오르한 파묵은 문학예술이 작가의 고국에서 일어나는 갈등을 반영하며, 그에 대한 영향 또한 끼칠 수 있음을 보여준다. 그들의 말은 공공 영역을 향한 작가의 의식 욕구를 따라간다.

이 책에는 제2차 세계대전 후 재건 시대부터 21세기 초 정치적 이슬람의 부활에 이르는 문제를 다루는 목소리가 들어 있다. 연설자들 중 다수는 국가의 정체성이라는 질문에 이끌렸다. 이스라엘의 벤구리온, 인도의 네루, 탄자니아의 니에레레, 아일랜드의 데 벌레라 모두 고대로부터 내려온 문화 전통 위에 국가를 건설한 이들이었다. 한편 대처의 영국과 드골의 프랑스는 정부 조직이 오랜 역사를 가진 만큼 강력한 국가 의식을 보여준다. 그와 달리 미국의 정치 연설은 미국이 문명의 역사에서 뒤처져 있는 것이 아니라 새롭게 만들어지고 있는 문명이라는 열정적 정서에 기반한다. 피에르 트뤼도는 다양성을 존중하는 동시에 단결을 열망하는 새 헌법에 입각해 캐나다의 국가 정서를 만들고자 했고, 오스트레일리아 원주민에게 사과한 케빈 러드는 자기반성을 초월하여 자기 발견의 새로운 단계로 나아가자고 말한다. 이 모든 사례는 오래된 국가이건 신생 국가이건 정체성의 뿌리에 대한 연설이 지성뿐만 아니라 감성에 호소할 수 있음을 보여준다.

독일의 리하르트 폰 바이츠제커가 지적하듯, 1945년 이후 국가의 자결권 개념은 승리도 맛보았고 패배도 맛보았다. 서유럽 국가들은 나치의 점령에서 해방되었고 중·동유럽 국가들도 1989년 이후 자유를 되찾았다. 그런데 지난 두 세대 동안 유럽연합EU이나 유엔UN, 아프리카통일기구OUA, 세계무역기구WTO 등 국제기구도 급속도로 늘어났다. 국제기구들은 그 역할을 시험받고 권위적이라는 비난을 받기도 했지만 그 존재가 윤리와 정치, 경제 영역이 국가 차원을 넘어 어느 때보다 넓어지고 있다는 반증이다. 인권과 군비 축소, 세계 자본주의, 테러리즘 같은 국제적 사안은 사람들의 견해에 영향을 끼쳐 세상을 바꾸고자 하는 이들의 연설에 새로운 주제들을 더해주었다. 아니타 로딕의 다국적 기업에 대한 분노, 토니 블레어의 새로운 세계 질서를 바라는 염원, 넬슨 만델라의 여러 인종들 사이의 관용 메시지 등이 그 좋은 예다.

20세기 말 해럴드 맥밀런 같은 이들은 옛사람들의 명언을 인용해 자신의 연설에 힘을 실었다. 간결하고 함축적인 표현은 대중의 관심을 끌 수 있다. 수사학의 역사가 보여주듯 훌륭한 연설의 요소는 거의 변하지 않았다. 수사학은 기원 전후에 고대 로마에서 처음으로 교육 과목에 포함되었고, 중세부터 르네상스 시대까지 수사학 연구는 교육 과정의 기본이었다. 그러나 주입식 교육으로 단순히 말하기 기법만 강조되자 '수사적'이라는 단어가 근대에는 경멸적 표현으로 쓰이게 되었다.

우리는 음조와 어조를 어떻게 활용하여 연설할 것인가 하는 법칙에 따르기보다 진정성을 보여주는 연설자를 좋아한다. 그렇더라도 이러한 기술이 없으면 관객은 물론 자신의 주장마저 잃고 만다. 정리된 생각과 분명한 감정으로 머리는 물론이고 가슴에 호소하는 것이 훌륭한 연설의 기본이다. 많은 사람들 앞에 선 한 사람은 그들이 품은 기대감을 느끼면서 말을 시작한다. 연설에는 이러한 위대한 연속성이 있다. 그리고 여기에 우리 시대에 중대했던 목소리들이 있다.

하이웰 윌리엄스

차례

| 시작하며 |

오늘을 담고 내일을 바라보다 ······ 005

● **에이먼 데 벌레라** ······ 014

'강자가 약자에게 공정하기란 정말로 어려운 일입니다' | 1945년 5월 16일 |

● **윈스턴 처칠** ······ 021

'유럽 대륙에 철의 장막이 내려졌습니다' | 1946년 3월 5일 |

● **조지 마셜** ······ 028

'우리의 정책은 오로지 배고픔과 가난, 절망, 혼란을 물리치려 할 뿐입니다'
| 1947년 6월 5일 |

● **자와할랄 네루** ······ 035

'동방에 새로운 별이, 자유의 별이 떠오릅니다' | 1947년 8월 14일 |

● **다비드 벤구리온** ······ 042

'이곳은 우리의 고국입니다. 철새처럼 돌아오는 곳이 아닙니다' | 1947년 10월 2일 |

● **엘리너 루스벨트** ······ 049

'오늘날 세계가 마주한 기본적인 문제는 바로 인간의 자유를 지키는 것입니다'
| 1948년 12월 9일 |

● **더글러스 맥아더** ······ 055

'노병은 죽지 않습니다. 다만 사라질 뿐입니다' | 1951년 4월 19일 |

● **니키타 흐루시초프** ······ 062

'개인숭배가 당의 민주주의를 무례하게 침해했습니다'

| 1956년 2월 25일 |

● **어나이린 베번** ······ 069

'정부는 지저분하고 사소한 목적을 위해 거대한 무기에 의존했습니다'

| 1956년 12월 5일 |

● **마오쩌둥** ······ 076

'백 송이 꽃이여 피어나라. 백 개의 학파가 겨루어라'

| 1957년 2월 27일 |

● **해럴드 맥밀런** ······ 083

'아프리카에 변화의 바람이 불고 있습니다'

| 1960년 2월 3일 |

● **존 F. 케네디** ······ 090

'오늘 우리는 새로운 변경의 끝에 서 있습니다'

| 1960년 7월 15일 |

● **존 F. 케네디** ······ 097

'조국이 여러분을 위해 할 수 있는 일이 무엇인가를 묻지 말고 여러분이 조국을
위해 할 수 있는 일이 무엇인가를 물으십시오' | 1961년 1월 20일 |

● **존 F. 케네디** ······ 104

'인류가 전쟁을 전멸시키지 않으면 전쟁이 인류를 전멸시킬 것입니다'

| 1961년 9월 25일 |

● **샤를 드골** ······ 111

'핵무기를 보유하지 않은 나라는 독립을 상상조차 할 수 없습니다'

| 1963년 2월 15일 |

● **마틴 루터 킹 주니어** ······ 118

'나에게는 꿈이 있습니다'

| 1963년 8월 28일 |

● 해럴드 윌슨 ⋯⋯ 125

'기술 혁명의 하얀 열기'

| 1963년 10월 1일 |

● 넬슨 만델라 ⋯⋯ 132

'이상을 위해 나는 죽을 준비가 되어 있습니다'

| 1964년 4월 20일 |

● 배리 골드워터 ⋯⋯ 139

'자유를 수호하려는 극단주의는 악이 아닙니다'

| 1964년 7월 16일 |

● 마틴 루터 킹 주니어 ⋯⋯ 146

'베트남 전쟁은 미국인의 정신에 자리한 심각한 병적 증세입니다'

| 1967년 4월 4일 |

● 줄리어스 니에레레 ⋯⋯ 153

'사회주의는 마음의 자세입니다'

| 1967년 4월 10일 |

● 가말 압델 나세르 ⋯⋯ 160

'우리는 팔레스타인 문제가 절대로 사라지거나 잊히지 않도록 만들 것입니다'

| 1967년 5월 26일 |

● 가말 압델 나세르 ⋯⋯ 166

'이제 우리는 팔레스타인 문제 전체를 다룰 준비가 되었습니다'

| 1967년 5월 29일 |

● 리처드 닉슨 ⋯⋯ 168

'북베트남은 미국을 쓰러뜨리거나 굴욕을 줄 수 없습니다. 그것은 오로지 미국인만이 할 수 있습니다' | 1969년 11월 3일 |

● 리처드 닉슨 ⋯⋯ 175

'실수도 있었습니다. 하지만 결코 사적인 이익을 취한 적은 없습니다'

| 1974년 8월 9일 |

- **피에르 트뤼도** ⋯⋯ 182

  '우리 헌법의 귀환은 긴 겨울의 끝을 의미합니다'

  | 1982년 4월 17일 |

- **닐 키녹** ⋯⋯ 189

  '경고하건대 여러분은 고통스러워질 것입니다'

  | 1983년 6월 7일 |

- **닐 키녹** ⋯⋯ 194

  '우리는 민주사회주의자입니다. 우리는 언제나 관심을 기울입니다'

  | 1987년 5월 15일 |

- **로널드 레이건** ⋯⋯ 197

  '우리는 결코 독재 정부에 고립주의로 대응해서는 안 됩니다'

  | 1984년 6월 6일 |

- **마리오 쿠오모** ⋯⋯ 204

  '미래가 어떻게 만들어지는지 이 나라가 알게 합시다'

  | 1984년 7월 16일 |

- **제시 잭슨** ⋯⋯ 211

  '고난은 우리를 성숙하게 합니다. 믿음은 절대로 실망시키지 않습니다'

  | 1984년 7월 18일 |

- **리하르트 폰 바이츠제커** ⋯⋯ 218

  '과거에 눈을 감는 사람은 결국 현재도 보지 못합니다'

  | 1985년 5월 8일 |

- **마거릿 대처** ⋯⋯ 225

  '유럽을 공동의 노력만큼이나 국가적 정체성을 즐기는 국가 가족으로 만듭시다'

  | 1988년 9월 20일 |

- **미하일 고르바초프** ⋯⋯ 232

  '선택의 자유는 예외가 존재하지 않는 보편적 원리입니다'

  | 1988년 12월 7일 |

● 넬슨 만델라 ······ 239

'자국은 물론 세계와도 평화를 이루는 무지개 국가를 건설해야 합니다'
| 1994년 5월 10일 |

● 셰이머스 히니 ······ 246

'지금 제가 살고 있는 아일랜드는 동시대 아일랜드인들의 도움으로 상상할 수
있었던 아일랜드입니다' | 1995년 12월 7일 |

● 피델 카스트로 ······ 254

'사회주의가 아니면 죽음을!' | 1999년 1월 1일 |

● 아니타 로딕 ······ 261

'마음 가는 곳에 씀으로써 더 친절하고 사랑이 넘치는 세상을 만들 수 있습니다'
| 1999년 11월 27일 |

● 토니 블레어 ······ 268

'우리의 정책은 현실주의가 이상주의만큼 분명해야만 성공할 수 있습니다'
| 2001년 10월 2일 |

● 오르한 파묵 ······ 275

'어떤 국가든지 생각과 표현의 자유는 보편적 인권입니다' | 2006년 4월 25일 |

● 케빈 러드 ······ 282

'오늘로 부정의 시대, 지연의 시대는 끝났습니다' | 2008년 2월 13일 |

● 버락 오바마 ······ 289

'오늘 밤, 우리의 결합을 완성하는 과제가 앞으로 한 걸음 나아가고 있습니다'
| 2012년 11월 6일 |

| 옮긴이의 말 |

그들은 말했다! ······ 296

'강자가 약자에게 공정하기란
정말로 어려운 일입니다'

에이먼 데 벌레라

(Éamon de Valera, 1882~1975)

아일랜드 총리 시절의 에이먼 데 벌레라가 정부의 중립 정책에 대해 설명하는 연설

| 아일랜드 공영방송 '라디오 에어런(Radio Eireann)', 1945년 5월 16일 |

제2차 세계대전 직후 전 세계에 방송된 '유럽의 승리'를 축하하는 윈스턴 처칠Winston Churchill의 연설에는 아일랜드가 전쟁 기간에 중립을 지킨 것을 비판하는 내용이 들어갔다. 그 연설에서 처칠은 '데 벌레라 총리의 행동'이 '고대로부터 내려오는 용기를 증명하기 위해 앞장서 전장으로 나간 수많은 남아일랜드인의 본능'과 대조된다고 했다. 독일의 U보트가 북아메리카에서 영국으로 오는 상선을 호위하는 구축함을 공격한 대서양 전투에서 영국이 아일랜드의 중립 때문에 더 큰 위험에 노출되었다는 주장이었다. 영국 군함이 아일랜드의 항구와 연료 공급 시설을 이용할 수 없어서 대서양을 오가는 상선을 제대로 호위할 수 없었다는 비판이었다. '북아일랜드의 충성심과 우정이 아니었다면 영국은 데 벌레라 총리와 대치하거나 지구상에서 완전히 소멸시켜야 했을 것'이라고 처칠은 말했다.

문제의 항구는 아일랜드 남쪽 해안에 위치한 코브Cobh와 베어헤이븐

에이먼 데 벌레라(1882~1975)

1913 아일랜드 자치를 지지하는 군사조직 아일랜드 의용군(Irish Volunteers)에 합류함
1916 영국 통치에 반대하는 부활절 봉기(Easter Rising) 참여로 사형 선고 후 집행유예를 받음
1917 신페인당(Sinn Féin) 당수에 취임함
1918 영국 총선에서 신페인당이 과반 의석을 차지해 아일랜드의 가장 유력한 정당으로 부상함
1919. 01 아일랜드 국회(데일, Dáil)가 구성되지만 영국의 인정을 받지 못함
1919~1921 아일랜드 독립 전쟁
1921. 10~12 데 벌레라가 참석하지 않은 런던 자치협약으로 아일랜드의 32개 주 중 26개 주가 독립함
1922~1937 아일랜드 자유국이 성립함
1922~1923 아일랜드 내전에서 반협정 IRA(anti-Treaty IRA)를 지지하다 체포되어 1924년까지 억류됨
1926 공화당(Fianna Fáil)이 창당됨
1932 첫 자유국 정부가 출범함
1937 신헌법이 제정됨. 아일랜드의 초대 총리에 취임함(1937~1948년·1951~1954년·1957~1959년 총리 역임)
1949 아일랜드 공화국 건립 및 완전 독립

Berehaven, 북서부에 위치한 루 스월리Lough Swilly의 심해 기지들이었다. 이른 바 '조약항'이라고 불린 이들 두 항구는 아일랜드가 1922년에 아일랜드 자유국Irish Free State으로 분할된 뒤에도 계속 영국 정부의 관할하에 놓여 있었다. 그러다 1938년에 네빌 체임벌린Neville Chamberlain 영국 총리가 아일 랜드에 반환했는데, 이에 대해 처칠은 근시안적인 결정이라고 했다. 아 일랜드 정부는 전시에 조약항의 중립을 유지하는 것이 필수적이라고 판 단했다. 하지만 영국군이 활용 가능한 그 어떤 해군 기지보다 320킬로미 터 더 대서양 쪽으로 전진 배치되어 있는 두 항구의 시설을 이용하지 못 하는 것은 영국으로서는 심각한 일이 아닐 수 없었다. 결국 그 해역에서 의 패배는 영국에 매우 큰 타격을 입혔다. 1940년 7월과 10월 사이에 독 일의 U보트에 군함 245척이 격파 당했다. 영국은 같은 해에 아이슬란드 를 점령해 연합군의 대서양 작전에 필요한 기지를 추가로 확보할 수 있 었다.

데 벌레라는 처칠에게 미묘하면서도 힘이 느껴지는 위엄 있는 답을 보냈 다. 그는 약소국의 권리를 옹호한다는 영국의 태도가 위선임을 암시하 면서 처칠을 은근히 비꼬고 있다. 만약 독일이 전쟁에서 이겨 영국이 여 러 나라로 분할되었다면 어떠했을지 서로의 입장을 바꿔 생각해보자는 말도 훌륭하다. 그가 과거에 치열하게 아일랜드 독립운동을 벌이던 때 였다면 그가 이토록 침착한 반응을 보일 수 없었을 것이다. 그의 연설에 는 자신이 큰 인명 피해에 일조한 것에 대한 은근한 후회도 엿보인다. 데 벌레라는 1921년에 맺어진 영국-아일랜드 조약에 줄곧 반대하는 의견 을 표명해왔다. 아일랜드에 공화국으로서의 완전한 독립이 아니라 영연 방British Commonwealth 자치국이라는 지위를 허가한 조약이라는 것이 가장 큰 이유였다. 그는 헌법상의 합의로 이어진 조약항 관련 합의가 아일랜드의 독립적인 외교 정책 범위를 제한한다고 생각했다. 그러나 영국-아일랜드 조약이 체결된 1921년에 식민부 장관으로 협상의 주된 역할을 맡았던 처칠로서는 스스로 매우 익숙한 사안을 파헤쳐 데 벌레라를 공격했다. 다음 연설은 그에 대한 데 벌레라의 반격인 셈이다.

———◆※◆———

　　몇몇 신문은 최근에 방송된 처칠 총리의 연설에 대한 제 대답을 끈질기게 요청했습니다. 저는 사람들이 어떤 대답을 기대하고 있는지 잘 알고 있습니다.

25년 전이라면 제가 어떤 답을 했을지도 잘 압니다. 하지만 오늘은 다른 답을 해야만 한다고 판단했습니다. 저는 증오나 분노의 불꽃에 기름을 들이부어 전쟁 이후 유럽에 그나마 남아 있는 인간으로서의 품위마저 완전히 태워버리는 것에 대한 죄책감을 느끼지 않으려고 애쓸 것입니다.

처칠 총리의 말은, 그럴 가치가 없을지 모르지만, 승리에 도취되어 한 말이라고 이해는 할 수 있습니다. 그러나 승전의 열띤 분위기가 조금 수그러진 지금은 그런 변명이 통하지 않을 것입니다.

처칠 총리는 영국의 필요를 위해서라면 우리 아일랜드의 중립을 침해하고, 또 그러한 자신의 행동을 정당화할 수 있다는 점을 분명히 했습니다. 하지만 그 말은 곧 영국의 필요가 도덕률이고 영국의 필요가 커지면 타국의 권리는 전혀 고려하지 않겠다는 뜻임을 처칠 총리가 모른다니 이상하게 느껴집니다.

영국뿐 아니라 다른 강대국들도 이런 도덕률을 믿고 그에 따라 행동할 것입니다. 바로 그런 이유 때문에 제1·2차 세계대전 같은 끔찍한 전쟁이 연이어 일어났습니다. 제3차 세계대전도 발발할지 모릅니다.

분명히 처칠 총리도 알 것입니다. 그의 주장을 우리 쪽에서 생각해본다면 강대국의 공격적 행위가 얼마든지 합리화될 수 있으며, 강대국과 인접한 약소국은 안심하고 독자 노선을 추구하려는 꿈조차 꿀 수 없다는 뜻으로 받아들여진다는 것을 말입니다.

영국의 필요가 처칠 총리를 행동하게 만드는 수준까지 이르지 않은 것은 정말로 다행스러운 일입니다. 그가 유혹을 이겨낸 덕분입니다. 강자가 약자에게 공정하기란 정말로 어려운 일이지만 공정한 행동에는 언제나 보상이 따르게 마련입니다.

처칠 총리는 유혹을 이겨냄으로써 이미 피로 얼룩진 영국과 아일랜드의 관계에 참혹한 역사를 더하는 대신 국제도덕의 사유를 진보시켰습니다. 우리의 중립이 처칠 총리가 꼭 필요하다고 생각하는 일을 가로막아 짜증이 났을 것이라는 점은 이해가 됩니다. 하지만 처칠 총리는 물론이고 영국이건 세상 어디건 생각이 있는 사람이라면 아일랜드가 중립을 선택한 이유를 당연히 이해할 수 있을 것입니다.

저는 이런 질문을 던져보고 싶습니다. 만약 독일이 전쟁에서 승리한 뒤 잉글랜드를 침략하여 점령했고, 오랜 시간이 지나 영국인들이 끊임없이 투쟁하자 마침내 영국의 자유 권리를 묵인하고 놓아주기는 했지만 영국 전체가 아니라 남쪽의 여섯 개 주만 내주었다고 해봅시다.

좁은 바다로 가는 입구에 위치한 이 여섯 개의 남부 주를 독일이 한 국가로서의 영국을 약화시키고 도버 해협을 확보해 자국의 통신 안전을 유지하려는 목적으로 보유하려 한다고 해봅시다.

나아가 이 모든 일이 벌어진 뒤에 독일이 세계대전에 참전하게 되었으며 다수의 약소국 편이라는 사실을 보여줄 수 있게 되었다고도 해봅시다. 독일이 여섯 개 주를 점령해 영국의 분할을 지속하고 있는 상황에서 처칠 총리는 다른 국가와 마찬가지로 영국에도 부분이 아닌 전체를 위한 자유가 있다고 믿는 영국인으로서, 분할된 영국이 독일과 함께 군사작전에 참여해야 한다고 국민들에게 말할까요? 저는 그가 그러리라고 생각하지 않습니다.

그렇다면 그는 그런 상황에서 중립을 선택하는 것이 분할된 영국 국민의 수치라고 생각할까요? 저는 그럴 것이라고 생각하지 않습니다.

처칠 총리는 프랑스가 함락되고 미국이 참전하기 전에 영국이 홀로 독일에 대항한 사실을 자랑스러워합니다. 그런데 그의 마음속에는 한두 해가 아니라 수백 년 동안 타국의 공격에 맞서 홀로 대항한 작은 나라가 존재한다는 사실을 인정할 만한 관용이 없는 것일까요? 수없는 약탈과 기근, 대학살을 견뎠고 인사불성이 되도록 여러 번 얻어맞았지만 그때마다 의식을 회복하고 새로운 싸움을 시작한 나라, 절대로 패배를 인정하지 않고 영혼을 내어주지 않은 작은 나라가 있다는 사실을 말입니다.

처칠 총리는 시련에 굴하지 않는 영국의 끈기를 자랑스러워할 만합니다. 하지만 우리는 수백 년 동안 자유를 지켜온 아일랜드인의 끈기를 더욱 자랑스럽게 생각합니다. 이 시대를 살아가는 우리 또한 그 끈기에 기여했습니다. 우리는 영광스러운 이 유산을 고이 간직해준 윗세대에 끝까지 신의를 지키고자 이 전통을 고이 이어가겠다고 맹세했습니다.

과거에 아무런 희망이 없어 보일 때도 많았습니다. 처칠 총리의 표현처럼, 완강히 버티면 '독재자의 무시무시한 실수가 투쟁의 균형을 바꾸는' 때가 오기를 바라는 수밖에 없을 때가 많았습니다.

하지만 저는 이로 인해 성취되는 것은 궁극적인 통일과 자유가 아니라고 믿습니다. 물론 예전에는 그것을 바란 적도 있습니다.

시간이 지날수록 저는 우리 국민과 인류의 미래를 위해서 좋은, 고귀하고 보다 나은 결말을 꿈꾸었습니다. 그것을 위해 저는 오랫동안 달려왔습니다. 처칠 총리가 고귀한 목적을 위해 영국의 힘을 빌려주는 것이 아니라 영국에 아무런 잘못도 하지 않은 국가의 국민들을 학대함으로써 이런 위기 속에서도 아일랜드를 계속 부당하게 훼손할 구실을 찾으려 한다는 사실이 유감스럽습니다.

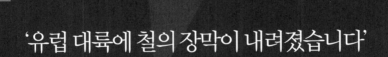

'유럽 대륙에 철의 장막이 내려졌습니다'

윈스턴 처칠

(Winston Churchill, 1874~1965)

영국의 윈스턴 처칠 총리가 전쟁 이후 분열된 유럽의 위험에 대해 경고하는 연설

| 미국 미주리 주 풀턴, 웨스트민스터 대학, 1946년 3월 5일 |

영국 총리로 제2차 세계대전을 치른 윈스턴 처칠은 이 연설 당시, 보수당의 1945년 총선거 패배 이후 야당 대표를 맡고 있었다. 그가 전시에 보여준 연설의 특징이었던, 듣기 좋은 어법과 폭넓은 역사적 통찰은 여전했다. 이 연설은 사실상 냉전 시대가 시작되었음을 알렸다. 뉴스 영화로 영어권 국가에 방송된 이 연설은 유럽에서 벌어지고 있는 상황의 심각성을 확실하게 부각시켰다. 유럽이 서로 근본적으로 반대되는 윤리와 정치적 가치를 지닌 두 진영으로 분할된 모습이 생생하게 묘사되었고, 여기에서 처음 소개된 '철의 장막'이라는 표현은 그 후로도 널리 사용되었다. 1930년대에 유럽에 등장하고 있던 파시즘에 유화적인 정책을 펴던 영국에 경고했던 남자가 다시 선지자의 역할로 돌아가고 있었다. 처칠은 유럽 내 공산주의 정권의 현실뿐만 아니라 그 전체주의적 야망의 범위와 파괴적인 방식의 위험성에 대해 설명하고 있다. 그의 비전은 세

윈스턴 처칠(1874~1965)

1900 랭커셔 올덤 지역 하원의원에 당선됨
1904 자유당에 입당함
1906 맨체스터 북서부 지역 하원의원(자유당)에 당선됨
1908 상공회의소 소장, 던디 지역 하원의원(자유당)에 당선됨
1910 내무부 장관에 임명됨
1911~1915 해군부 장관 역임
1917~1919 군수부 장관 역임
1919~1921 육군 및 공군부 장관 역임
1921~1922 식민부 장관 역임
1922 총선 탈락으로 보수당에 복귀함
1924 처음에는 무소속, 나중에는 보수당 후보로 에핑 지역 하원의원에 당선됨
1924~1929 재무부 장관 역임
1939 해군부 장관 역임
1940~1945·1951~1955 총리 역임

계적이다. 미국을 공산주의에 대항하는 아시아와 유럽의 투쟁에 참여시켜야 한다는 말은 그가 미국 중서부(미주리 주)를 이 연설의 적소適所로 생각한 까닭을 설명해준다.

그러나 이 연설의 주안점은 위험을 환기시키는 것만이 아니다. 정치적 상상력과 대담한 계획, 관용의 정신 또한 자리한다. 사회 정책 면에서 진보적 성향인 처칠은 개인과 가정을 결핍과 굶주림에서 보호하는 사회 복지와 정부의 역할을 지지한다. 그런 측면에서 그는 민주주의가 공산주의보다 우월하다는 것을 증명해야 한다고 생각한다. 처칠이 스스로 규정한 '평화의 원동력'이 강화되고 서구 민주주의 국가에서 누리는 정치적 자유가 더욱더 폭넓게 확립되려면 그러한 측면에서의 성공이 꼭 필요했다. 1946년에 처칠은 '대영제국'의 몰락이 눈앞에 다가왔는데도 여전히 대영제국을 굳건히 믿고 있었다. 후기 빅토리아 제국주의의 절정기에 큰 영향을 받은 그였기에 영국이 독립 강대국이 아닌 모습은 상상조차 할 수 없었다. 하지만 제국주의 정치인으로서 정치교육을 받았다는 것은 그가 태생적으로 한 국가의 범위를 넘어 사고한다는 것을 의미했다. 처칠이 전후 세계에 당면한 필요성을 그토록 풍부한 상상력으로 설명할 수 있었던 것도 바로 그러한 경험 덕분이었다. 주권과 시민권이라는 좁고 배타적인 개념을 초월하는 초국가적 기관이 필요하다는 것이었다. 1940년 5월에 프랑스가 함락된 뒤 그는 프랑스-영국 공동 시민권을 제안했는데, 이 연설에서도 대담하게 영국-미국 시민권을 고려하고 있다. 그 후 1946년 9월 취리히 연설에서 처칠은 대영제국 및 영연방과 함께 '유럽합중국United States of Europe'이 필요하다고 주장했다. 미국 미주리 주의 풀턴에서 행해진 이 연설에서 그가 설명한 '안전의 필요성'이란 소비에트 연방에 대적할 커다란 파워블록이 필수적이라는 것이었으며, 개별적인 독립국가들 사이의 힘의 균형이라는 개념은 이제 아무 쓸모가 없고 위험한 것이 되어버렸다는 것이었다. 70대 초반의 윈스턴 처칠은 여전히 선지자이자 현실주의자였다.

━━━━◆━━━━

　　지금 미국은 세계 최정상의 위치에 있습니다. 미국 민주주의의 엄숙한 순간입니다. 최고의 힘에는 미래를 향한 장엄한 책임이 수반됩니다. 지금 여기에 미국과 영국 모두를 위한 분명한 기회가 반짝이고 있습니다. 전시에도 그랬듯이 불변의 마음과 일관된 목적, 단호한 결정이 평화에 놓인 영어권 국가들을 이끌어야 할 것입니다.

그렇다면 우리가 오늘날 새겨야 할 가장 중요한 전략 개념은 무엇일까요? 모든 땅에서 살아가는 모든 남녀의 가정과 가족을 위한 안전과 복지, 자유와 진보가 되어야 할 것입니다. 수많은 가정이 안전을 보장받으려면 두 개의 거대한 약탈자, 바로 전쟁과 독재로부터 보호되어야 합니다. 모든 영광이 사라진 유럽과 아시아 지역 곳곳의 끔찍한 폐허가 우리를 노려봅니다.

지금 저는 이 고요한 오후에 이곳에 서서 수백만 명에게 실제로 일어나고 있는 일과 지구에 기아가 닥쳤을 때 일어날 일을 생각하면 몸서리가 쳐집니다.

국제연합은 곧바로 국제 병력을 갖추기 시작해야 합니다. 저는 열강과 국가들이 저마다 세계 기구에 특정한 수의 비행 중대를 위임할 것을 제안합니다. 이 비행 중대들은 자국에서 훈련을 받고 준비하지만 여러 국가를 다니며 교대 근무를 할 것입니다. 그들은 자국에 반하는 임무를 요구받지 않지만 그 외의 측면에서는 세계 기구의 지시에 따를 것입니다.

우리는 대영제국 전역에서 개인이 누리고 있는 자유가 유효하지 않은 국가가 상당히 많다는 사실을 알고 있습니다. 이들 국가에서는 독재자에 의해서, 또는 특정 정당과 정치 경찰을 통해 유지되는 소수 지배 세력에 의해서 아무런 규제 없이 권력이 행사되고 있습니다.

전쟁을 확실히 예방하고 세계 기구가 지속적으로 등장하려면 영어권 국가 국민들의 형제적 결합 없이는 불가능합니다. 이것은 영연방 제국과 미국이 특별한 관계를 유지해야 한다는 것을 의미합니다. 그러기 위해서는 우리 군 고문관들이 친밀한 관계를 유지하면서 잠재적 위험을 공동으로 연구하고, 무기와 그 사용 매뉴얼을 유사하게 만들어야 하며, 장교와 기술전문대학 사관후보생을 교환해야 합니다. 미국은 이미 영연방 국가인 캐나다와 영구적인 방위 협정 Permanent Defence Agreement 을 맺었습니다. 이 원칙은 모든 영연방에 완전 상호 교환 원칙으로 확대되어야 합니다. 나는 결국 공통적 시민권의 원칙이 나오리라고 생각합니다.

아주 최근에, 연합군의 빛나는 승리 위에 하나의 그림자가 드리워졌습니다. 발트 해의 슈테틴에서 아드리아 해의 트리에스테까지 유럽 대륙을 종단하는 철의 장막이 내려졌습니다. 그 장막 뒤로 중부와 동부 유럽 옛 국가들의 모든 수도가 자리 잡고 있습니다. 바르샤바와 베를린, 프라하, 비엔나, 부다페스트, 베오그라드, 부카레스트, 소피아 등 이들 유명한 도시와 그곳 주민들은 '소련권'이라고 부를 수밖에 없는 범위 안에 있고, 모두 어떤 식으로든 이 소련권의 영향 아래, 그리고 매우 강력하고 점점 커져가고 있는 모스크바의 통제 아래 놓여 있습니다. 지금 베를린에서는 러시아인들이 자신들이 점령하고 있는 독일 지역에 준공산당을 결성하려고 독일의 좌익 지도자들에게 특별한 호의를 베풀고 있습니다. 이것은 우리가 싸워서 건설하려 했던 해방된 유럽이 결코 아니며, 영구적인 평화의 기본을 갖춘 유럽도 결코 아닙니다.

유럽이 새롭게 단결해야 세계의 안보가 이뤄집니다. 이 새로운 단결에 어떤 나라도 영구적으로 제외되어서는 안 됩니다. 우리가 겪었던 세계대전, 혹은 그 이전의 다툼들은 유럽 국가들의 주도권 경쟁에서 비롯되었습니다.

유럽 전역에 드리워진 철의 장막 앞에는 다른 불안 요소들도 있습니다. 수많은 국가에 공산주의자들의 제5열(내부에 있으면서도 외부의 반대 세력에 호응하여 활동하고 있는 집단 - 옮긴이)이 결성되었고, 그들의 중심부에서 내려받는 결정에 절대적으로 복종하며 완벽한 단결을 보여주고 있습니다.

저는 소련이 전쟁을 원한다고 생각하지 않습니다. 그들이 원하는 것은 전쟁 후의 전리품이며 그들의 힘과 이념의 무한한 확장입니다. 제가 전쟁 중에 본 러시아 친구들과 연합군의 모습에서 저는 그들이 강함만큼 숭배하는 것은 없으며 약함, 특히 군사적 나약함만큼 수치스럽게 생각하는 것은 없다고 확신합니다. 그러한 이유로 힘의 균형이라는 낡은 이념은 부적절합니다. 우리는 근소한 차이에 의지할 수가 없습니다. 근소한 차이는 힘을 행사해보고 싶은 유혹을 부채질하기 때문입니다. 서방 민주주의 국가들이 국제연합헌장을 엄격하게 지키면서 단결한다면 그 원칙을 성공시키는 데 지대한 영향력을 미치게 될 것입니다. 하지만 그들이 분열되고 이 중요한 시기를 놓쳐버린다면 우리 모두가 감당하기 어려운 재앙이 닥칠 것입니다.

대영제국과 영연방의 지속력을 과소평가하면 안 됩니다. 우리 섬의 4,600만 명이 식량 공급에 어려움을 겪는다고 해서, 산업과 수출 무역을 재개하는 데 어려움을 겪는다고 해서 우리가 이 어두운 궁핍의 시기를 헤쳐 나가지 못할 것이라고 생각하지 마십시오. 그리고 앞으로 반세기 후 7,000만 혹은 8,000만 영국인이 우리의 전통과 생활 방식, 그리고 나와 당신이 옹호하는 세계적 명분을 수호하며 하나가 된 모습을 볼 수 없을 것이라고도 생각하지 마십시오. 우리는 고통의 나날을 영광스럽게 헤쳐 왔습니다. 만약 우리가 국제연합헌장을 엄격하게 지키고, 침착하고 냉정한 힘을 가지고 나아간다면…… 영국의 모든 도덕적이고 물질적인 힘과 신념이 형제적 결합을 통해 여러분 미국과 합쳐진다면 우리뿐만 아니라 모두에게, 이 시대뿐만 아니라 다음 세기에도 보다 나은 미래를 향한 길이 확실하게 펼쳐질 것입니다.

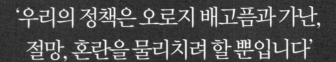

'우리의 정책은 오로지 배고픔과 가난,
절망, 혼란을 물리치려 할 뿐입니다'

조지 마셜

(George Marshall, 1880~1959)

미국 국무부 장관 조지 마셜이 유럽 복구 정책을 설명하는 연설
| 미국 매사추세츠 주 케임브리지, 하버드 대학교, 1947년 6월 5일 |

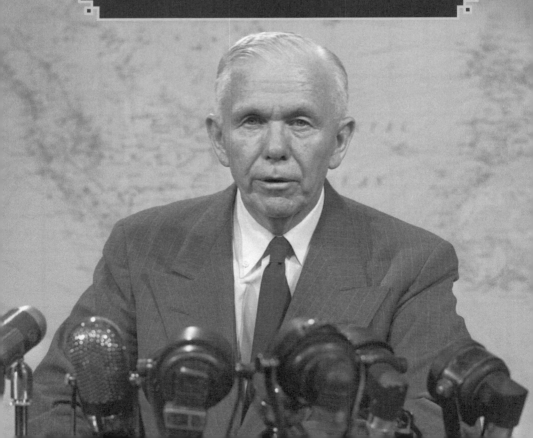

'마셜 플랜'은 미국 국무부의 작품이었다. 당시 국무부 차관이었던 딘 애치슨Dean Acheson은 물론이고 마셜의 연설문을 작성한 행정관료 찰스 볼렌Charles Bohlen과 조지 케넌George Kennan 또한 이 정책에 큰 영향을 미쳤다. 1952년까지 마셜 플랜이 4년간 지속되는 동안 미국은 오스트리아, 벨기에, 덴마크, 프랑스, 서독, 영국, 그리스, 아이슬란드, 아일랜드, 이탈리아, 룩셈부르크, 네덜란드, 노르웨이, 스웨덴, 스위스, 터키 등 참여국에 총 130조 달러어치의 경제적 지원과 기술 원조를 해주었다. 소련과 중·동부 유럽의 위성국들은 미국이 그들의 국내 문제에 통제권을 행사하려는 조치라며 참여하지 않았다. 그러나 마셜 플랜은 국제 관세 장벽을 없앰으로써 서유럽 국가들의 경제적 통합을 앞당겼고, 지원금을 할당하기 위해 설립된 유럽경제협력기구Organization for European Economic Cooperation는 유럽의 정치적 통합주의자들의 생각에 영향을 끼쳤다.

1946~1947년 겨울이 닥치자 서방 진영의 유럽 국가들은 극한 상황에 내몰렸다. 도로와 철도, 교량은 물론이고 대부분의 도시 중심지가 공습을

조지 마셜(1880~1959)

1901 버지니아 군사학교(Virginia Military Institute)를 졸업함
1917 제1보병사단으로 프랑스에서 제1차 세계대전에 참전함
1918 유럽 원정 미군인 미국 해외파견군(American Expeditionary Forces) 본부에 합류함
1936 준장으로 진급함
1939 육군 대장으로 진급하고, 미 육군참모총장에 임명됨
1944 미 육군 최고 계급인 5성 장군에 임명됨
1944~1945 유럽 및 태평양 연합군의 작전을 지휘함
1945~1947 내전이 일어난 중국의 평화 중개를 위해 트루먼 대통령에 의해 파견되지만 실패함
1947 국무부 장관에 임명됨
1950~1951 국방부 장관 역임
1953 '마셜 플랜'으로 노벨평화상을 수상함

받았다. 사회기반시설이 파괴되면서 소규모 도시들이 고립되었다. 동유럽에서 넘쳐나게 생산되던 식량은 철의 장막 뒤로 갇혀버렸다. 유럽 경제의 필수 자원이었던 독일의 철과 석탄 산업 기지가 파괴되었고, 연합국은 패전국인 서독의 중공업 생산 능력에 제약을 가했다. 그중 일부는 해제되었지만 철강 공장을 비롯한 독일 제조업의 해체는 1940년대 후반까지 이어졌다.

미국이 프랑스와 이탈리아의 공산당에 경각심을 기울이면서 마셜 플랜은 미국 국무부가 새로이 수용한 '견제' 원칙의 일부분이 되었다. 이것은 소련의 영향력이 비공산주의 국가로 확대되는 것을 막으려는 정책이었다. 공산주의의 침략에 노출되어 있던 그리스와 터키는 이미 해리 트루먼Harry S. Truman 대통령이 1947년 3월 12일에 발표한 트루먼 독트린에 따라 미국으로부터 경제적·군사적 원조를 받고 있었다.

원조금은 대부분 미국 제품, 특히 식량과 연료, 사회기반시설 건설 자재를 구입하는 데 사용되었다. 이는 미국이 필요로 했던 것, 즉 수출 주도형 수요를 충족시켰다. 1942년부터 1945년까지의 전쟁 기간에 빠르게 돌아간 미국의 공장들은 미국 역사상 가장 빠른 경제성장을 이루었다. 미국의 제조업은 전쟁이 끝난 뒤 평화의 시대에 새로운 시장이 필요했고, 마셜 플랜은 전후 미국의 소비주의를 신장시켰다.

1950년대 초에 이르러 마셜 플랜 참가국들의 국민총생산은 전쟁 이전보다 30퍼센트 이상 증가했다. 산업생산지수도 40퍼센트 이상 증가했다. 서독은 경제 회복에 더 오랜 시간이 걸렸다. 마셜 플랜 회의론자들은 서독에 대한 경제 규제 감소가 마셜 플랜이 엄청난 성공을 거둔 궁극적인 요인이라고 주장했다.

마셜 플랜의 성공은 1950년대 이후 원조 산업의 성장을 이끌었다. 원조를 관리하는 국제기구들은 낭비와 부패로 인한 비난도 받았다. 그럼에도 '배고픔, 가난, 절망, 혼란'을 해소하는 데는 부유한 강대국의 개입이 필요하다는 마셜의 연설에 압축된 원칙은 그즈음 서방 지도자들의 주류적 사고방식으로 자리하게 되었다.

⸻◆⸻

　여러분, 현재 전 세계의 상황이 심각하다는 것은 굳이 언급할 필요가 없을 것입니다. 상황이 너무나 복잡하여 신문과 방송이 전해주는 수많은 사실 자체가 일반 사람들에게 명확한 판단을 하기가 지극히 어렵도록 만든다는 것이 문제입니다.

게다가 미국, 미국인들은 실제로 문제를 겪고 있는 국가들과 멀리 떨어져 있어 오랜 고통을 받고 있는 사람들의 시련과 그로 인한 반응을 이해하기가 힘듭니다. 그런 반응이 그 국가들과 미국이 함께 세상에 평화를 증진시키려는 노력에 어떤 영향을 끼치는가도 알기 힘듭니다.

유럽의 재건에 꼭 필요한 것들을 알아보기 위해 인명 피해뿐 아니라 도시, 공장, 광산, 철도 피해를 면밀하게 추산했습니다. 그런데 최근 들어 눈에 띄는 파괴보다도 유럽 경제의 전체적인 구조 해체가 더 심각하다는 사실이 분명해지고 있습니다. 기계들은 망가졌거나 아예 쓸모가 없어졌습니다. 독단적이고 파괴적인 나치의 지배 아래서 거의 모든 기업이 독일의 전쟁 기계로 전락했습니다. 오랫동안 이어져온 상업적 연계와 민간 기관, 은행, 보험회사, 운송 기업이 사라졌습니다. 자본의 손실과, 국유화를 통한 흡수나 단순한 파괴로 인해서 말입니다. 여러 국가에서 지역 통화에 대한 믿음이 심각하게 흔들리고 있습니다. 유럽 경제구조의 재건은 예상보다 훨씬 더 오랜 시간과 큰 노력이 필요할 것임이 명백합니다.

이 문제에는 흥미로우면서도 심각한 양상이 있습니다. 농부는 식량을 생산해 도시 사람들과 서로 다른 생필품을 교환해왔습니다. 이러한 분업은 현대 문명의 토대입니다. 그런데 지금 그 기반이 무너질 위험에 놓여 있습니다.

도시와 마을의 산업이 식량을 생산하는 농부와 교환할 만한 물건을 만들어내지 못하고 있습니다. 원자재와 연료의 공급이 부족합니다. 기계도 부족하거나 닳아서 못 쓰게 되었습니다. 농부가 구입하려는 상품이 판매되지 않고 있습니다. 농작물을 팔아도 돈을 쓸 곳이 없으니 농부에게는 그 거래에서 아무런 이득이 없습니다. 따라서 그들은 많은 경작지를 방목지로 사용합니다. 의복과 같은 생활 속 문명의 도구들은 부족할지 모르지만 가축에게 많은 곡식을 먹일 수 있고 가족이 먹을 식량도 더욱 풍족합니다.

한편 도시 사람들에게는 식량과 연료가 부족합니다. 각국 정부는 외화와 신용으로 해외에서 생필품을 조달할 수밖에 없습니다. 그 때문에 재건에 시급하게 필요한 자금이 고갈되고 있습니다. 심각한 상황이 급속도로 나타나고 있습니다. 상품 교환의 토대가 되는 현대의 분업 시스템이 무너질 위기에 놓였습니다.

실상은 이렇습니다. 유럽이 향후 3~4년 동안 미국을 비롯해 해외에서 식량과 생필품을 조달해야 하지만 현재 그들의 지급 능력으로는 불가능하기 때문에 추가 지원을 받지 않으면 경제적·사회적·정치적 파탄에 이를 것입니다.

그 해결책은 악순환을 깨뜨리고 유럽인이 자국은 물론이고 유럽 대륙 전체의 경제적 미래에 대한 믿음을 회복하는 데서 찾아야 합니다. 제조업자와 농부는 지속적이고 확실한 가치를 지닌 화폐를 유통시키기 위해 서로의 상품을 교환할 수 있어야 합니다.

전 세계 국가들의 사기를 떨어뜨리고 절망에 빠진 사람들로 인해 혼란이 초래될 가능성이 있을 뿐만 아니라, 이러한 상황이 미국 경제에 어떤 영향을 줄지는 누가 봐도 명백합니다. 우리는 무슨 수를 써서라도 세계 경제를 하루빨리 정상화해야 합니다. 세계 경제가 이 상태로 지속되면 정치적인 안정도, 평화의 보장도 없기 때문입니다.

우리의 정책은 그 어떤 국가나 노선에 대적하는 것이 아닙니다. 오로지 배고픔과 가난, 절망, 혼란을 물리치려 할 뿐입니다. 세계 경제를 회복시켜 자유로운 기관들이 존재할 수 있는 정치적·사회적 조건이 갖춰지도록 하는 것이 우리의 목표입니다. 다양한 위기가 발생하고 있는 만큼 그러한 원조가 단편적으로 이루어져서는 안 된다고 저는 확신합니다.

이러한 복구 작업에 힘을 더하려 하는 정부라면 미국 정부의 협조를 얻을 수 있을 것입니다. 다른 국가들의 재건을 막으려 하는 정부는 미국의 도움을 기대하지 말아야 합니다. 또한 정치적인 이익을 위해 인간의 불행을 영구화하려는 정부와 정당, 단체는 미국의 반대에 부딪힐 것입니다.

미국 정부가 현재 상황을 완화하려는 노력을 더욱더 본격적으로 기울이기 전에, 유럽 국가들 간에 합의가 있어야 한다는 사실은 명백합니다. 미국이 유럽 경제를 살리기 위한 정책을 일방적으로 입안한다면 적합하지도 효과적이지도 않을 것입니다. 이것은 유럽인들의 일입니다. 미국의 역할은 유럽의 정책 초안 작성에 우호적인 원조를 보내고 훗날 그렇게 하는 것이 우리에게 실제적인 한, 그 정책을 지원하는 것입니다. 그것은, 모든 유럽 국가가 아니라면, 다수의 유럽 국가가 합의하는 공동의 정책이어야 합니다.

미국의 행동이 성공하려면 미국 시민들이 문제의 특징과 해결책을 이해하도록 만드는 일이 긴요합니다. 정치적 열정이나 선입견이 들어갈 자리는 없습니다. 역사가 이 나라에 부여한 엄청난 책임을 마주하려는 미국 시민들의 의지와 선견지명이 있다면 제가 말한 어려움은 극복될 수 있으며, 또 극복될 것입니다.

'동방에 새로운 별이,
자유의 별이 떠오릅니다'

자와할랄 네루

(Jawaharlal Nehru, 1889~1964)

인도의 초대 총리 자와할랄 네루의 인도 독립 기념 연설

| 인도 뉴델리 제헌의회, 1947년 8월 14일 |

인도의 초대 총리 자와할랄 네루의 연설에는 그가 영국에서 받은 교육의 영향이 분명하게 드러난다. '운명과의 밀회tryst with destiny'나 '자정을 알리는 종이 울리면the stroke of the midnight hour' 같은 말에서 언어의 운율에 능하고 시적 표현으로 극적 효과를 높이는 그의 능력을 엿볼 수 있다. 부유한 변호사의 아들로 태어난 네루는 영어를 사용하는 엘리트 계급이었다. 그는 알라하바드Allahabad에 있는 집에서 보낸 유년기에 영어는 물론이고 힌두어와 산스크리트어를 배웠다. 네루의 서구화는 단순히 말과 행동에 그치는 것이 아니었다. 그가 1920년대에 채택한 반식민주의 투쟁 스타일은 당대 유럽의 혁명적 운동에서 큰 영향을 받았다. 위대한 멘토였던 마하트마 간디Mahatma Gandhi처럼 그는 인도의 자립을 지지했고 자국의 관습에 따라 요가를 하고 『바가바드기타Bhagavad Gita』를 읽었다. 이러한 문화적 관습은 그의 사회주의에 대한 지지와 불편하게 공존했다. 유럽의 상황에 바탕을 둔 사회주의를 지지한다는 것은 그의 지적인 발전에 서양의 영향력이 크다는 사실을 보여주기 때문이다.

네루의 마음과 인성에 자리한 이 같은 상이한 측면이 어떻게 나타나고

자와할랄 네루(1889~1964)

1905 영국으로 떠나 해로우(Harrow), 케임브리지 트리니티 칼리지, 런던의 이너 템플(Inner Temple)에서 공부함

1924~1926 알라하바드 시의회 회장으로 교육, 건강, 위생, 고용률 개선에 힘씀

1928 인도의 영국 '자치령'을 촉구하는 부친의 「네루 보고서」를 거부함

1929 완전 독립을 주장하는 인도국민회의(INC) 의장으로 선출됨

1936 INC 의장으로 재선되고, 사회주의 채택을 주장함

1942~1945 영국이 즉각 권력을 이양하고 인도를 떠나야 한다고 주장, 반란을 선동했다는 죄목으로 투옥됨

1947~1964 인도 총리 역임

있는가 하는 점에서도 이 연설은 무척 흥미롭다. 이것은 통솔하게끔 태어난 지도자, 국민들에게 인도를 위해 끊임없이 투쟁하자고 이르는 귀족의 언어다. 네루의 아버지는 인도국민회의파Indian National Congress에서 큰 영향력을 행사한 인물이었다. 집안의 지원은 그가 일찍부터 정계에 뛰어들게 해주었다. 비록 네루가 왕조주의를 불신하기는 했지만 딸 인디라 간디와 손자 라지브 간디가 대물림을 하며 인도의 총리가 되기도 했다. 자와할랄 네루는 대규모 반란을 선동한 죄로 1931~1935년과 1942~1945년에 오랫동안 영국 당국에 의해 투옥 생활을 했다. 그 덕분에 네루는 지도자의 자격을 얻었고 의회로부터 칭송을 받았다.

네루가 이 연설에서 '우리 시대의 가장 위대한 남자', '이 나라의 아버지'라고 표현하는 인물은 마하트마 간디다. 그가 말하는 인도의 '무궤도의 시간'은 마하트마 간디의 사상적 전통을 기반으로 한 네루의 민족주의와 상응하는 용어다. 이것은 지극히 세속적인 남자가 지극히 종교적인 사회를 대상으로 진보적인 정치를 촉구하는 방법이기도 하다. 중요한 사실은 네루가 인도의 신들을 전혀 언급하지 않는다는 점이다. 무슬림과 힌두의 분할은 인도의 독립에 대한 약속이 그저 '대체적으로' 지켜진 이유를 설명해준다. 영국이 떠나면서 1947년 6월 3일에 발표한 인도 분할 계획은 그 후 신속하게 진행되었고, 8월에 이르러 무슬림이 지배하는 파키스탄이 탄생했다. 인도의 영토를 사이에 두고 1,600킬로미터 이상 떨어진, 두 개의 날개 같은 땅을 가진 국가였다. 약 1,800만 명에 이르는 무슬림과 힌두교도, 시크교도가 역사상 최대 규모의 인구 이동을 했고 펀자브와 벵골, 델리로 퍼진 종교 갈등이 수십만 명의 목숨을 앗아갔다. 더 이상 유혈적일 수 없는 시작이었다. 그러나 독립 이후 몇십 년 동안 종교 폭력이 지속되었음에도 네루의 말은 여전히 준거점으로 우뚝 서서 인도가 그러한 어려움을 극복하고 어떻게 나아가야 하는가를 상기시켜주었다.

———◆❊◆———

　　오래전 우리는 운명과 밀회했고, 이제는 우리의 서약을 완전히는 아니지만 대체적으로 지켜야 할 때가 왔습니다.

이제 자정을 알리는 종이 울리면 세계는 잠이 들지만 인도는 자유와 함께 깨어납니다. 역사적으로 매우 드문 순간, 구시대에서 새로운 시대로 발을 들여놓는 순간, 한 시대가 끝나고 오랫동안 억압받은 국가의 영혼이 목소리를 되찾는 순간입니다.

이 엄숙한 순간에 우리는 인도와 인도의 국민, 그리고 인류의 대의에 온 힘을 쏟겠다고 맹세합니다.

인도는 역사의 시작점에서 끝없는 임무로 출발했습니다. '무궤도의 시간'은 인도의 투쟁과, 장대한 성공과 실패로 가득합니다. 좋은 때건 나쁜 때건 인도는 임무에 소홀하지 않았고, 인도를 강하게 해주는 이상을 잃지도 않았습니다. 우리가 불운의 시간을 끝내는 오늘, 인도는 새로운 자신을 발견합니다.

자유와 권력에는 책임이 뒤따릅니다. 책임은 인도의 자주 국민들을 대표하는 자주적 주체인 이 제헌의회에 있습니다. 우리는 자유의 탄생 이전에 모든 산고를 견뎌냈고 우리의 가슴은 슬픈 기억으로 무겁습니다. 그 고통은 지금까지도 계속되고 있습니다. 하지만 과거는 끝났고 이제 미래가 우리를 향해 손짓합니다.

미래는 편안한 휴식이 아니라 우리가 그토록 자주 해왔으며 오늘 또다시 할 서약을 완수하기 위한 끝없는 투쟁입니다. 인도를 섬긴다는 것은 고

통 받는 수백만 명을 섬긴다는 뜻입니다. 빈곤과 무지, 질병과 기회의 불
평등을 끝낸다는 뜻입니다.

우리 시대의 가장 위대한 남자의 야망은 모든 사람의 눈에서 모든 눈물
을 지우는 것이 되어왔습니다. 그것은 우리의 힘을 벗어나는 일일지도
모릅니다. 그러나 눈물과 고통이 있는 한 우리의 일은 끝나지 않을 것입
니다. 우리는 꿈을 이루기 위해 열심히 일해야만 합니다. 인도를 위한 꿈
이지만 세계를 위한 꿈이기도 합니다. 떨어져 사는 것을 생각할 수 없을
정도로 밀접한 오늘날의 모든 국가와 사람들을 위한 꿈입니다.

평화는 불가분이라고 합니다. 자유도 마찬가지이고 번영도 마찬가지입
니다. 더 이상 고립된 조각으로 나눌 수 없는 이 하나 된 세상의 재앙 또
한 그러합니다.

우리를 대표하고 있는 인도 국민들에게 믿음과 확신으로 이 위대한 모험
을 함께하자고 호소합니다. 사소하고 파괴적인 비난을 위한 시간도, 악
감정을 가질 시간도, 타인을 탓할 시간도 없습니다. 모든 국민이 자유롭
게 살아가는 고귀한 인도를 만들어야 합니다.

운명에 의해 약속된 날이 왔고 인도는 다시 나아갑니다. 오랜 잠과 투쟁
이후 다시 깨어난 인도는 활기차고 자유롭습니다. 아직도 과거가 어느
부분 우리에게 매달려 있으므로 우리가 그토록 자주 했던 약속을 지키기
전에 해야 할 일이 많습니다. 하지만 전환점은 과거이고 우리의 역사는
새로 시작됩니다. 우리가 살고 행동할 역사, 다른 이들이 기록할 역사입
니다.

인도와 아시아, 세계 모두를 위한 운명의 시간입니다. 새로운 별, 동방에
서 자유의 별이 떠오릅니다. 새로운 희망이 나타나고 오래도록 소중히
해온 비전이 실현됩니다. 그 별이 절대로 지지 않고 희망을 저버리는 일

이 없기를!

오늘 우리는 이 자유의 건설자, 이 나라의 아버지, 인도의 오랜 정신을 상징하고 자유의 횃불을 내밀어 우리 주변을 둘러싼 어둠을 밝힌 사람을 가장 먼저 떠올립니다. 우리는 그를 따를 자격조차 없을 때가 많았고 그의 뜻에서 벗어나기도 했지만 우리뿐만 아니라 다음 세대까지도 놀라운 믿음과 강인함, 용기, 겸손함을 지닌 인도의 위대한 아들을 마음에 새길 것입니다. 아무리 바람이 거세도, 태풍이 몰아쳐도 절대로 자유의 횃불이 꺼지게 해서는 안 됩니다.

다음으로 우리는 자유를 위해 자발적으로 나선 이들과 군인들을 떠올려야 합니다. 그들은 칭찬이나 보상도 없이, 심지어 죽음으로 인도를 섬겼습니다.

또한 우리는 정치적 경계에 의해 우리와 차단된 형제자매들, 지금 이 순간 다가온 자유를 나누지 못하는 이들을 떠올립니다. 그들은 우리의 일부이며, 무슨 일이 있어도 우리의 일부로 남을 것입니다. 우리는 무슨 일이 있어도 그들의 행운과 불행을 나눌 것입니다.

미래가 우리를 향해 손짓합니다. 우리는 어디로 가고 무엇을 해야 할까요? 인도의 평민과 소작농, 노동자에게 자유와 기회를 가져다주고, 가난과 무지, 질병과 싸워 종식시키며, 번영하고 민주적이고 진보적인 나라를 건설하고, 모든 남녀에게 정의와 충만한 삶을 보장하는 사회, 경제, 정치 기관을 만들기 위해 나아갈 것입니다.

우리 앞에는 힘든 일이 기다리고 있습니다. 우리의 서약을 완전히 지킬 때까지, 인도인 모두가 운명이 의도한 바를 이룰 때까지 우리에게 휴식은 없습니다.

우리는 대담한 진보를 앞둔 위대한 국가의 시민이며, 그러한 높은 기준에 부합해야 합니다. 우리는 종교를 막론하고 평등한 권리와 특권, 의무를 가진 인도의 자식입니다. 공산주의나 편협함을 장려해서는 안 됩니다. 국민의 생각이나 행동이 편협한 국가는 절대로 위대해질 수 없기 때문입니다.

우리는 전 세계의 모든 국가와 국민에게 인사를 보내며 평화와 자유, 민주주의를 진보시키는 일에 협조할 것임을 약속합니다.

그리고 인도에, 오래되고 영원하면서도 항상 새로운 사랑하는 조국 인도에 경의를 보내며 조국에 온 힘을 바치겠다는 맹세를 새로이 다지는 바입니다.

'이곳은 우리의 고국입니다.
철새처럼 돌아오는 곳이 아닙니다'

다비드 벤구리온

(David Ben - Gurion, 1886~1973)

다비드 벤구리온이 이스라엘의 총리가 되기 전에 팔레스타인 유대인 의회
앞에서 한 연설 | 이스라엘 예루살렘, 1947년 10월 2일 |

제1차 세계대전이 끝나고 세브르 조약(1920년 8월 10일)이 체결되어 패전국 오스만 제국의 중동 영토가 분할된 후 국제연맹은 영국의 팔레스타인 위임 통치를 승인했다. 그 지역은 동쪽으로 영국에 또한 위임 통치가 승인된 메소포타미아 지구(이라크)와의 경계선까지 뻗어 있었다. 북쪽의 레바논과 북동쪽의 시리아 위임 통치는 프랑스가 맡았다. 영국령 '팔레스타인'에는 요르단 강 동쪽 지역인 트란스요르단Transjordan이 포함되었는데, 그곳은 실질적으로 분리 통치되었고 요르단 강 서쪽까지의 그 땅은 팔레스타인 본토로 인정되었다. 외무부 장관 A. J. 밸푸어의 밸푸어 선언Balfour Declaration(1917년 11월 2일)을 통해 영국 정부는 팔레스타인에 '유대인의 민족적 고향'을 건설하려는 유대인들을 지지했고, 영국의 위임 통치령 조항은 해당 지역으로의 유대인 이주를 촉진시켰다.

이 연설에서 벤구리온이 언급하고 있는 팔레스타인 유대인 기구The Jewish Agency for Palestine는 팔레스타인 지역에서 유대인 공동체를 운영했고 영국에 공식 승인도 받았다. 유대인들이 유럽에서 파시즘을 피해 도망 오면서 공동체의 숫자는 크게 늘어났지만 영국 정부가 1939년에 발표한 '백

다비드 벤구리온(1886~1973)

1906 제정러시아의 지배를 받던 폴란드 프롱스크(Plonsk)에서 오스만 제국의 일부였던 팔레스타인으로 이주함
1912 이스탄불 대학교에서 법률을 공부함
1915 정치적 활동을 하다가 오스만 당국에 의해 팔레스타인에서 추방되어 뉴욕으로 이주함
1918 유대인 군단인 영국 육군 38대대에 입대해 제1차 세계대전 후 팔레스타인으로 돌아감
1920 팔레스타인의 시오니스트 노동연합(Zionist Labour Federation)을 공동 창설하고, 사무총장에 임명됨
1930 이스라엘 노동당의 전신인 마파이당(Mapai)의 창당을 주도함
1935~1948 팔레스타인 유대대행기구(Jewish Agency for Palestine) 집행위원회 회장 역임
1948 이스라엘의 초대 총리에 임명됨(1948~1953년·1955~1963년 총리 역임)

서'는 이민자 수 한도를 정해 논란을 불러일으켰다. 위임 통치령에 대한 불만으로 이르군 Irgun 같은 군사조직이 결성되었는데, 이들은 1946년에 영국 행정 본부인 예루살렘의 킹 데이비드 호텔을 폭파하기도 했다. 이 연설을 할 무렵, 영국은 위임 통치령을 끝내고자 하는 입장을 밝힌 터였다. 벤구리온은 영국이 그 이행을 지체할까 걱정했지만 1948년 5월까지 영국군 10만 명이 철수했다. 독립국가 이스라엘을 탄생시킨 유엔의 팔레스타인 분할 계획은 1947년 11월 29일에 찬성 33명, 반대 13명, 기권 10명으로 총회에서 승인되었다. 요르단과 이집트는 영국의 위임 통치령 지역 중에 유엔이 팔레스타인 아랍 국가를 위해 할당해놓았던 곳을 차지함으로써 그러한 국가의 탄생은 무산되었다. 이스라엘의 새로운 영토에 거주하고 있던 팔레스타인 사람은 절반 이상이 떠나거나 추방되었고, 이스라엘은 1948~1949년 아랍-이스라엘 전쟁 동안 성공적으로 국경선을 방어했다.

벤구리온이 일컬은 '우리의 운동'은 시오니즘이었다. 그 바람은 '운명 지어진 유대 국가 destined Jewish state'가 1948년 5월 14일에 선언되면서 현실로 이루어졌다. '지난 1,800년'이라는 표현은 자신들의 주장이 적법함을 강조한다. 로마 제국에 맞서 일어난 두 번째 주요 유대인 반란(서기 132~135년) 이후 로마령 고대 유대 Judaea에 억압 정책이 가해졌다. 유대인들은 예루살렘에서 추방되었고, 로마는 그곳에서 유대인의 정체성을 지워버리기 위해 유대라는 이름을 '시리아 팔레스티나 Syria Palaestina'로 바꾸었다. 그 후 몇 세기 동안 유대인들은 전 세계로 흩어졌다(디아스포라). 그러나 이스라엘의 현대성에 대한 벤구리온의 이상적인 주장도 중요하다. 그는 아랍 대중이 유대인의 읽고 쓰는 능력과 번영을 본받고 싶어 할 것이며, 그럼으로써 지도자들의 이스라엘에 대한 적대성으로부터 해방될 것이라고 말한다. 이러한 낙관주의는 이후의 역사가 시험할 터였다.

———— ►◦✳◦◄ ————

　정치는, 그 무엇보다도, 진공 상태를 혐오합니다. 우리가 그 공간을
채우지 않으면 다른 이들이 채울 것입니다. 마지막으로 한 번 더 영국의
27년 전 약속처럼 남이 우리 일을 대신해줄 것이라는 환상에서 벗어납시
다. 지난 10년 동안 우리의 운동을 동요시킨, 위임 통치령이 '될 것이냐
말 것이냐'라는 격렬한 논쟁은 이제 무의미합니다.

이제 유엔에 의해 최종 결정이 내려졌습니다. 위임 통치령은 끝이 났습
니다. 영국 대신 다른 열강이 위임 통치를 하게 되리라는 가능성도 제안
도 없습니다. 우리가 내려야 할 명백한 결론은 하나입니다. 정치의 공백
상태에서는 이주와 정착을 생각할 수 없으므로 팔레스타인에 통치 기구
가 있어야 한다면, 그것은 바로 우리들 자신의 것이어야 하고, 그것이 아
니라면 아무런 의미가 없다는 것입니다.

영국이 언제 철수할지 예측하기란 어렵습니다. 3개월 뒤가 될지, 3년이
될지, 30년이 될지 모릅니다. 알다시피 '임시' 점령은 지난 60년간 지속되
어왔으니까요. 따라서 지나치게 자신하지도, 그렇다고 낙담하지도 말아
야 합니다. 우리는 무엇보다 영국이 더 이상 백서 정책을 실행하지 말아
야 한다는 점에 큰 관심을 갖고 있습니다. 우리가 원하는 것은 대규모 이
주입니다. 백서 이후로 수많은 유대인이 차단된 것에 대해 영국과 담판
을 지어야 합니다. 어쩌면 우리는 역사가 이 문제를 해결하도록 내버려
두어야 하는지도 모릅니다. 하지만 새로운 장이 열리고 있습니다. 지금
은 유대인의 이주에 닥쳐온 긴박한 국면입니다.

더 이상의 시위와 아우성도 없고 주장과 사법권, 윤리의 공백이 단 하루도 없어야 할 것입니다. 우리는 막중한 책임을 받아들여야 합니다. 자주권을 행사해야 하는 책무가 있었음에도 지난 1,800년 동안 시도해보지 않은 일입니다. 그 중압감은 상당할 것입니다. 닫힌 문과 인종차별이 따르는 백서의 묵인과 자치권의 인수 사이에는 오로지 한 가지 선택만이 있습니다. 어쩌면 우리는 준비되어 있지 않고 미성숙할지도 모릅니다. 세상은 우리의 편의를 봐주지 않을 것입니다. 세계의 달력은 우리의 것에 맞춰지지 않을 것입니다. 우리에게 주어진 문제는 우리가 해결해야 합니다. 유엔의 감독 아래, 유엔의 도움으로, 그러나 우리 자신의 이름으로, 우리 자신에게 설명할 수 있도록, 우리들 자신의 자원을 사용하여 해결해야 합니다.

유대인 정부의 출범만으로는 충분하지 않습니다. 지난 70년을 통틀어 가장 강력하고 현대적인 방어책만으로도 충분하지 않습니다. 영국의 위임통치령은 중요했지만 일시적이었고 처음부터 본질적으로 오래갈 수 없었습니다. 우리는 아랍과의 일을 그럴 것이라고 보아서는 안 됩니다.

이곳은 우리의 고국입니다. 철새처럼 돌아오는 곳이 아닙니다. 하지만 이곳은 아랍권 사람들, 주로 이슬람교도에 둘러싸여 있습니다. 이제 우리는 그들과 화합하고 그 이상의 관계로 나아가야 합니다. 평등한 조건으로 협력하고 동맹을 맺어야 합니다. 팔레스타인의 아랍 대표단과 그 이웃들이 유엔총회 등에서 하는 말을 떠올려보면 아랍-유대인의 친선이 호의적으로만 들립니다. 하지만 아랍인은 그러기를 원치 않습니다. 비웃음을 당하지 않기 위한 공식적인 입장일 뿐입니다. 우리는 그것을 과대평가하지도, 당황해하지도 말아야 합니다. 우리는 유대인으로서, 무엇보다 시오니스트로서 안이한 낙관주의와 소득 없는 낙담을 버려야 합니다. 기본적인 사실이야말로 우리의 아군입니다. 유대인의 비극, 이 땅의 황량함, 이 땅과 우리의 깨뜨릴 수 없는 유대감, 창의성이 우리를 지금에 이르게 했습니다.

아랍권에도 기본적인 사실이 있습니다. 그것을 이해한다면 비관주의가 사라질 것입니다. 그것은 아랍인과 아랍 국가의 역사적 욕구입니다. 사람의 욕구는 항상 분명하게 표현되지는 않지만 오랫동안 억압될 수도 없습니다. 결국은 부풀어 올라 겉으로 드러나고 충족될 수밖에 없습니다.

어쩌면 역사는 우리에게 가혹했습니다. 역사는 힘겨운 상황으로 우리의 귀향을 어렵게 만들었지만 서로 보완해야 하는 아랍인과 유대인이 힘을 합칠 수밖에 없는 상황도 제시했습니다. 두 가지 예를 들어보겠습니다.

이집트는 아랍권에서 가장 큰 나라입니다. 이집트 인구의 4분의 3 이상이 펠라힌fellahin이라 불리는 농부이며 월평균 수입이 1파운드입니다. 펠라힌 중 10분의 9가 질병에 허덕이고 단 5퍼센트를 제외하고는 모두 문맹입니다. 이들이 언제까지나 반유대주의 선동을 먹고 살면서 버틸 수는 없습니다.

이라크는 영국보다 세 배나 큽니다. 독립한 지 25년이나 되었지만 인구의 85퍼센트가 문맹이고 절반이 질병에 걸려 있으며 의사는 8,500명당 한 명꼴밖에 되지 않습니다. 세계에서 가장 부유한 축에 드는 아랍 국가인데도 말입니다. 반유대주의는 이라크에도 영원한 도움이 되지 않습니다. 표면적으로는 독립국가인 트란스요르단은 굳이 언급하지 않겠습니다. 그들의 빈곤과 방치된 상황은 그곳에 가본 우리들 대다수가 이미 알고 있으니까요.

우리가 팔레스타인에서 하고 있는 일, 그곳에 건설하고 있는 사회를 통해 우리의 경제와 과학, 문화, 휴머니티, 사회와 재정 질서가 우리 이웃들에게 깨달음을 가져다줄 것입니다. 그들이 우리에게 배우고 함께 힘을 합치지 않는다면 그들은 결국 무력을 휘두르는 포학한 이방인과 파트너가 될 것입니다.

그들도 우리에게 많은 것을 줄 수 있습니다. 우리에게 부족한 것들을 갖추고 있으니까요. 그들은 지금 세대는 물론이고 후손의 후손들까지 충분할 정도로 거대한 영토를 갖고 있습니다. 우리는 그들의 광활한 영토를 탐내지 않으며 침범하지도 않을 것입니다. 유럽의 디아스포라를 끝내기 위해 맹렬히 싸운 것처럼 아랍권에서도 디아스포라의 끝을 위해 싸워야 하기 때문입니다. 우리는 우리 땅에서 다 같이 모이기를 원합니다. 하지만 이 지역이 최대한 확장되려면 호혜성이 있어야 합니다. 유대인과 아랍인 사이에 상호 경제적·정치적·문화적 원조가 있을 수 있습니다. 그 필요성이 무엇보다 절실해질 것이므로 아랍 지도자들의 일상적인 맹렬한 비판에 지나치게 불안해하지 말아야 합니다. 그것이 아랍인의 진정한 이익을 대변하지 않기 때문입니다.

지금, 여기서, 바로 예루살렘으로부터, 아랍 국가들에게 요청해야겠습니다. 동등한 주권 국가로서 평화와 발전을 위해 유대인들과, 그리고 운명적으로 수립된 유대 국가와 힘을 합치고 공동의 선을 위해 나란히 함께 일합시다.

'오늘날 세계가 마주한 기본적인 문제는
바로 인간의 자유를 지키는 것입니다'

엘리너 루스벨트

(Eleanor Roosevelt, 1884~1962)

미국 퍼스트레이디의 유엔총회 연설

| 프랑스 파리, 1948년 12월 9일 |

세계인권선언은 1948년 12월 10일 파리 유엔총회에서 정식 채택되었다. 엘리너 루스벨트가 이 연설을 한 다음 날이었다. 세계인권선언은 헌법상 개인의 권리를 정의하고 집행권executive power(넓은 의미의 행정권)의 침해로부터 그것을 보호하기 위한 서구 정치사상의 오랜 전통을 바탕으로 했다. 영국의 권리장전(1689년)과 미국의 독립선언문(1776년)에서 특히 잘 드러난다. 1789년에 프랑스 국민의회가 채택한 프랑스 인권선언은 인간의 평등과 자유 개념을 보편화함으로써 한 단계 더 나아갔다. 그러나 유엔의 세계인권선언은 이전 정의의 초점이었던 시민적·정치적 자유뿐만 아니라 경제적·사회적·문화적 권리가 포함되었다는 점에서 급진적인 발전이었다. 집회의 자유와 법 앞에서 평등할 권리 같은 전통적인 목표와 함께 노동조합을 만들고 가입할 권리나 사회 보장 권리, 동일 임금의 권리도 인정되었다.

유엔 창설 이유와 마찬가지로 세계인권선언에 대한 집념 어린 노력은 불과 몇 년 전에 끝난 전쟁, 그리고 지속적인 전체주의의 위협 때문이었다.

엘리너 루스벨트 (1884~1962)

1899~1902 잉글랜드 알렌스우드 아카데미(Allenswood Academy)에서 공부함

1905 프랭클린 델라노 루스벨트(FDR)와 결혼함

1928 FDR(민주당), 뉴욕 주지사에 당선됨

1932 FDR, 대통령에 당선됨(1936년·1940년·1944년 당선)

1933~1945 미국의 퍼스트레이디로 활동함

1941 민주주의적 자유와 인권에 힘쓰는 국제 조직인 프리덤 하우스(Freedom House)를 공동 설립함

1943 유엔 설립 로비 활동을 담당하는 유엔 미국협회를 설립함

1945. 04 루스벨트 대통령이 사망함

1946. 01 런던에서 첫 유엔총회가 열림

1946~1952 유엔총회 미국 대사 역임

1961~1962 여성 지위에 관한 대통령 위원회(Presidential Commission Status of Women) 회장 역임

엘리너 루스벨트는 이 연설에서 소비에트 공산주의의 언어 오용을 적극적으로 공격했는데, 그것은 전체주의자들이 의도적으로 단어들을 애매모호하게 만들고 있음 – 조지 오웰의 『1984』(1949년)에서 '신어 Newspeak'라고 이름할 법한 기술 – 이 널리 인지되었다는 것을 나타낸다. 소련은 유엔총회의 세계인권선언 채택 당시 반대표를 던진 여덟 개 국가 중 하나였다. 엘리너 루스벨트는 먼 사촌이자 남편인 프랭클린 델라노 루스벨트 Franklin Delano Roosevelt 와 마찬가지로 귀족적 특권을 누린 집안에서 태어났고 이 연설은 그녀가 영국의 예비신부학교에서 익힌 독특한 악센트로 전달되었다. 1921년에 프랭클린 루스벨트가 소아마비로 다리를 못 쓰게 되자 그녀는 적극적인 활동을 펼치는 색다른 퍼스트레이디가 되어야 했다. 공식 행사에서 자주 대통령을 대신하고 흑인들의 인권과 대공황의 주요 피해자인 실업자들의 구제를 그녀의 독특하고 유려한 논조로 옹호했다. 아마도 1918년에 프랭클린 루스벨트가 그녀의 사회 담당 비서와 오랜 불륜 관계였다는 사실을 알게 된 뒤로 그녀는 사회운동에 더욱더 매진한 것으로 보인다. 그러나 이 연설을 하는 시점에 이르러 그녀는 이미 베테랑 운동가였고 일터에서 여성의 권리를 주장하는 여성노동조합동맹 Women's Trade Union League 활동에 자신을 내던진 상태였다. 솔직함과 열정, 진중함으로 전 국민의 존경을 한 몸에 받은 그녀는 트루먼 대통령에 의해 유엔총회 미국 대표로 임명되었고 유엔 인권위원회 대표로서 세계인권선언문 초안 작성에 중요한 역할을 했다. 그녀는 이 구속력 없는 관습법의 선언이 '국제적인 대헌장 Magna Carta'이 되기를 바라는 소망을 표현했고 국가들은 이 선언을 자주 발동시켜 그 역할을 충족하도록 도왔다. 1988년에 유럽평의회는 인권재판소의 설립을 통해 자체적인 선언문인 유럽인권협약(1950년)을 적용했는데 대륙 곳곳에 산재한 47개의 유럽평의회 지지국들은 엘리너 루스벨트의 고귀한 활동에 법률로서의 깊이를 더했다.

━━━◆◆◆━━━

　　우리는 자유의 의미를 혼동하지 말아야 합니다. 인간의 기본 권리는 단순하고 쉽게 이해될 수 있습니다. 언론과 출판의 자유, 종교와 예배의 자유, 집회의 자유, 청원권, 집에서 안전하게 생활할 권리, 부당한 수색과 압수로부터의 자유, 자의적 체포와 처벌로부터의 자유 등입니다.

민주주의와 자유, 인권은 전 세계 사람들에게 확실한 의미로 굳어졌으므로 그 어떤 국가도 억압, 독재와 동의어가 되도록 바꾸게 놓아두어서는 안 됩니다. 민주주의 국가와 전체주의 국가에서는 단어를 사용하는 데서도 기본적으로 다릅니다.

소련의 대표들은 그들이 '부르주아 민주주의'라고 부르는 우리들의 국가에서는 불가능한 것들을 이미 달성했다고 주장합니다. 우리 정부는 그들에게 무력한 것처럼 보입니다. 궁극적으로 국민들에 의해 통제되기 때문입니다. 소련은 자국민들이 정부에 어떤 절대적 권리를 허용함으로써 그들의 정부를 통제하고 있다고 말할 것입니다. 하지만 우리는 어떤 권리는 절대로 정부에 주어서는 안 되고 국민들의 손에 있어야 한다고 생각합니다.

전체주의 국가에서 노조연합은 권리가 아닌 의무를 강화하기 위해 정부가 활용하는 수단입니다. 하지만 우리의 노조연합은 오로지 노동자들을 위한 수단입니다.

소련에서 일할 권리는 노동자들이 정부가 지정해준 일을 무엇이든 받는다는 뜻입니다. 모든 사람이 일하는 사회는 꼭 자유 사회가 아닐 수도 있고 노예 사회일 수도 있습니다. 반면 경제적 불안감이 널리 퍼진 사회는 자유를 황량하고 생기 없는 권리로 바꿔놓을 수 있습니다.

우리 미국인들은 국민이 자신에게 익숙한 일을 찾지 못해 굶는 일이 없도록 정부에 요구할 권리가 있음을 깨달았습니다. 언제, 어디에서, 어떤 일을 할지 일방적으로 강요된다면 자유를 얻었다고 생각하지 않을 것입니다. 오늘날 세계가 마주한 기본적인 문제는 개인과 그가 속한 사회의 자유를 지키는 것입니다. 우리는 프랑스 혁명과 미국 혁명 때와 똑같은 싸움을 다시 하고 있습니다.

인간의 자유는 권리일 뿐만 아니라 도구이기도 합니다. 언론과 출판의 자유, 정보와 집회의 자유는 추상적인 이상에 불과한 것이 아닙니다. 자유를 누리게 해주는 삶의 방식을 창조하는 도구인 것입니다. 우리 사회를 위한 기본적인 결정은 사람들의 의지 표현을 통해 이루어집니다. 자유가 위협받을 때 이 나라가 허물어지기는커녕 하나로 단결하고, 서로 다른 배경과 인종 갈등에도 불구하고 민주주의 국가들이 힘을 합치는 것도 그 때문입니다.

미국은 자본주의 경제입니다. 삶의 조건에서 여론을 선호하는 유형의 경제입니다. 하지만 우리는 특정한 제약을 부과했습니다. 예를 들어 독점 금지법이 있습니다. 그것은 자유경쟁 경제를 지속하고 사람들의 자유를 앗아가는 독점을 허용하지 않으려는 미국인들의 의지를 보여주는 법적 증거입니다.

소련은 국경 안의 모든 인종이 공식적으로 평등하게 여겨지는 시점에 이르렀다고 말합니다. 소수민족을 차별하지도 않는다고 주장합니다. 물론 훌륭한 목표임은 분명하지만 자유의 발전에는 다른 측면도 있습니다. 단순한 차별의 부재가 가치 있으려면 꼭 필요한 자유입니다. 언론과 출판·

종교·양심·집회·공정한 재판의 자유, 자의적 체포·처벌로부터의 자유처럼 전체주의 국가가 국민들에게 안심하고 내어주지 못하는 자유, 즉 차별의 자유에 의미를 부여하는 자유입니다.

자유로운 사람에게는 목적이 수단을 정당화할 수 없습니다. 우리는 전체주의의 양식을 알고 있습니다. 하나의 정당, 학교와 언론·라디오·예술과 학문의 통제, 독재 권력을 뒷받침하는 교회. 인류는 지난 3,000년 동안 이러한 해묵은 양식들에 맞서 투쟁해왔습니다. 이들은 반응과 후퇴, 퇴보의 신호입니다.

인권은 기본 원칙을 타협할 수 있는 분야가 아닙니다. 미래에는 세계적으로 인권의 범위가 확장될 것입니다. 자유를 맛본 인간은 그것을 손에 넣기 전까지 절대로 만족할 수 없습니다. 정당한 사회에서 인권은 법과 정부의 기본 목표입니다. 인권은 사람들의 관계 속에서, 정부와 국민의 관계 속에서 존중되는 형태로 존재합니다.

우리가 근래에 목격한 정치 선전은 사람들의 자유와 독립에 의문을 제기하고 약화시키고 파괴하려고 합니다. 그런 선전은 모든 사람에게 주어진 권리를 의심할 것인지, 아니면 도전을 받아들이고 확고하게 맞서 자유를 지키고 확대하기 위해 투쟁할 것인지의 문제를 제기합니다. 지금 우리에게 닥친 시험은 인권과 자유가 어디까지 성취되었는가 하는 것뿐 아니라 세계가 지금 어느 방향으로 움직이고 있는가 하는 것입니다.

인권 문제를 토론하는 장소는 유엔의 포럼에 있습니다. 함께 상호적 문제를 깊이 고민하고 서로 다른 경험을 활용할 수 있습니다. 우리는 민주주의와 자유를 단연코 지지하므로 언제나 민주주의의 기본 절차인 솔직한 토론과 협상을 할 준비가 되어 있습니다. 모든 인간의 권리와 자유를 위해 우리가 여기서 또 한 번 승리하기를 신에게 기도합니다.

'노병은 죽지 않습니다.
다만 사라질 뿐입니다'

더글러스 맥아더

(Douglas MacArthur, 1880~1964)

미국의 가장 위대한 군인 중 한 명인 더글러스 맥아더가 의회에서 한 고별 연설

| 미국 워싱턴, 1951년 4월 19일 |

'우리는 오늘 여기에서 신이 말하는 것을 들었다!' 더글러스 맥아더의 연설에 대한 미주리 하원의원 듀이 쇼트 Dewey Short 의 반응은 극단적이지만 이 연설은 맥아더의 높은 위치를 확인시켜주었다. 맥아더는 군인으로 복무하는 내내 여론을 구축했다. 타고난 재능과 함께 인상적인 표현을 구사하는 그의 능력은 군사 전략에 대한 그의 생각을 미국 시민들에게 전달하도록 해주었다. 1930년대에 그는 미국의 고립주의를 비판했고, 당시 미국에서 인기를 끌었던 평화주의적 입장에 반대했다. 맥아더의 인격은 출중했지만 어떤 사람들에게 감화를 주는 자질이 다른 사람들에게는 독선적으로 받아들여졌다. 결국 그는 1951년 4월 11일 해리 트루먼 대통령에 의해 연합군 최고사령관에서 해임당하는 대가를 치러야 했다. 그것은 제2차 세계대전 이후 일본을 점령하는 동안 그가 갖고 있던 직함이었다. 그리하여 그는 1950년 6월 25일에 북한이 남한을 침략했을 때 남한을 지키기 위해 유엔안전보장이사회가 승인한 유엔군을 이끌었다. 맥아더는 공식 발언뿐만 아니라 많은 글을 통해서 한국전쟁의 수행

더글러스 맥아더(1880~1964)

1903 웨스트포인트 육군사관학교를 졸업함
1918 제84보병 여단장으로 프랑스에서 복무함
1919~1922 웨스트포인트 교장 역임
1928~1930 필리핀 군관구 사령관 역임
1937~1941 필리핀 육군 원수 역임
1941 극동 지역 사령관에 임명됨
1942 일본의 침략으로부터 필리핀을 지킨 공을 인정받아 명예훈장을 받음. 남서태평양 연합군 사령관에 취임함
1945. 09. 02 미주리함(USS Missouri)에서 일본의 항복 문서에 서명함
1945~1951 일본 점령 연합군 최고사령관 역임
1950~1951 한국전쟁 중 유엔군 사령관으로 파견됨

방식에 대해 트루먼 대통령과 반대되는 의견을 드러냈다. 그는 중공군의 개입을 응징해야 한다는 생각으로 중국 북쪽에 위치한 만주의 군사기지를 공습하자고 주장했다. 하지만 트루먼은 전쟁 양상이 고조되면 소련이 개입해 핵전쟁으로 확산될 우려가 있다고 생각했다. 맥아더의 도박은 실패했다. 그가 개인적으로 인기 있을지는 몰라도 총사령관은 어쨌든 대통령이었다. 트루먼은 순종하지 않는 장군을 물러나게 했다. 뒤이어 열린 상원조사위원회에서도 트루먼 대통령의 선택을 지지했다.

맥아더의 의회 연설은 영예로운 마지막 함성이었다. 도중에 서른 번가량 뜨거운 박수가 터져 나왔다. 연설의 마지막을 장식한 '노병'의 이미지는 심금을 울리는 절묘한 계산에 따른 것이다. 하지만 극동 지역이 미국의 운명에 끼치는 영향과 위대한 태평양 열강으로서 미국의 높아진 위상을 훌륭하게 설명한 것은 이 연설의 감동적인 대목이라고 할 수 있다. 탁월한 언변과 예리한 전략적 감각으로 그는 미국의 지정학적 위치를 상세하고 생생하게 전달했고 20세기 이후의 역사는 환태평양 지역에서의 미국의 역할이 대서양 열강으로서의 지위를 보완해주었음을 보여준다.

1951년 당시 맥아더는 11년간 미국을 떠나 있었지만 그전부터도 최고사령관으로서의 지위는 그에게 독립적 사고를 하도록 만들었다. 필리핀 자치령이 1935년에 미국으로부터 준독립을 쟁취했을 때 그는 필리핀 국군이 창설되는 과정을 감독했다. 제2차 세계대전이 끝난 직후에는 점령군 사령관으로서 실질적인 일본의 통치자였고 1947년부터 효력을 발휘한 일본 헌법은 그의 참모가 초안을 작성한 것이다. 장군으로서 민간 권력을 행사하는 그의 모습은 과거 일본의 쇼군과 비교되기도 했다. 그런데 이날 의회에 선 남자는 위엄이 있었지만 군주의 모습은 아니었다. 맥아더의 통찰에 권위를 부여하고 국민을 대표하는 의원들로부터 박수갈채를 이끌어낸 것은 오히려 그의 독특한 경험과 책임감에서 비롯되었다.

----◆--◈--◆----

　　지금 저는 저물어가는 인생의 황혼기를 맞이하여 아무런 원한이나 반감 없이 여러분께 말씀드립니다. 이 문제들은 전 세계적이며 서로 연계되어 있기 때문에, 한 분야의 문제를 망각하고서 다른 분야의 문제를 생각한다면 총체적 재난이 초래될 것입니다.

흔히 아시아를 유럽의 관문이라고 말합니다. 한편 유럽이 아시아의 관문이라는 것도 그에 못지않은 진리입니다. 그러므로 한 지역의 광대한 영향력은 다른 지역에도 영향을 끼칠 수 있습니다. 공산주의의 위협은 전세계적입니다. 유럽에서 공산주의가 확장되는 것을 저지하기 위해 노력하는 것과 동시에 아시아에서도 그렇게 하지 않으면 공산주의의 확산을 완화시킬 수 없고 종국에는 그에 굴복하고 말 것입니다.

아시아인들은 방금 지나간 전쟁에서 식민주의라는 족쇄에서 벗어날 기회를 발견했고, 이제는 새로운 기회의 여명을 보고 있습니다. 이전에는 느끼지 못한 존엄성, 정치적 자유의 자부심입니다. 그들은 세계 인구의 절반과 자연자원의 60퍼센트를 점유하면서 도덕적이고도 물질적인 새로운 세력으로 급속히 굳어지고 있습니다. 이것이 아시아가 나아가는 방향이고 결코 막을 수 없을 것입니다. 세계사의 전체적 중심이 시작점으로 다시 회귀하고 있으므로 세계 경제 프런티어의 변동은 당연한 귀결입니다.

아시아인들은 자신의 운명을 스스로 만들 권리를 갈망합니다. 지금 그들은 예속으로 인한 수치심에서 벗어나 평등의 존엄을 찾고자 합니다. 비현실주의의 위험에 빠지지 않으려면 현 시대 계획의 배경이 되는 이러한 정치적·사회적 조건을 세심하게 고려해야 합니다.

미국의 국가 안보와 더 직접적으로 관련되어 있는 아시아의 문제는, 지난 전쟁 동안 태평양의 전략적 가능성에 일어난 변화입니다. 이전에 미국의 서부 전략 프런티어는 아메리카의 연안선에 있었습니다. 태평양은 인접한 육지를 공격하고자 하는 침략군이 진격해올 수 있는 지역이었습니다.

우리가 태평양에서 거둔 승리로 이 모든 상황이 바뀌었습니다. 이제 우리의 전략적 경계선은 태평양 전체를 포함하게 되었고, 이곳을 장악하고 있는 한 우리를 보호해줄 거대한 해자가 되어줄 것입니다. 우리와 우리의 자유 동맹들이 장악하고 있는 알류샨 열도에서 마리아나 제도까지 호 모양으로 펼쳐진 섬들을 통해 아시아의 해안까지 우리는 태평양을 지배하고 있습니다. 이러한 섬들의 띠를 통해 블라디보스토크에서 싱가포르까지 우리는 아시아의 모든 항구의 바다와 하늘을 장악할 수 있습니다.

서태평양의 방어선을 지키는 것은 전적으로 이 모든 부분을 어떻게 지키느냐에 달려 있습니다. 이러한 이유에서 그동안 저는 대만Formosa이 어떤 일이 있더라도 공산주의자의 수중에 들어가지 않도록 해야 한다고 강력히 주장했습니다. 그것에 실패하면 우리의 서부 경계선이 캘리포니아주, 오리건 주, 워싱턴 주 해안선까지 후퇴할 것이기 때문입니다.

50년 전만 해도 중국은 여러 집단으로 분열되어 있었습니다. 19세기에서 20세기로 들어서면서 동질성을 갖고자 하는 노력이 민족주의 운동을 촉발했습니다. 그 민족주의 운동은 지금의 공산정권 아래서 가장 큰 결실을 거두었습니다. 그리하여 지난 50년 동안 중국인의 사상과 이상은 군국주의화했고, 그들은 영토를 넓히고 세력을 확장하려는 열망을 품고 있습니다.

일본은 태평양전쟁 이후로 근대 역사상 가장 훌륭한 개혁을 경험했습니다. 정치적으로나 경제적·사회적으로 일본은 지금 지구상의 많은 자유국가와 어깨를 나란히 하고 있습니다. 저는 그렇게 평화롭고 질서가 잘 잡혀 있고 근면한 국민들을 본 적이 없습니다.

우리의 보호국이었던 필리핀에 대해 말씀드리자면, 튼튼한 국가로 성장하리라고 확신합니다. 우리가 그들을 필요로 했을 때 그들은 우리를 실망시키지 않았습니다. 필리핀은 극동 지역의 기독교를 위한 강력한 보루이며 아시아에서 도덕적인 지도력을 발휘할 가능성이 무한합니다.

이제 한국전쟁으로 넘어가겠습니다. 우리의 승리는 완전했고 목적을 이루는 듯했지만, 그때 중공군이 개입했습니다. 그로 인해 새로운 전쟁이 시작되었고 군사 전략을 현실적으로 조정해야 하는 외교적 차원의 새로운 결정이 요구되는 상황이 왔습니다. 그러한 결정은 전혀 예측하지 못한 것이었습니다.

저는 이 전쟁을 수행하는 데에 다음과 같은 조치가 군사적으로 꼭 필요하다고 생각했습니다. 첫째 중공에 대한 경제적 봉쇄를 강화할 것, 둘째 해군이 중공 연안을 봉쇄할 것, 셋째 중공 연안에 대한 공중 정찰 제한을 해제할 것, 넷째 대만 자유중국군에 대한 제한을 해제할 것.

우리는 지속적인 전술의 전개로 한국에서 우위를 지킬 수 있었습니다. 그러나 적군이 잠재적인 군사력을 최대한 활용한다면 우리는 이제 겨우 지지부진한 전쟁 정도밖에 기대할 수 없을 것입니다.

그동안 저는 전쟁광으로 불려왔습니다. 그보다 진실과 동떨어진 말은 없을 것입니다. 살아남은 극소수의 사람들처럼 전쟁의 실상을 잘 알고 있는 저로서는 전쟁만큼 혐오하는 것도 없습니다. 적과 아군 쌍방에 주는 크나큰 파괴성은 전쟁이 결코 국제 분쟁을 해결하는 수단이 아님을 보여주었기에 저는 오랫동안 전쟁이 완전히 없어져야 한다고 주장해왔습니다. 그러나 일단 전쟁을 피할 수 없게 되면, 신속하게 끝내는 것 이외의 대안은 없습니다. 전쟁의 최종 목적은 승리이지 우유부단하게 연장하는 것이 아닙니다.

군사행동이 한국 영토에만 제한되었다는 사실이 한국전쟁의 비극을 더욱 악화시키고 있습니다. 중공군의 성소가 완전히 보호되는 반면, 한국의 국민들은 해·공군의 군사력이 총동원된 공격을 받아야 하기 때문입니다.

한국인들의 놀라운 용기와 불굴의 정신은 도저히 말로 형용할 수가 없습니다. 그들은 노예가 되기보다 죽음을 택했습니다. 그들이 저에게 마지막으로 남긴 말은 '태평양을 포기하지 마십시오!'였습니다.

이제 저는 52년에 이르는 군 생활의 막을 내리려 합니다. 제가 육군에 입대한 것은 소년 시절의 모든 꿈과 희망을 실현하기 위해서였습니다. 웨스트포인트(육군사관학교)의 평원에서 선서한 이후 세상이 몇 차례나 바뀌었고 그러한 꿈과 희망도 사라진 지 오래되었지만, 그 시절에 가장 인기 있었던 군가의 후렴부가 아직도 생각납니다. '노병은 결코 죽지 않는다. 다만 사라질 뿐이다'라고 당당하게 외치는 구절이었습니다.

지금 저는 그 군가 속 노병처럼 군 생활의 막을 내리고 다만 사라지려고 합니다. 그 노병은 신께서 내린 빛으로 자신의 의무를 보았고 그 의무를 이행하고자 노력했습니다.

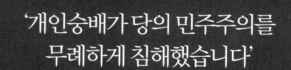

'개인숭배가 당의 민주주의를
무례하게 침해했습니다'

니키타 흐루시초프

(Nikita Khrushchev, 1894~1971)

소련공산당 초대 서기 니키타 흐루시초프가 제20차 당 대회에서
스탈린을 비판하는 연설

| 소련 모스크바, 1956년 2월 25일 |

1953년에 스탈린(1879~1953)이 사망한 뒤 처음 열린 제20차 당 대회(1956년)에서 스탈린의 후계자 니키타 흐루시초프는 자유화를 주장했다. 정보 자유 확대, 외국과의 문화 연계, 800만 정치범 석방 등이 '흐루시초프의 해빙 정책'을 이루는 내용이었다. 연설은 네 시간에 걸쳐 이루어졌고, 그 내용을 들은 일부 대표들은 심장마비를 일으켰다. 나중에 자살한 사람들도 있었다. 그가 레닌의 이상을 언급한 것은 영리한 전략이었고 스탈린이 혁명의 유산을 배신했음을 보여주기 위함이었다. 비밀리에 소집된 의회에서 흐루시초프의 연설이 이루어졌고 지역 정당 서기들에게 전달되어 그 내용이 당원들에게 설명되었다. 비밀 유지를 강조한 만큼 이 연설은 더욱 유명해졌고 흐루시초프의 보좌관들은 서방 신문에 연설문 복사본을 전달했다. 서방 신문에 의해 전해진 연설문의 내용은 세계적인 반향을 불러일으켰다.

이 연설의 배경은 소련 지도층의 내부 경쟁이다. 흐루시초프는 자신의 지위를 굳히고자 했다. 그는 1953년 12월에 처형당한 국가 안보 책임자 라브렌티 베리야Lavrenti Beria를 해임시킨 적이 있었다. 또 다른 경쟁자로는

니키타 흐루시초프(1894~1971)

1918 볼셰비키당에 입당함
1934 모스크바 시위원회 제1서기에 임명되고, 도시 지하철 건설을 감독함. 소련공산당 중앙위원으로 선출됨
1938 우크라이나 중앙위원회 제1서기에 임명됨
1939 공산당 정치국(Politburo) 당원이 됨
1941~1945 정치위원으로 활동함(중장 계급)
1953. 09 공산당 제1서기에 취임함
1958. 03 소련 총리에 취임함
1964. 10 간부회의에서 실각이 결정되고, 공산당 중앙위원회에서 승인됨

뱌체슬라프 몰로토프Vyacheslav Molotov와 게오르기 말렌코프Georgi Malenkov가 있었다. 두 사람 모두 소련공산당의 최고 의사 결정 기관인 중앙위원회에서 큰 영향력을 행사하는 인물이었다. 옛 스탈린주의자들은 흐루시초프의 연설을 개인적 공격으로 받아들였으며, 그러한 해석은 정확했다. 1957년에 스탈린주의자들이 꾸민 음모가 발각되자 흐루시초프는 그들을 당에서 쫓아냈다.

비록 스탈린주의 정부를 비판했지만 흐루시초프의 연설은 공식 집계상 1,200만 명의 인명 피해를 가져온 농업 집단화를 비롯한 과거의 경제 정책을 비판하지는 않았다. 그의 맹렬한 비판은 영리하게 선택적이었는데, 두 가지 이유에서였다. 우선 공산당의 권위가 지속되어야 했으며, 흐루시초프 자신도 스탈린주의에 개입한 전력이 있기 때문이었다. 따라서 그의 장광설은 많은 사람들에게 위선으로 느껴졌다.

1956년 가을에 이르러 '흐루시초프의 해빙 정책'이 위기에 이르렀음을 알려주는 신호가 등장했다. 헝가리에서 반공산주의 반란이 일어났고 너지 임레Nagy Imre 총리가 단일 정당 체제를 폐지했다. 소련공산당 간부회의는 군대를 파견해 헝가리를 다시 장악했다. 10월에는 폴란드의 포즈나니Poznan에서 노동자들이 폭동을 일으켰고 폴란드 정부는 생존을 위해 자유화 정책을 도입해야 했다. 이러한 반란은 흐루시초프의 연설이 일으킨 희망이 직접적으로 가져온 결과였으므로 그를 비판하는 이들에게는 유리하게 작용했다. 그럼에도 불구하고 흐루시초프의 과거에 대한 비판은 계속되었는데, 1961년에 스탈린이 대중의 시야에서 벗어나 크렘린 궁벽 밖으로 이장移葬되면서 상징적인 대단원에 이르렀다.

흐루시초프는 서방과의 '평화로운 공존'을 받아들였지만 1962년 10월에 일어난 쿠바 미사일 위기로 그러한 입장이 약화되었다. 그는 쿠바에 보낸 무기를 모두 제거하라는 미국의 요구에 합의해야 했다. 그로 인한 체면 손상은 총리직 해임의 전주곡이었다. 하지만 흐루시초프가 남긴 중대한 유산이 있었다. 그의 연설은 미하일 고르바초프Mikhail Gorbachev를 비롯한 다수의 젊은 공산당원에게 영향을 끼쳤다. 특히 고르바초프가 서기장(1985~1991년)으로서 보여준 포부는 흐루시초프와 닮은 점이 많았다.

———◦※◦———

스탈린 사망 이후 중앙위원회는 한 인간을 초인적인 존재로 승격시키는 것이 마르크스·레닌주의 정신과 맞지 않는다고 설명하기 시작했습니다. 하지만 인간, 특히 스탈린이 그런 존재라는 믿음은 오랫동안 우리들 사이에서 이어져왔습니다.

현재 우리는 스탈린을 숭배하는 것이 당의 원칙과 민주주의, 혁명의 적법성을 심각하게 왜곡시키는 요인이라고 우려하고 있습니다.

블라디미르 일리치 레닌Vladimir Ilyich Lenin은 매우 겸손한 혁명 천재로 알려져 있습니다. 레닌은 역사 창조에서 사람들의 역할을 항상 강조했습니다. 그는 개인숭배 현상을 가차 없이 지탄했습니다. 그는 사람들에게 자신의 견해를 끈질기게 설명했습니다.

레닌은 스탈린에게서 훗날 엄중한 결과로 이어지는 부정적인 특징을 알아보았습니다. 소련의 앞날을 걱정한 그는 스탈린을 서기장 자리에서 내려오게 해야 한다고 지적했습니다. 스탈린이 동료들에게 적절한 태도를 가지고 있지 않았기 때문입니다. 훗날의 사건들로 입증되듯, 레닌이 느낀 불안감은 옳았습니다.

리더십과 일에서 동료 간의 협력 관계를 용인하지 않았던 스탈린은 설득이 아니라 자신의 의사를 강요하는 방법으로 일했습니다. 그는 '인민의 적'이라는 개념을 고안했습니다. 이 용어를 스탈린에 반대한 사람과 적대적인 의도를 가진 것으로 의심받는 사람을 잔혹하게 억압할 수 있도록 만들었습니다. 육체적 압박으로 '자백'이 이루어졌고 무고한 사람들이 피해자가 되었습니다. 수많은 이들의 체포와 추방, 재판 없는 처형이 불안과 공포, 심지어 절망의 분위기를 만들었습니다.

레닌은 혁명의 적들에게 단호한 조치를 취해야 한다고 했습니다. 하지만 어리석게 실수하는 사람들이 아니라 실질적인 계급상의 적들에게만 그러한 조치를 적용했습니다. 반면 스탈린은 이미 혁명이 승리를 거두고 있을 때조차 극단적인 조치와 대규모 탄압을 감행했습니다.

레닌은 당이 정부의 발전에 관한 모든 문제를 심도 있게 토론하는 것이 절대적으로 필요하다고 믿었습니다. 그러나 레닌이 사망한 뒤 스탈린은 당의 집단 리더십의 원칙을 짓밟았습니다. 제17차 의회에서 선출된 중앙위원회 위원 139명 중 70퍼센트인 98명이 체포되거나 총살되었습니다. 과연 의회가 그렇게 대다수 위원이 당의 적으로 이루어진 중앙위원회를 선출했을지 도저히 생각할 수 없는 일입니다. 위원들은 우리의 사회주의 국가 건설에 적극적으로 참여한 이들이었습니다. 그들 중 다수가 혁명 이전 시기에 핍박을 받았고 투쟁했습니다. 그들은 용감하게 적과 싸웠고 죽음의 문턱까지 간 경우도 많았습니다. 그런 사람들이 어떻게 사회주의 적의 진영에 가담했다고 믿을 수 있겠습니까?

레닌은 계급 착취에 저항하기 위해 필요할 경우 혁명적 폭력을 행사해야 한다고 가르쳤습니다. 그것은 계급 착취가 존재했고, 또 강력했던 시기를 가리킵니다. 국가의 정치 상황이 개선되자마자 레닌은 대규모 테러를 멈추고 사형제도를 폐지하라고 지시했습니다. 하지만 스탈린은 그러한 행동 수칙에서 벗어났습니다. 당의 정직한 노동자들을 향한 테러를 지시했고 거짓과 중상모략, 부조리한 고발이 이어졌습니다.

스탈린은 불신으로 가득한 사람이었습니다. '왜 그렇게 찔리는 데가 있는 눈빛이냐'고 곧잘 말했습니다. 의심이 깊어지면서 그는 아무도 믿지 못했습니다. 모든 장소와 대상을 '적'이나 '두 얼굴', '스파이'로 여겼습니다.

스탈린이라는 한 개인의 손에 축적된 권력은 대조국전쟁Great Patriotic War(소련의 입장에서 제2차 세계대전을 부르는 말 - 옮긴이) 동안 심각한 결과를 초래했습니다. 우리의 소설이나 영화, 역사·과학 연구에 묘사된 대조국전쟁에서의 스탈린의 역할은 전혀 사실 같지 않아 보입니다. 스탈린이 모든 것을 예견했으며, 우리가 거둔 대대적인 승리가 전적으로 그의 천재적인 전략 덕분이라고 나오기 때문입니다.

스탈린은 우리가 독일의 '예기치 못한' 공격을 받았다고 주장했습니다. 그러나 동지들이여, 그것은 전적으로 사실과 다릅니다. 히틀러는 권력을 잡자마자 공산주의를 제거하겠다는 목표를 세웠습니다. 파시스트들도 공공연하게 그런 뜻을 내비치고 있었습니다. 이렇듯 엄중한 경고에도 불구하고 필요한 준비 절차가 이행되지 않았습니다. 우리의 장군들이 상황을 반전시키기 전까지 우리는 엄청난 손실을 입었습니다. 스탈린은 사람들에게 소련이 거둔 모든 승리가 오로지 자기 덕분이라는 생각을 심어주려 했습니다. 우리의 군사 영화를 보면 욕지기가 날 것 같습니다. 「베를린 함락」이라는 영화에서는 오로지 스탈린 혼자 행동합니다. 그 누구와도 의논하지 않으며 어떤 조언도 구하지 않습니다. 모든 것이 이렇게 거짓된 방향에서 사람들에게 보여지고 있습니다. 스탈린이 아니라 당 전체와 소비에트 정부, 우리의 영웅적인 군대, 모든 유능한 지도자와 용감한 군인, 소련이라는 나라 전체가 대조국전쟁의 승리를 이끈 것입니다.

동지들이여! 개인숭배가 당의 민주주의를 무례하게 침해하고, 행정부를 무능하게 만들고, 일탈을 초래하고, 결점을 가리고, 현실을 포장했습니다. 왜 중앙위원회 위원들은 단호하게 행동하지 않았습니까? 처음에는 스탈린이 가장 강력한 마르크스주의자들 중 한 명이라는 이유로 다수가 그를 지지했고 그의 논리와 힘, 의지는 당의 과업 수행에 큰 영향을 끼쳤습니다. 레닌의 죽음 이후 스탈린은 레닌주의에서 조금이라도 벗어나는 사람들과 적극적으로 싸웠습니다. 그 싸움은 필수적이었습니다. 하지만 그 뒤 스탈린은 정직한 소련 인민과 싸우기 시작했습니다.

동지들이여! 레닌은 겸손이 진정한 볼셰비키가 갖추어야 할 절대적인 덕목이라고 강조했습니다. 우리가 모든 측면에서 레닌주의의 모범을 따랐다고 말할 수는 없습니다. 그것은 바로잡아야 할 일입니다. 그러나 침착하게 대처해야 합니다. 이 문제가 당을 넘어서는 안 되고, 특히 언론에 전해져서는 안 됩니다.

동지들이여! 지금이야말로 우리는 개인숭배를 영원히 철폐해야 합니다. 개인숭배를 극복하는 과정에서 뒤따르는 기본적인 문제들을 그 모든 세부적인 차원에서 논의한다는 사실 자체가 우리 당의 강력한 도덕적·정치적 강점을 보여주는 증거입니다. 우리는 제20차 당 대회의 역사적 결의안으로 무장한 우리 당이 소련 인민을 새로운 성공으로 이끌어갈 것이라고 확신합니다.

우리 당의 승전 깃발, 레닌주의여 영원하라!

'정부는 지저분하고 사소한 목적을 위해
거대한 무기에 의존했습니다'

어나이린 베번

(Aneurin Bevan, 1897~1960)

영국의 예비 내각 외무부 장관 어나이린 베번이 정부의 중동 정책을 비판한 연설

| 영국 런던, 하원 의사당, 1956년 12월 5일 |

1956년 7월 26일, 이집트의 가말 압델 나세르Gamal Abdel Nasser 대통령은 지중해의 포트사이드Port Said와 홍해의 수에즈를 잇는 수로를 운영하는 수에즈 운하 회사Suez Canal Company의 국유화를 발표했다. 이 회사의 주주인 영국과 프랑스는 이스라엘과 공모하여 이스라엘이 이집트를 침공하도록 했다. 그리하여 프랑스-영국군은 전투부대를 분리해야 한다는 구실로 개입할 수 있었다. 프랑스와 영국은 이스라엘군과 이집트군을 운하의 양쪽으로 강제로 분리시킨 뒤 운하 관리권을 다시 손에 넣었다. 미국 정부에는 그러한 계획을 사전에 알리지 않았다.

영국의 급진주의자들은 항상 비밀 외교를 비난했는데, 어나이린 베번은 짓궂은 언어 구사와 열정적인 연설로 노동당 좌파의 상징적 인물이 되었다. 그는 영국 정부가 전개한 군사작전의 동기가 정직하지 않음으로써 모순된 상황이 초래되었고 정부의 공적 입장이 일관적이지 못하게 되었음을 조롱했다. 베번의 놀림에는 날카로운 구석이 있었다. 약간의 말 더듬는 버릇을 활용해 극적 효과를 거두면서 그는 인류의 진보를 막는 어리석은 반동적인 태도를 통렬하게 비난하고 있는 것이었다.

수에즈 운하는 아시아 식민지들과의 교통로로서 영국에 전략적으로 중

어나이린 베번(1897~1960)

1929 남웨일스 에부베일 지역 하원의원(노동당)에 당선됨
1945~1951 노동당 정부의 보건부 장관에 취임하고, 의료보험 도입(1948년)을 감독함
1951 노동부 장관에 취임했지만 치과 치료와 안경 비용 환자 부담 실시를 반대하며 사임함. 노동당이 총선에서 패배함. 노동당 내의 분열과 군비 확충에 반대함
1955 노동당 당수 선거에서 패배함
1956~1959 예비 내각의 외무부 장관 역임
1957 노동당 전당대회에서 일방적인 핵무기 폐기 반대 연설을 함

요한 역할을 해왔다. 또한 유조선들이 드나들어 새로운 경제적 중요성까지 얻은 터였다. 수에즈 운하를 영국의 보호 아래 놓인 중립 지대로 확인시켜준 영국-이집트 조약(1936년)을 나세르 대통령이 폐기한 지 5년 뒤인 1956년 7월에 이르러 수에즈 지구에 주둔한 마지막 영국군이 철수했다. 나세르 대통령은 아스완 댐의 건설비를 마련하기 위해 수에즈 운하를 오가는 선박에 통행료를 부과했다. 영국과 미국은 댐 건설비를 부담하겠다는 제의를 철회한 터였다.

수에즈 운하의 국유화는 나세르 대통령을 '아랍 세계'의 영웅으로 만들려는 것이기도 했다. 이집트가 1922년에 영국으로부터 공식적으로 독립한 뒤에도 영국은 1952년 쿠데타로 나세르가 집권하기까지 이집트 정부와 군대에 계속 영향력을 행사했기 때문에 나세르가 주창한 반식민주의 정신은 이집트인들의 정서에 호소력이 컸다. 나세르는 또한 프랑스의 북아프리카 식민지의 아랍 민족주의자들에게 막강한 영향을 끼침으로써 프랑스 정부를 혼란스럽게 했다.

처음에 영국과 프랑스의 계획은 성공적이었다. 1956년 10월 29일 이스라엘은 시나이 반도를 침략했고, 11월 5일과 6일에 시나이 반도의 북서쪽 해안에서 프랑스-영국군이 치고 들어왔다. 포트사이드는 심각한 피해를 입었고 수에즈 지구가 장악되었다. 이에 미국은 즉각적인 휴전을 요구했다. 11월 초에 미국은 헝가리의 전 국민적 반란을 진압한 소련의 침략을 규탄한 적이 있었다. 미국은 영국과 프랑스의 수에즈 점령을 자유국가 영토가 침략당한 또 다른 사례로 간주했다. 아이젠하워 대통령은 영국군이 철수하지 않으면 미국 재무부의 파운드화 자산을 매각해 파운드화의 투매가 일어나도록 만들겠다고 위협했다. 결국 프랑스-영국군은 몇 주 만에 이집트에서 철수했고, 1957년 1월 10일 영국의 앤서니 이든_{Anthony Eden} 총리는 사임했다.

베번의 연설은 영국이 그 힘의 한계를 인식할 수밖에 없었던 상황을 잘 보여준다. 그러나 탈식민주의적 현실은 예기치 못한 결과를 불러왔다. 이 연설을 한 지 1년도 채 지나지 않아 베번은 노동당 전당대회에서 영국에 핵 억지력이 필요하다고 주장했다. 이전의 '베번주의자들'을 크게 실망시킨 정책 뒤집기였다.

———◆———

저는 영국 정부가 하원에 제시한 이집트 전쟁의 여러 목표와 이유에 대해 깊이 생각해보았습니다. 한 국가가 다른 국가와 전쟁을 시작할 때는 분명한 명분이 있어야 합니다. 하지만 오늘 제시된 명분과 총리가 처음에 피력했던 명분은 아무런 관련성이 없습니다.

10월 30일, 총리는 이집트 전쟁의 목적으로 첫째 '전투부대의 분리', 둘째 '수에즈 운하의 자유 통행에 대한 위험 제거'를 들었습니다. 오늘 우리가 들은 총리의 연설은 이집트 전쟁이라는 사안이 기각된 뒤 첫 연설입니다. 명예롭고 학식 있는 신사로서 총리께서는 영국군이 포트사이드에 착륙했을 때는 이미 이집트와 이스라엘이 휴전에 합의했다고 믿을 만한 이유가 충분했다고 말했습니다.

지금 우리는 전투부대의 분리라는 애초에 정한 목표가 성취된 뒤에도 행동을 멈추지 않았다고 국내와 전 세계에 말하고 있는 것입니다.

수에즈 운하의 자유 통행에 대한 위험 제거라는 목표에 대해서도 솔직히 저는 깜짝 놀랐습니다. 영국 정부는 이집트에 영국군의 이스마일리아_{Ismailia}와 수에즈, 포트사이드 착륙에 동의하지 않으면 전쟁을 선포하겠다는 최후통첩을 보냈습니다. 정부는 정말로 나세르 대통령이 즉각 동의하리라고 생각한 것일까요? 나세르는 모두가 예상한 대로 반응했습니다. 그 사악한 남자는 운하의 선박들을 침몰시켰습니다. 우리의 의도와 정반대되는 결과가 나타났습니다. 운하가 차단되었고 지금도 여전히 차단되어 있습니다.

11월 1일, 정부는 '교전을 막고' '재발 방지를 위해서'라는 이유를 들었습니다. 그러나 이미 교전은 실질적으로 중단된 상태였습니다. 11월 3일, 정부의 목표는 훨씬 더 큰 야망을 드러냈습니다. '중동의 주요 문제들을 모두 처리하기 위해서'라는 것이었습니다.

정부의 야망은 점점 더 높이 치솟고 있습니다. 미국에 모욕을 준 뒤, 나세르의 뒤에서 아랍 세계 전체가 하나의 견고한 밀집 대형으로 뭉치게 만든 뒤, 우리는 중동의 주요 문제들을 모두 처리하겠다고 하는 것입니다. 영국 정부가 이집트 전쟁의 다음 목표로 제시한 것은 이스라엘군이 이집트 영토에서 철수하게 만든다는 것이었습니다. 이것은 전쟁의 목표로서 정말로 훌륭합니다. 그렇지 않습니까? 이스라엘은 사악한 침략자이고 우리는 그런 이스라엘로부터 이집트를 구하러 간 좋은 친구임을 세상에 보여줄 수 있는 기회니까요. 그러나, 불행히도, 우리는 이집트에 먼저 폭격을 했습니다.

우리는 나세르에게 불명예를 안겨주고 가능하다면 그의 정권을 무너뜨리기 위해 이 전쟁을 시작했습니다. 운하의 관리권도 손에 넣고 말입니다.

10월 초의 행동 중에서 믿을 만한 것은 극소수입니다. 프랑스와 영국 정부가 이집트에 무슨 일이 생길 것임을 알고 있다는 가정을 제외하고 말입니다.

우리가 취한 수단을 이용해서는 실현할 수 없는 목표들이었습니다. 현대

사회의 시민적·사회적·정치적 목표는 무력으로 성취되지 않습니다. 분명히 말씀드리건대, 서국 제국주의에 대해 쓰디쓴 감정을 가진 수백만 명의 사람들이 있습니다. 만일 그들 자신이 유럽 경제의 동맥을 끊기를 원한다면, 그것을 살리고 보존할 준비가 전혀 되어 있지 않은 사람들입니다.

무력으로 다른 국가에 우리의 의지를 강요하려고 하면 현대사회의 절차를 운용할 수가 없습니다. 따라서 정부의 행동에 따른 도덕성이 무엇이었건 간에 그 우둔함에는 의심의 여지가 없습니다. 우리의 목적을 파괴해버릴 것이 분명한 방식을 시도했다는 점에 티끌만 한 의심의 여지도 없습니다.

아랍이 수백 마일에 이르는 파이프라인을 개방하고 싶지 않아 하는데, 존경하는 보수당 의원들께서는 어떻게 그것이 개방되어 있을 수 있다고 생각하십니까? 생계와 관련되어 있기 때문에 운하를 계속 개방하고 싶어 하는 아랍인이 많다는 말로는 충분하지 않습니다. 정말로 가치 있는 것을 위해 사람들이 물질적인 손해를 감수할 수 있다는 사실은 현대 세계에서 몇 번이고 증명되었습니다. 부다페스트에서 증명된 것처럼 중동에서도 증명될 수 있습니다.

포트사이드의 사망자는 100명이나 200명, 300명일 수도 있습니다. 만약 단 한 명이라도 희생이 따른다면 우리에게는 그곳을 취할 명분이 없습니다. 이곳 런던의 800만 인구, 세계 최대의 단일 민간 목표물, 이 촘촘한 섬나라를 현대 무기의 야만에 노출시키며 우리는 스스로 본보기를 세웠습니다. 우리 자신이 우리 젊은이들을 징집해 그들의 손에 총과 전투기를 내주고 '저기에 폭격을 가하라'고 말합니다.

정부는 지저분하고 사소한 목적을 위해 거대한 무기에 의존했습니다. 그리고 그것이 모든 각료가 빠짐없이 그들의 적절한 모습보다 훨씬 밑에서 말하고 논쟁하고 토론했던 이유입니다. 그들은 만들어진 악당이었기 때문입니다. 그들은 진짜 악당이 아닙니다. 오직 악당의 길을 걸었을 뿐, 사악한 언어조차 사용하지 못합니다.

의원들이 생각보다 지지 세력이 더 많다는 사실을 위안으로 삼아도 소용없습니다. 아직도 전통적인 가치에 반응하는 생각 없고 무분별한 사람들, 이전의 낡은 방법으로 이 모든 문제를 해결할 수 있다고 생각하는 사람들만 지지할 뿐입니다. 당연합니다. 모든 인간이 어른으로 성장한 것은 아닙니다. 하지만 그들이 그런 생각에 위안을 얻도록 해서는 안 됩니다.

우리가 한 일을 만회하려면 오랜 시간이 걸릴 것입니다. 대가를 치르는 데에 오랜 시간이 필요할 것입니다. 내일 저녁 명예로운 의원들께서 아마도 정부에 신임투표를 하실 것입니다. 그러나 그들의 마음속으로는 정부가 그럴 자격이 없다는 사실을 알고 있을 것입니다.

'백 송이 꽃이여 피어나라.
백 개의 학파가 겨루어라'

마오쩌둥

(Mao Zedong, 1893~1976)

중국공산당 주석 마오쩌둥이 개방성과 표현의 자유를 장려하는 연설

| 중국 베이징, 제11차 최고국가회의, 1957년 2월 27일 |

이 연설에서 제시된 마오쩌둥의 권고를 행동으로 옮겼다가 약 50만 명의 중국인이 고통 받았다. '백 송이 꽃이여 피어나라. 백 개의 학파가 겨루어라'라는 그의 지시는 기원전 5~3세기에 수많은 철학 사상이 서로 겨룬 중국의 전국시대를 암시했다. 1956~1957년에 중국공산당CPC도 그와 비슷하게 견해의 다양성을 촉구하는 듯했다.

원래 계획은 저우언라이周恩來 총리와 관계있는 것으로, 당원이 아닌 지역 관리들에게 자기표현을 장려하기 위함이었다. 정책 시행 후 몇 달 동안은 서서히 진전되었지만 마오쩌둥의 연설로 상황이 급변했다. 그의 연설은 중국공산당 중앙위원회의 공식 기관지인 〈인민일보〉에 실렸다. 그러자 반체제적 관점이 표현된 포스터가 대학 캠퍼스에 붙고 정부를 비판하는 편지 수십만 통이 그에게로 보내졌다. 중국 관료 사회의 경제적 부패, 공산당 의원들이 누리는 특권, '반혁명가'에 대한 가혹한 처벌 등이 주된 불만이었다. 편지에서 권고하는 행동에는 공산당 권력의 종식까지 포함되었다.

마오쩌둥(1893~1976)

1923 중국공산당(CPC) 정치위원으로 선출됨
1927 국민당의 공산주의 영향력 제거 운동으로 중국 내전이 발발함
1931~1934 장시성에 노동자와 농민 홍군(Workers' and Peasants' Red Army)의 토대가 된 중화소비에트
공화국이 수립됨
1934~1935 '장정'이 시작되고, 국민당 군대가 홍군을 북서부로 후퇴시킴
1935. 01 중국공산당 지도자와 홍군 사령관에 취임함
1937~1945 중일전쟁 때 국민당과 공산당의 군대가 따로 일본에 저항함
1945~1976 중국공산당 주석 역임
1946 내전이 종료됨
1949 홍군이 중국 본토에서 국민당을 몰아내고 중화인민공화국을 수립함(10월 1일)
1954~1959 중화인민공화국 주석 역임

마오쩌둥은 흐루시초프의 스탈린 비판과 1956년 가을에 일어난 헝가리의 반공산주의 혁명의 영향으로 중국에도 자신에게 반대하는 반란이 일어날지 모른다고 두려워했다. 그래서 그는 1957년 7월에 '반우파전쟁'을 선포했다. 그것은 이 연설의 내용과 달리 '공들인 추론'보다 '성급한 강제'가 중국 공산주의의 본질임을 보여주는 정부의 운동이었다.

그 결과 마오쩌둥의 연설 내용에 따라 행동한 사람들은 감금과 좌천, 파면, 강제노동 및 '재교육' 수용소, 고문과 살해 등 다양한 처벌을 받게 되었다. 정부를 비판하는 편지에 들어간 서명 때문에 반체제적 관점을 가진 이들을 쉽게 찾아낼 수 있었다. 마오쩌둥의 '백 송이 꽃'은 결국 자신에게 반대하는 사람들을 찾아내어 처벌하기 위한 계략이었을 가능성도 있다.

마오쩌둥이 '투쟁'을 통한 '모순'의 해결, '사회주의적 변혁'으로 이르는 '발전의 법칙' 등 마르크스·레닌주의 의사疑似 과학 용어를 구사하고 있는 점이 이 연설의 주요 특징이다. 하지만 근래의 중국 역사가 겪은 '우여곡절'의 현실은 야만적이고 유혈이 낭자했다. 1949~1953년에는 토지 개혁 실시와 내부 반대 진압으로 200만~500만 명이 목숨을 잃은 체계적인 국가적 폭력이 나타났다. 1958년에 마오쩌둥은 '대약진정책'을 발표했다. 민간의 식량 생산을 금지하고 '인민공사' 내부의 소규모 농업 공동사업체들을 합병시키는 정책이었다. 이는 중국 역사상 최악의 기근을 야기했다. 중국의 공식 통계에 따르면 최소 약 2,000만 명이 목숨을 잃었지만 총 사망자 수는 그보다 세 배 더 많았을 수도 있다. 마오쩌둥의 위신이 약간 떨어졌지만 공산당 주석으로서의 권력은 그대로 유지되었다. 그가 1966년에 발표하고 개인적으로 총괄한 문화혁명은 자신의 지위를 보호하기 위한 목적이었지만 결과적으로 더 큰 박해를 불러왔다. 반대자들을 처형하고 문화 및 교육 기관을 향한 공격이 계속되었다.

———◆≫※≪◆———

　중국은 인민의 민주주의 독재국가입니다. 이 독재국가는 무엇을 위함입니까? 그 첫 번째 기능은 내부의 반동자 계급을 진압하기 위함입니다. 다시 말해 우리와 내부 적들 사이의 모순을 해결하는 것입니다. 이 독재국가의 두 번째 기능은 우리와 외부 적 사이의 모순을 해결하는 것입니다.

예전 사회를 위해 일했던 지식인 수백만 명이 새로운 사회를 섬기게 되었습니다. 중국은 사회주의 구축이라는 거대한 과제를 완수하기 위해 최대한 많은 지식인이 봉사해야 합니다. 우리 동지들 중 다수는 지식인들과의 단결에 익숙하지 못합니다. 그들은 지식인들에게 경직된 태도를 취하고 개입이 부적절한 과학적·문화적 사안들에 끼어듭니다.

다수의 지식인이 진보했지만 여기서 안주해서는 안 됩니다. 점진적으로 부르주아적 세계관을 버리고 프롤레타리아와 공산주의 세계관을 습득해 자신을 계속 개조시켜나가야 합니다. 그래야 새로운 사회가 필요로 하는 바에 완전히 맞출 수 있습니다.

최근 들어 학생과 지식인들 사이에서 사상적·정치적 활동이 감소했습니다. 열렬하게 추앙되던 마르크주의가 지금은 그러하지 않은 듯합니다. 이러한 경향에 대응하려면 사상적·정치적 활동을 강화해야 합니다. 올바른 정치적 지향이 없는 것은 영혼이 없는 것과 같습니다.

백 송이 꽃이 피게 하고 백 개의 학파가 겨루게 하라는 것은 이 땅에 예술·과학 분야의 진보를 촉진하고 사회주의 문화를 융성케 하기 위한 정책입니다. 형태와 형식이 서로 다른 예술이 자유롭게 창작되고 서로 다른 과학파가 자유롭게 겨루어야 합니다. 특정한 예술이나 학파를 강요하고 다른 쪽을 금지시키는 데 행정 처분이 사용된다면 그것은 우리를 해치는 일이 될 것입니다.

예술·과학 분야에서 옳고 그름의 문제는 자유 토론과 현장 실습을 통해 해결되어야 합니다. 지나치게 단순한 방법으로 정리되어서는 안 됩니다. 옳고 그름을 정하기까지는 시험 기간이 필요한 법입니다.

역사적으로 새롭고 올바른 것들은 처음에 다수에게 인정받지 못했고 우여곡절의 투쟁을 통해 진전되어야 했습니다. 바르고 좋은 것들은 처음에 향기로운 꽃이 아니라 독초로 받아들여지는 경우가 많습니다. 코페르니쿠스의 태양계 이론과 다윈의 진화론도 한때 틀렸다고 묵살되었으며 매서운 반대를 이겨내야 했습니다.

사회주의 사회에서 새로움의 성장 조건은 옛 시대보다 훨씬 더 우월합니다. 하지만 새롭게 떠오르는 힘이 저지되거나 타당한 사상이 억제되는 경우도 많습니다. 고의적인 억압이 없더라도 단순히 안목의 부재가 새로운 것의 성장을 방해하기도 합니다. 따라서 자유 토론을 활성화하고 섣부른 결론을 내리지 않도록 해야 합니다.

마르크주의도 투쟁을 통해 발전했습니다. 중국에서 프티 부르주아의 재성형은 지금 막 시작되었습니다. 계급투쟁은 절대로 끝나지 않았습니다. 프롤레타리아가 그들의 세계관에 따라 세상을 바꾸려 하는 것처럼 부르주아도 마찬가지입니다. 사회주의와 자본주의 중에서 결국 어느 쪽이 성공할지는 아직까지 알 수 없습니다. 따라서 마르크스주의는 투쟁을 통해 계속 발전해나가야 합니다. 옳은 것은 틀린 것과의 투쟁을 통해 발전할 수밖에 없습니다. 진실과 선, 아름다움은 언제나 거짓과 악, 추함과의 대조 속에서 존재하고 그것들과의 투쟁 속에서 성장합니다. 인류가 오류를 거부하고 진실을 받아들이는 순간, 그 새로운 진실은 새로운 오류와 투쟁하기 시작합니다. 그런 투쟁은 절대로 끝나지 않습니다. 이것은 진실의 발전 법칙이고, 당연히 마르크스주의의 법칙입니다.

이 나라에서 사회주의와 자본주의의 사상적 투쟁 문제가 결론나기까지는 오랜 시간이 걸릴 것입니다. 사상적 투쟁은 다른 형태의 투쟁과 다릅니다. 성급한 강제가 아닌, 공들인 추론의 방식만 사용되기 때문입니다. 우리가 하는 일에 결함과 실수는 있지만 공정한 마음을 가진 사람이라면 우리가 이미 큰 성공을 거두었고 더 큰 성공을 거두리라는 사실을 알 수 있습니다. 예전 사회의 부르주아와 지식인 계급의 대다수에게는 애국심이 있습니다. 그들은 사회주의적 명분과 공산당을 이끄는 노동자들로부터 등을 돌리면 기댈 곳이 없고 밝은 미래를 기대할 수도 없다는 사실을 잘 알고 있습니다.

마르크스주의자들은 누구의 비판도 두려워해서는 안 됩니다. 잘못된 사상과의 싸움은 예방주사를 맞는 것과 마찬가지로 면역력을 길러줍니다. 온실에서 자란 식물은 강해질 수 없습니다. 백 송이 꽃이 피어나고 백 개의 학파가 겨루게 하면 사상 분야에서 마르크스주의의 선도적인 위치가 강화될 것입니다.

그렇다면 비마르크스주의 사상에 대해서는 어떤 정책이 있어야 하겠습니까? 그런 사상을 금지시켜야 하겠습니까? 당연히 그렇지 않습니다. 인간의 정신세계에 대한 문제를 성급한 방식으로 다루면 헛된 시도일 뿐만 아니라 매우 해롭기까지 합니다. 잘못된 사상의 표현은 금지할 수 있어도 그 사상은 계속 존재할 것입니다. 따라서 토론과 비판, 추론을 통해서만 문제를 해결할 수 있습니다. 실수는 비판하고 독초는 그때그때 솎아내야 합니다. 하지만 그런 비판이 독단적이어서는 안 됩니다. 독초와 향기로운 꽃을 신중하게 구분해야 할 것입니다.

우리는 개인의 정치적 언행의 옳고 그름을 어떻게 판단해야 합니까? 그것이 사회주의적 변혁에 도움이 되는 말과 행동인지를 판단해야 합니다. 그리고 공산당의 리더십 강화에 도움이 되는 것이라야 합니다.

이러한 정치적 기준은 모든 예술·과학 분야의 활동에 적용될 수 있습니다. 우리 같은 사회주의 국가에서 이러한 정치적 기준에 어긋나는 유용하고, 과학적이고, 예술적인 활동이 있을 수 있겠습니까?

'아프리카에 변화의 바람이 불고 있습니다'

해럴드 맥밀런

(Harold Macmillan, 1894~1986)

영국의 해럴드 맥밀런 총리가 남아프리카공화국 의회에서
제3세계의 민족주의에 대해 언급한 연설

| 남아프리카공화국 케이프타운, 1960년 2월 3일 |

해럴드 맥밀런은 영국 보수당의 총선 승리를 이끈 지 1년 뒤인 1960년, 권력의 정점에 섰다. 수에즈 운하 사건(1956년)은 보수당 정부의 능력과 정직성에 오점을 남겼다. 당시 재무부 장관이었던 맥밀런은 그 사건에 대해 내각의 일원으로서 책임을 졌다. 하지만 그는 느릿한 듯한 태도를 보이면서 노련하고, 심지어 냉소적이기까지 한 정치적 기회주의를 숨기고 있었다. 그는 사임한 앤서니 이든을 대신해 총리직에 올랐지만 수에즈 운하 사건의 교훈을 절대로 잊을 수 없는 상황이었다. 영국의 대외 정책은 이제 다시는 미국과 독자적으로 추진될 수 없게 되었고 제3세계의 민족주의에도 민감해야 했다.

이 연설은 아파르트헤이트, 즉 엄격한 흑백 분리 정책을 통과시킨 남아프리카 입법부를 향한 것이었다. 사실상 제국주의 이후 영국의 첫 번째 총리인 그는 아프리카에서 가장 단호한 식민주의 세력에 아파르트헤이트가 잘못되고도 어리석은 정책이라고 말했다. 제2차 보어 전쟁(1899~1902년)

해럴드 맥밀런(1894~1986)

1924 스톡톤온티즈 지역 하원의원(보수당)에 당선됨
1929 총선에서 낙마함. 다음 총선(1931년)에서 재선함
1938 경제와 사업 분야에 대한 정부의 적극적인 개입을 옹호하는 『중도(The Middle Way)』를 출간함
1942 지중해 연합군의 영국 정부 대표로 북아프리카에 파견됨
1945. 11 보궐선거로 브롬리에서 당선됨. 7월 총선에서는 패배함
1951~1954 주택부 장관 역임
1954~1955 국방부 장관 역임
1955 외무부 장관 역임
1955~1957 재무부 장관 역임
1957 총리에 임명됨
1959. 10 더 늘어난 의석수로 보수당의 총선 승리를 주도함
1963 건강 문제로 총리직을 사임함
1984 백작 작위(스톡튼 백작)와 자작 작위(오벤든의 맥밀런 자작)를 받음

동안 영국은, 이 연설에서 '황금 결합golden wedding'이라고 설명된 남아프리카 연방을 만들었다. 식민지 트란스발Transvaal의 네덜란드 정착민들과 오렌지 자유주Orange Free State가 대영제국으로의 흡수를 거부했을 때였다. 따라서 영국의 새로운 반식민주의 사조는 남아프리카 사람들로부터 위선이라고 비난받을 가능성이 충분했다. 이 연설을 하기 위해서는 용기가 필요했다. 결코 웅변가라고 볼 수 없었던 맥밀런은 평소 중요한 연설 직전에 종종 그랬듯이 이 연설 전에도 신체적으로 아픈 증상까지 보였다. 그러나 그는 논거를 구성하는 방법을 잘 알고 있었고, 역사적 인용들을 능란하게 엮어서 연설의 어조를 탁월하게 고조시켰다. 자기 풍자적인 태도가, 자주 그랬듯이, 초조함을 감춰준 덕분에 맥밀런은 무사히 연설을 마칠 수 있었다.

남아프리카가 성취한 것에 대한 품격 있는 찬사도, 남아프리카를 로마 제국까지 거슬러 올라가는 역사적 맥락에 놓은 것도 그의 메시지를 흐리게 할 수는 없었다. 연설 전에 그는 가나(1957년에 영국으로부터 독립)와 나이지리아(1960년 10월에 영국으로부터 독립)를 방문했다. 소말리아와 시에라리온, 탕가니카는 영국의 식민지였으나 1961년 말에 독립을 이룩할 터였다. 케이프타운에 의회가 구성되기 전에, 맥밀런은 영국의 정책에 대해 설명했다. 그것은 즉석에서 만들어진 것이 아니라 아프리카 흑인들의 자기 표현을 위한 투쟁을 공개적으로 지지한다는 원칙을 말하는 것이었다. 이제 영국 정부는 피부색에 상관없이 모든 인간의 권리가 옹호되는 사회의 건설을 돕는다는 약속이었다. 맥밀런의 연설에는 정교하게 가려지기는 했지만 매우 사실적인 위협도 내포되어 있다. 그 위협은 반인종차별주의 정책만큼이나 냉전 시대의 현실정치realpolitik가 반영된 것이었다. 서구 사회가 아프리카의 새로운 국가 건설을 지지하지 않는다면 아프리카는 공산화로 기울 가능성이 높았다.

맥밀런이 그리 열광적인 반응을 이끌어내지 못한 것은 놀라운 일이 아니다. 영국의 내정 개입을 두려워한 남아프리카 연방은 1961년 5월 31일에 영연방을 탈퇴하고 독립 공화국이 되는 쪽을 선택했다. 맥밀런과 보수당 내 반동 세력의 거리도 점점 멀어졌다. 그러나 남아프리카의 백인 지배 계급과 흑인 피지배 계급의 사이는 더욱 벌어졌고, 흑백 갈등은 맥밀런의 연설 이후 약 30년간이나 계속되었다.

1960년인 지금, 남아프리카 연방의 황금 결합을 축하하는 이 자리에 선 것을 영광으로 여깁니다. 이 시점에서 잠시 여러분이 성취한 것을 돌아보고 앞날에 놓인 것들을 내다보며 여러분의 위치를 점검하는 것은 당연하고도 옳은 일일 것입니다. 남아프리카 사람들은 국가 건설 50년 만에 튼튼한 농업과 탄력 있고 번창하는 산업을 기반으로 강력한 경제를 구축했습니다.

남아프리카가 이룬 거대한 물질적 진보에 감탄하지 않는 사람은 없을 것입니다. 그처럼 짧은 기간에 이 모든 것을 성취했다는 사실은 여러분이 가진 기술과 에너지, 추진력이 뛰어나다는 강력한 증거입니다. 대부분의 자금이 영국으로부터 조달되었으므로 영국은 이 놀라운 성과에 기여한 것을 자랑스럽게 여깁니다.

연방 지역을 여행하면서, 예상했던 바와 같이, 아프리카의 다른 지역에서 일어나고 있는 일들에 대해 심각하게 우려하고 있음을 보았습니다. 저는 그런 사건들에 대한 여러분의 관심과 불안을 모두 이해하고 공감하는 바입니다.

로마 제국 붕괴 후 유럽에서 독립국가들이 계속 등장한 것은 분명한 정치적 사실입니다. 독립국가들은 수세기에 걸쳐 여러 형태로, 여러 종류의 정부로 나타났지만 모두들 심오하고 열정적인 민족주의로 고취되었고, 또한 그 민족주의는 국가와 더불어 더욱 성장했습니다.

20세기, 특히 제2차 세계대전 이후로 유럽에 독립국가들이 태어나게 된 이러한 과정이 전 세계에서 반복되어 나타났습니다. 우리는 수세기 동안 다른 나라에 의존했던 사람들의 민족의식이 깨어나는 모습을 보았습니다. 15년 전 이 운동은 아시아 전역으로 퍼졌습니다. 여러 인종과 문화로 이루어진 아시아 국가들이 독립된 민족국가의 권리를 주창했습니다.

오늘날 아프리카에서도 똑같은 일이 벌어지고 있습니다. 제가 한 달 전 런던을 떠나온 뒤로 가장 큰 인상을 받은 것은 아프리카인의 강력한 민족의식입니다. 지역마다 형태는 다르지만 민족의식은 아프리카 전역에서 나타나고 있는 현상입니다.

아프리카에 변화의 바람이 불고 있습니다. 좋든 싫든 민족의식의 성장은 정치적 기정사실입니다. 우리는 이를 사실로 받아들여야 하고 국가 정책에도 반영해야 합니다.

여러분은 이를 누구보다도 잘 알고 있습니다. 여러분은 민족주의의 고향인 유럽의 자손이며 이곳 아프리카에 여러분의 손으로 자유로운 국가를 세웠습니다. 그렇습니다. 여러분의 국가는 최초의 아프리카 민족국가로 역사에 기록될 것입니다. 지금 아프리카에서 일어나고 있는 민족의식의 물결은 기정사실이며 궁극적으로 여러분과 우리, 그리고 서방 국가 모두가 그에 기여했습니다.

지식의 변경을 확장하고 과학을 인간의 필요 충족에 적용하고 식량 생산을 확대하고 통신 수단을 대폭 늘리는 등 서구 문명이 이룬 성취 속에서 그들이 추구하는 바를 찾을 수 있습니다. 그리고 아마도 무엇보다 먼저 또한 더 절실한 것은 교육의 확산일 것입니다.

이미 말씀드린 것처럼 아프리카의 민족의식 성장은 정치적인 기정사실이므로 받아들여야만 합니다. 우리가 그 사실을 받아들이지 못한다면 세계 평화를 유지해주는 동서의 균형이 위태로워질 것입니다.

오늘날 세계는 세 개의 주요 집단으로 나뉘어 있습니다. 첫째, 우리가 서구 열강이라 부르는 나라들이 있습니다. 남아프리카와 영국은 영연방에 속한 우방, 동맹들과 함께 여기에 속합니다. 미국과 유럽에서는 이를 자유세계라고 부릅니다. 둘째로 공산주의 국가들이 있습니다. 러시아와 러시아의 동유럽 위성국들, 10년 후면 그 인구가 무려 8억 명으로 치솟을 중국이 그들입니다. 셋째, 공산주의도 서구의 사상도 지지하지 않는 국가들입니다. 가장 먼저 아시아와 아프리카를 떠올릴 수 있습니다.

제가 보기에 20세기 후반의 가장 중요한 문제는 특정한 사상을 지지하지 않는 아시아와 아프리카 사람들이 서구로 기울지, 동구로 기울지입니다. 그들은 공산주의 진영으로 이끌릴까요? 아니면 현재 아시아와 아프리카, 특히 영연방 내에서 이루어지는 자치 정부의 실험이 성공하고 훌륭한 본보기를 세워 자유와 질서, 정의를 선호하는 쪽으로 기울어질까요? 그것은 우리가 함께하는, 인간의 정신을 위한 투쟁입니다. 현재 시험에 놓인 것은 군사적 힘과 외교, 행정 기술 훨씬 너머의 것입니다. 우리의 삶의 방식이 시험대에 올랐습니다. 사상이 아직 확정되지 않은 국가들은 선택하기 전에 그 결과를 보고 싶어 합니다.

우리는 우리의 오랜 유대 관계의 관점에서 우리의 차이를 봐야 할 의무가 있습니다. 유권자들 덕분에 일시적으로 남아프리카와 영국의 나랏일을 책임지고 있는 우리는 역사의 위대한 단계를 흘러 지나가는 한순간의 그림자일 뿐입니다. 그런 우리에게는 역사의 유산인 두 국가의 우정을 무시할 권리가 없습니다. 우리의 바람과 달리 그것은 우리들만이 처리할 문제가 아닙니다. 널리 알려진 구절을 인용하자면, 그것은 지금 살고 있는 사람들뿐만 아니라 이미 죽은 사람들, 그리고 앞으로 태어날 사람들 모두에게 속한 일입니다.

'오늘 우리는 새로운 변경의
끝에 서 있습니다'

존 F. 케네디

(John F. Kennedy, 1917~1963)

젊은 상원의원 존 F. 케네디가 민주당 대통령 후보 지명을 수락하는 연설

| 미국 로스앤젤레스, 민주당 전당대회, 1960년 7월 15일 |

매사추세츠 출신의 이 상원의원은 1960년 민주당 대선 후보로 지명되기 위한 캠페인에서 다른 후보들보다 자신이 젊다는 것을 지속적으로 강조했다. 대통령에 당선되면서 새로움과 참신함, 활력을 강조하는 그의 호소는 또한 대통령으로서의 그의 연설을 특징짓는 주제로 자리 잡았다. 시어도어 소렌센Theodore C. Sorensen은 케네디의 변함없는 측근이었는데 처음에는 상원의원 시절의 보좌관으로, 그리고 대통령에 당선된 뒤에는 특별고문으로 일했다. 문학적 소질이 있었던 케네디는 네브래스카 출신의 젊은 변호사 소렌센에게서 자신과 비슷한 언어 감각을 발견했다. 두 사람이 함께 쓴 연설문은 미국인의 삶에 있어 새로운 시대를 정의했다. 그것은 미국이 '약에 취해 자다 깨다 하던 것과 마찬가지인' 1950년대로부터 돌아설 것을 요청하는 시대였다.

케네디의 전임자인 아이젠하워 대통령은 한국전쟁을 종식시켰고 미국의 대기업들 가운데 '군산복합체軍産複合體'가 발달해가고 있음을 경고했다. 그러나 케네디는 냉전주의자로서 대통령 선거운동을 했고 이 연설문에서도 '공산주의 체제의 외통수적인 전진'이라는 표현을 사용했다. 그는

존 F. 케네디(1917~1963)

1940. 06 하버드 대학교를 졸업함
1944. 06 전쟁에서 보여준 용맹함으로 퍼플 하트 훈장을 받음
1952. 11 매사추세츠 주 상원의원에 당선됨(1958년 재선)
1960. 07 민주당 대선 후보로 선출됨
1960. 11 리처드 닉슨을 간신히 물리치고 제35대 미국 대통령에 당선됨
1961. 01 대통령에 취임함
1961. 04 쿠바 피그만 침공에 실패함
1962. 10 쿠바 미사일 위기가 발생함
1963. 08 모스크바에서 부분적 핵실험금지조약에 서명함
1963. 11. 22 텍사스 주 댈러스에서 암살됨

미국 행정부의 안이함이 핵미사일에서 소련이 우위를 점하도록 했다고 주장했다. 이러한 '미사일 격차'를 미국이 따라잡아야 한다는 것이었다. 1962년 10월에 이르러 미국이 2만 5,000개 이상의 핵무기를 보유하게 되었으니 케네디는 선거 공약을 초과해서 지킨 셈이었다. 한편 소련의 핵무기 숫자는 그 절반에도 미치지 못했다.

최초의 가톨릭교도 대통령이었던 케네디는 미국인들 사이에 가톨릭교회가 외국 기관이라는 우려가 널리 퍼져 있었으므로 자신이 교황의 정치적 영향력으로부터 독립되어 있다고 주장할 필요가 있었다. 그의 건강도 대선 출마에 걸림돌이 되었다. 케네디의 부은 얼굴은 내분비 질환인 애디슨병 치료를 위해 스테로이드를 복용하고 있었기 때문이다. 구릿빛으로 태운 피부가 병색을 감춰주었고 연설 또한 그러한 역할을 했다. '강인하고 창조적인 리더십'과 '지적·도덕적 강인함'에 온 힘을 쏟는 남자의 연설을 들으며 사람들은 그가 매우 건강하다고 생각했다.

미국의 서부가 확장되면서 '개척 정신'의 산실이 된 캘리포니아는 '새로운 변경New Frontier'이라는 은유를 탐구해보기에 좋은 장소였다. 카우보이와 역마차가 등장하는 서부영화의 잠재의식적 이미지가 지적이고도 실질적인 기회와 위험으로 가득한 1960년의 변경을 묘사하는 데 사용되었다. 우주를 정복하고 무지를 없애고 평화를 추구하고 빈곤을 퇴치해야 한다는 것이었다. 그러나 모든 젊은이가 똑같이 새로운 개척자의 자격을 갖춘 것은 아니었다. 케네디가 공화당의 적수 리처드 닉슨에게 조롱하는 듯한 태도를 보인 것은 그의 감정을 상하게 만들려는 계산된 행동이었다.

벤저민 프랭클린이 해마다 발행한 『가난한 리처드의 달력Poor Richard's Almanack』은 특히 독학으로 공부하는 이들에게 도움이 되는 따뜻한 격언과 전통적인 경구를 수록해 18세기 중반에 큰 성공을 거두었다. 그러나 하버드 대학교를 졸업한 케네디의 연설 또한 미국인의 자조 자립 전통을 불러일으켰다. 프랭클린 루스벨트의 뉴딜 정책은 '안정과 구휼을 약속'했지만 케네디의 뉴프런티어는 미국인들에게 스스로 프런티어 정신을 가지라고 요구했다. 미국이 민주주의를 이어가려면 국민들이 할 일이 있다는 것이었다.

----※----

제가 어느 종교에 속해 있느냐만 보고 저를 뽑거나 뽑지 않거나 하여 선거권을 낭비하는 미국인이 한 명도 없기를 바랍니다. 그것은 중요하지 않습니다. 저는 지금 여러분이 마땅히 알아야 할 것에 대해 말하고 있습니다. 모든 공공정책에 관한 저의 결정은 미국인으로서, 민주당원으로서, 그리고 한 자유로운 인간으로서 내리는 제 자신의 것이 될 것입니다. 우리는 지난 8년간 약에 취한 듯 잠들었다 깨어나기를 반복했고 이제 백악관에는 강인하고 창조적인 민주당의 리더십이 필요합니다. 미국인은 우리에게 의분의 외침과 공격 이상의 것을 기대합니다. 틀에 박힌 열정으로 정치 토론이나 하기에는 이 시대가 너무 엄중하고 난관은 긴박하며 위험이 너무나 큽니다.

세상은 변하고 있습니다. 옛 시대가 끝나가고 있습니다. 그렇기에 옛 방식은 더 이상 통하지 않을 것입니다.

더욱 끔찍한 신무기와 새롭고 불확실한 국가들, 인구와 궁핍 문제가 새로이 우리를 압박합니다. 세계의 3분의 1이 자유로울지 몰라도 3분의 1은 잔인한 탄압의 피해자입니다. 그리고 나머지 3분의 1은 극심한 가난과 굶주림, 시기의 고통 속에서 흔들리고 있습니다. 깨어나고 있는 새로운 나라들은 원자폭탄보다 더 큰 에너지를 발산합니다. 세계가 바뀌고 있기 때문입니다.

한편 공산주의의 영향력은 아시아로 뻗어 나가 파고들었고 중동 지역의 양쪽에 걸쳐 있으며 이제는 플로리다 해안에서 90마일(약 145킬로미터) 떨어진 곳까지 곪아 터지고 있습니다.

세계는 전쟁에 가까웠지만 인간은 그 존속에 대한 모든 위협을 이겨내고 살아남았습니다. 그러나 이제는 전 인류를 일곱 번 이상 몰살시킬 수 있는 힘을 그 치명적인 손에 가지고 있습니다.

미국에서도 변화하는 미래의 모습은 똑같이 혁명적입니다.

도시 인구의 폭발로 학교에는 학생들이 북적대고 교외 지역은 어수선하게 채워지고 불결한 빈민가가 늘어났습니다. 인종차별의 종식을 요구하는 평화로운 인권 혁명은 소심한 행정 리더십으로 억제되어 있습니다.

자동화 혁명은 미국의 광산과 공장에서 기계가 인간을 대체하는 상황에 직면하고 있습니다. 그러나 인간의 수입과 기술은 대체되지 않았습니다.

우리의 지적·도덕적 강인함에도 변화, 즉 하락이 있었습니다. 7년간의 가뭄과 기근에 생각의 들판이 말라버렸습니다. 병충해가 번지고 워싱턴에서 시작된 건부병乾腐病(저장하고 있는 알뿌리나 감자 따위가 갈색으로 썩어 말라 오그라지는 병 - 옮긴이)이 미국 전역에 스며들고 있습니다. 무엇이 합법적인지와 무엇이 옳은 것인지 사이의 혼돈이 삶의 방식을 좀먹고 있습니다. 너무 많은 미국인이 자신의 길과 의지, 역사적 목적의식을 잃어버렸습니다.

간단히 말해서, 이제는 새로운 리더십의 시대입니다. 새로운 문제와 새로운 기회에 대처할 새로운 사람들의 시대입니다. 전 세계적으로, 특히 신생 국가들에서 과거의 전통에 얽매이지 않고 과거의 두려움과 증오와 경쟁에 눈멀지 않은 젊은 사람들, 낡은 구호와 망상과 의심을 떨쳐버릴 수 있는 젊은 사람들이 권력을 잡고 있습니다.

물론 공화당 후보가 되실 분도 젊습니다. 하지만 그가 속한 정당은 과거의 정당입니다. 그의 연설은 『가난한 리처드의 달력』에 나오는 일반적인 이야기입니다. 그들의 약속은 현재 상태에 대한 약속입니다. 그러나 지금 현재 상태란 있을 수 없습니다.

지금 저는 한때 마지막 변경이었던 서쪽을 향해 서 있습니다. 제 뒤로 3,000마일(약 4,800킬로미터) 뻗은 땅에서 옛 개척자들은 이곳 서부에 새로운 세상을 건설하기 위해 안전과 편안함, 때로는 목숨까지 포기했습니다. 그들은 의구심에 사로잡힌 포로가 아니었습니다. '각자 알아서 하는 것'이 아닌 '모두가 공동의 목적을 위해 함께하는 것'이 그들의 신조였습니다. 그들에게는 새로운 세상을 강하고 자유롭게 만들고, 위험과 시련을 극복하고, 안팎에서 위협하는 적들을 무찔러야 한다는 일념이 있었습니다. 우리가 모든 싸움에서 다 이겼으며 미국인에게 더 이상 변경은 없다고 말하는 사람들이 있을지도 모릅니다. 그러나 오늘 우리는 새로운 변경의 끝에 서 있습니다. 1960년대의 변경, 미지의 기회와 위험의 변경, 실현되지 않은 희망과 위협의 변경입니다.

프랭클린 루스벨트의 뉴딜은 궁핍한 이들에게 안전과 구휼을 약속했습니다. 하지만 제가 말하는 새로운 변경은 일련의 약속이 아니라 일련의 도전입니다. 제가 미국 시민들에게 제공하려는 것이 아니라 그들에게 요청하려는 것입니다.

우리가 추구하건 그렇지 않건 새로운 변경은 여기 우리 앞에 있습니다. 그 변경 너머에는 과학과 우주의 미지 영역, 풀리지 않은 전쟁과 평화의 문제, 정복하지 못한 무지와 편견의 덩어리, 답을 찾지 못한 빈곤과 과잉의 질문들이 있습니다.

그러나 저는 이 시대가 새로운 발명과 혁신, 상상, 결정을 요구한다고 생각합니다. 저는 여러분 한 명 한 명에게 새로운 변경의 개척자가 되라고 부탁합니다.

우리는 이 나라가, 혹은 이렇게 탄생한 어느 나라이든, 오래 지속될 수 있는지, 그리고 선택의 자유와 폭넓은 기회, 다양한 대안을 갖춘 우리 사회를 공산주의 체제의 외통수적인 전진과 비교할 수 있는지 다시 한 번 증명해야 합니다.

미국처럼 조직되고 통치되는 나라가 오래갈 수 있을까요? 이것이 진정한 질문입니다. 우리에게 과연 그런 용기와 의지가 있습니까?

그것이 바로 새로운 변경이 던지는 질문입니다. 그것이 바로 이 나라가 내려야 할 선택입니다. 단지 두 남자와 두 정당 사이의 선택이 아니라 공공의 이익과 사적인 안락, 위대한 나라와 기울어가는 나라, 진보의 신선한 공기와 진부하고 눅눅한 '정상正常' 상태, 단호한 헌신과 슬슬 기는 민주주의 사이의 선택인 것입니다.

전 인류가 우리의 결정을 기다립니다. 온 세상이 우리의 행보를 지켜볼 것입니다. 그들의 믿음을 저버려서는 안 됩니다. 시도조차 하지 않아서는 안 됩니다.

저와 함께 「이사야서」의 말씀을 떠올려봅시다.

'오직 주님을 앙망하는 자는 새 힘을 얻으리니 독수리가 날개 치며 올라감 같을 것이요 달음박질하여도 지치지 아니하리로다.'

다가오는 도전과 마주한 우리 또한 주님을 앙망하며 새 힘을 달라고 부탁합니다. 그러면 우리는 시험을 감당할 수 있고, 지치지 않을 것입니다. 우리는 승리할 것입니다.

'조국이 여러분을 위해 할 수 있는 일이 무엇인가를
묻지 말고 여러분이 조국을 위해 할 수 있는 일이
무엇인가를 물으십시오'

존 F. 케네디

(1917~1963)

미국 제35대 대통령에 당선된 존 F. 케네디의 취임 연설

| 미국 워싱턴, 1961년 1월 20일 |

존 F. 케네디의 대통령 취임 연설에는 생각의 명료함과 표현의 간결함이 있다. 그 연설은 곧바로 유명해졌고 지금까지도 큰 영향력을 발휘하고 있다. 그것은 이 연설이 미사여구 없이 가장 훌륭하게 쓰여진 영어 산문의 고전적 사례이기 때문이다. 연설에 사용된 어휘가 단순하고 문장 구성이 균형을 이루며 관계사절도 통제되고 있다. 비유와 은유도 전반적으로 과하지 않다. '협력의 교두보'와 '의혹의 밀림' 같은 아주 정교한 표현은 이 연설의 주된 분위기를 이루는 품격 있는 명료함과 대조적이다. 케네디는 자신이 하고 싶은 말이 무엇이고 어떻게 말해야 하는지를 잘 알고 있었다.

위험한 위협과 희망찬 기회라는 '새로운 변경'의 두 가지 주제는 계속 균형을 맞춰나간다. 이 연설에서 그가 '자유의 존속과 성공'에 최고의 열정을 보이면서 유명해진 이유는 당시 냉전 시대가 중요한 순간을 맞이했을 뿐만 아니라 그 자신이 진지하고 박식한 정치인임을 부각해야 할 필요성이 있기 때문이었다. 43세인 그는 역대 최연소 대통령이었고 당시 국제무대는 여전히 니키타 흐루시초프나 해럴드 맥밀런, 샤를 드골Charles de Gaulle, 콘라드 아데나워Konrad Adenauer 같은 윗세대가 장악하고 있었다.

케네디의 취임 연설은 젊음과 활기를 최고위직의 자격 요건이 되게 했고, 취임 후 첫 '100일'이라는 힘찬 일정의 구상은 정치인들뿐만 아니라 평론가들까지도 사로잡았다. 케네디의 여유 넘치는 문학적 스타일은 사무적으로 보이는 책무를 지금 내 손으로 하는 일처럼 표현하는 완벽한 수단이었다. 당시만 해도 정치인이 자신의 감정을 표현하거나 개인적인 경험을 이야기하며 유권자들과 공감하는 경우는 거의 찾아볼 수 없었다. 케네디의 연설은 놀랍도록 냉철하다. 그러나 그는 무거움을 피함으로써 여유로운 서정성을 담아냈고 18세기 후반의 헌법적 진실은 당대의 신선함으로, 그리고 당대에 유의미하도록 다시 표현되었다.

'국경 남쪽의 우방 공화국들'에게 표명한 약속은 당시 피델 카스트로Fidel Castro 정부가 들어선 지 두 해를 맞이한 쿠바와 특별히 연관되어 있었다. 쿠바에 깊이 개입하고 있던 소련 또한 마찬가지였다. 그러나 케네디는 소련 및 그 동맹국들과의 국제적 긴장을 완화하기 위해 미국 정부가 대화와 협력의 원칙에 힘을 기울여야 한다는 점 또한 이야기했다. 정치적 안정과 경제적 진보의 연관성도 분명하게 인식되고 있으며 제3세계에서 지속되는 빈곤이 초래한 위험에 대한 이해도 유려하다. 새 대통령이 미국 시민들에게 요구한 과업은 전통적으로 미국인들이 자립이라는 개인화의 덕목을 믿어 의지해온 것 못지않게 웅대한 것이었다. 당시는 진정으로 국제적인 순간이었다. 케네디는 윤리와 정치적 측면에서 미국의 리더십을 주창했고 급박한 현실에 대응함에 있어서 미국이 고립주의나 일방주의로 흐를 가능성은 없다고 단호하게 말했다.

———◆≻※≺◆———

　　오늘 우리는 한 정당의 승리가 아니라 시작과 동시에 끝을 상징하며 변화와 아울러 쇄신을 의미하는 자유를 축하하고 있습니다. 약 175년 전에 우리 선조가 표명했던 그 엄숙한 선서를 제가 여러분과 전능하신 하느님 앞에서 행했기 때문입니다.

지금 세계는 엄청난 변화를 겪고 있습니다. 인간은 온갖 형태의 결핍과 온갖 형태의 인간의 생명을 없애버릴 수 있는 힘을 그 치명적인 두 손에 가지고 있습니다. 그와 동시에 우리 선조들이 목숨을 걸고 지켜온 혁명적 신념, 즉 인간의 권리가 국가의 관용이 아니라 하느님의 손으로부터

온 것이라는 신념은 아직도 이 지구상에서 해결되지 않은 쟁점으로 남아 있습니다.

오늘 우리는 우리가 그러한 최초의 혁명의 계승자라는 사실을 잊어서는 안 됩니다. 지금 이 시간 이곳에서부터 우리의 우방은 물론 적에게도 이 말을 전합시다. 그 횃불은 미국의 새로운 세대에게로 넘겨졌습니다. 금세기에 태어나 전쟁으로 강화되고 힘들고 쓰라린 평화에 의해 단련되었으며 선조의 유산을 자랑스러워할 뿐만 아니라, 이 나라가 언제나 노력해왔고 오늘도 국내에서나 세계 어디서나 지키고자 하는 인간의 권리가 서서히 무너지는 것을 우리는 좌시하거나 허용하지 않을 것입니다. 우리가 잘되기를 바라든 그렇지 않든 모든 국가에 알립시다. 우리가 자유의 존속과 성공을 보장하기 위해서라면 어떤 대가라도 치를 것이며 어떤 부담도 짊어질 것이며 어떤 고난도 감내할 것이며 어떤 친구라도 지지할 것이며 어떤 적에게도 대항할 것이라는 사실을 말입니다.

문화적·정신적 원천을 공유하는 오랜 동맹국들에게 우리는 신뢰할 만한 친구로서 충실하겠다고 맹세합니다.

자유국가의 대열로 합류하는 신생 국가들에게 우리는 또한 맹세합니다. 단순히 훨씬 가혹한 독재 체제로 바뀌는 것으로는 식민지 통치의 형태가 결코 소멸되지 않는다는 것을.

지구의 절반을 차지하는 오두막과 촌락에 살면서 집단적 불행의 굴레에서 벗어나려고 발버둥치는 사람들에게 약속합니다. 시간이 얼마나 걸리든 여러분이 자력으로 일어설 수 있도록 우리는 최선을 다해 도울 것입니다. 그 이유는 공산주의자들이 나설까봐서도 아니고 여러분의 표를 바라기 때문도 아닙니다. 단지 그것이 올바른 일이기 때문입니다.

국경 남쪽의 우방 공화국들에게는 특별한 약속을 하겠습니다. 진보를 위한 새로운 동맹에 있어서 우리의 성실한 언약을 성실한 행동으로 옮길 것이며 빈곤의 쇠사슬을 끊도록 자유 시민들과 자유 정부를 돕겠습니다. 하지만 희망을 향한 이 평화스런 혁명은 적대국들의 희생양이 되어서는 안 됩니다. 우리가 아메리카 대륙의 어디에서든지 그들과 힘을 합쳐 침략과 전복에 대항하리라는 것을 이웃 국가에 알립시다. 그리고 모든 다른 세력들에게 이 대륙이 자신의 집에서 주인으로 남고자 한다는 사실을 알게 합시다.

주권 국가들로 이루어진 세계적 집회라고 할 수 있는 유엔에는 우리의 지원을 다시금 새로이 약속합니다. 유엔이 단순히 비난의 장이 되지 않도록 하고 신생국과 약소국을 위해 더욱 강한 방패가 되며 그 헌장의 힘이 미칠 수 있는 지역이 확대되도록 할 것입니다.

마지막으로 우리의 적이 되려는 국가들에는 약속이 아니라 요청을 드립니다. 양대 진영이 평화에 대한 추구를 새롭게 시작합시다. 우리는 서로의 무력이 의심할 수 없을 정도로 충분해야만 무력이 결코 사용되지 않으리라는 것을 확신할 수 있습니다.

하지만 두 강대국의 진영 모두 현재의 방식으로는 안심할 수 없습니다. 양측 모두 현대 무기에 들어가는 비용에 과중한 부담을 지고 있으며 치명적인 원자폭탄의 지속적인 확산에 불안해하고 있습니다.

그러니 새롭게 시작합시다. 양대 진영 모두 정중함은 유약함의 신호가 아니며 진정성은 언제나 증명되어야 한다는 점을 기억합시다. 두려움 때문에 협상하지 말되 결코 협상을 두려워하지 맙시다.

역사상 처음으로, 양대 진영이 무기의 조사와 통제를 위해 진지하고 세밀한 계획을 만듭시다. 그리하여 다른 나라들을 파괴할 수 있는 절대적인 힘을 모든 나라의 절대적인 통제 아래 두도록 합시다.

함께 별을 탐구하고 사막을 정복하고 질병을 없애고 해저를 개발하고 예술과 상업을 장려합시다. 양측은 지구의 모든 구석에서 '무거운 짐을 풀어버리고 압박받는 사람들을 해방시키라'는 이사야의 명령에 함께 주의를 기울입시다. 협력의 교두보가 의혹의 밀림을 밀어낼 수 있다면 강자는 공정하고 약자는 안전하며 평화가 보장되는 새로운 법의 세계를 함께 만듭시다.

이 모든 일을 100일 내에 끝내지는 못할 것입니다. 1,000일 내에도, 이 행정부의 임기 동안에도, 심지어 우리가 이 지구상에서 살아가는 동안에도 끝내지 못할지 모릅니다. 그래도 시작합시다.

친애하는 시민 여러분, 우리가 나아갈 방향의 최종 성패는 제 손보다 여러분의 손에 달려 있습니다. 건국 이래 모든 미국인 세대는 국민으로서 충성심을 증명하기 위한 부름을 받았습니다. 이제 나팔 소리가 다시 우리를 부르고 있습니다. 비록 무기는 필요하지만 무력을 사용하라는 부름이 아닙니다. 비록 전투 상황이지만 전투를 하라는 부름은 아닙니다. 그것은 모든 인류의 적인 독재와 빈곤, 질병, 그리고 전쟁 자체에 대항하는 기나긴, 앞이 보이지 않는 투쟁의 짐을 지라는 부름입니다.

세계의 오랜 역사 속에서 오직 몇 세대만 최대 위기의 순간에 자유를 수호하는 역할을 부여받았습니다. 저는 그 책임을 회피하지 않습니다. 오히려 환영합니다. 저는 우리 중 누구도 그 누구와도, 그 어떤 세대와도 자리를 바꾸리라 생각하지 않습니다. 그러므로, 친애하는 미국 시민 여러분, 조국이 여러분을 위해 할 수 있는 일이 무엇인가를 묻지 말고 여러분이 조국을 위해 할 수 있는 일이 무엇인가를 물으십시오. 친애하는 세계 시민 여러분, 미국이 여러분을 위해 할 수 있는 일이 무엇인가를 묻지 말고 우리가 함께 인간의 자유를 위해 할 수 있는 일이 무엇인가를 물으십시오.

우리의 행동에 대해서는 역사가 최후의 심판을 해줄 것입니다. 유일하고 확실한 보상인 훌륭한 양심과 함께 사랑하는 이 나라를 이끌고 앞으로 나아갑시다. 하느님의 축복과 도움을 청하되 여기 이 땅에서는 하느님의 과업이 진정한 우리의 과업이 되어야 합니다.

'인류가 전쟁을 전멸시키지 않으면
전쟁이 인류를 전멸시킬 것입니다'

존 F. 케네디

(1917~1963)

존 F. 케네디가 핵무기 실험 금지의 긴급성을 강조하는 연설

| 미국 뉴욕, 유엔총회, 1961년 9월 25일 |

케네디는 유엔 역사에서 특별한 위치를 차지한 사무총장 다그 함마르셸드Dag Hammarskjold가 세상을 떠난 지 1주일 뒤 위기에 빠진 유엔에서 연설을 했다. 함마르셸드는 콩고 내전을 중재하려다가 비행기 추락 사고로 숨졌다. 그의 공백은 유엔 정신에 대한 의구심을 불러일으켰다. 케네디의 연설은 유엔의 자기 확신을 북돋우는 한편, 군비 경쟁 완화라는 큰 목표의 일부로서 핵무기 실험을 규제해야 하는 긴박한 임무를 유엔에 상기시켜주었다.

1952년 11월 1일 미국이 다단계 방사능 내폭 원리에 기반한 수소폭탄 실험에 성공하면서 방사능 낙진이 지구 대기에 끼치는 영향에 대한 공포가 널리 퍼졌다. 서방의 핵무기 보유국과 소련은 핵무기 실험 금지 협상을 시작했지만 유엔 군축위원회Disarmament Commission가 주재한 협상은 1961년까지도 지연되고 있었다. 케네디의 연설은 그 사안의 중요성을 강조했고, 그 후 핵무기 축소 문제를 핵무기 실험 문제와 분리하는 진전이 이루어졌다.

1963년 8월 5일에는 미국과 영국, 소련 정부의 대표가 모스크바에서 부분적 핵실험금지조약Partial Test Ban Treaty을 체결해 다른 국가들이 선례를 따르도록 했다. 대부분의 국가가 이에 동조했지만 프랑스와 중국은 예외였다. 이 조약은 승인국들이 지상과 공중, 수중에서 핵무기 실험을 못하도록 금지한다. 영국과 미국은 조약이 효력을 가지려면 지하 실험의 경우 해당 국가 내에서의 중립적 조사 체제가 필요하다고 주장했지만 소련은 반대했다. 하지만 1963년 7월에 흐루시초프가 지하 실험 금지는 제외되어야 한다는 조약 내용을 수용했다.

1961년 1월 대통령 취임 연설에서 미국이 '자유의 존속과 성공을 보장하기 위해서라면 어떤 대가라도 치를 것'이라고 말한 케네디는 여전히 냉전 시대의 정치인이었다. 이 연설에서도 그는 여전히 미국이 그러한 '책임을 다하기 위해 자유로운 사람들과 함께할 것이고' 무기를 보내야 한다고 생각하고 있다. 그러나 이 연설에서는 대통령 집권 경험과 깊은 수렁에 대한 새로운 두려움 때문에 표현이 조금 완화되어 있다. 피그만 침공 사건(1961년 4월)으로 미국의 정보력 및 군사 계획의 결함이 드러났기 때문이다. 쿠바 망명자들이 미군의 지원을 받아 카스트로를 몰아내려 했지만 피그만에 도착하자마자 살육 당한 사건이었다. 곧이어 쿠바 미사일 위기가 발생해 비합리성과 공포, 무지가 핵무기 갈등의 균형을 무너뜨릴 수 있다는 사실을 보여주었다.

이 연설은 대통령직의 주요 주제를 나타내준다. 평화가 '기본적으로는 정치와 사람의 문제'였고, 그렇기에 인간의 협상 기술이 필요하다는 것이다. 미국의 민간 자원자들로 구성된 평화봉사단Peace Corps이 케네디가 이 연설을 하기 며칠 전에 연방 정부의 지원으로 설립되었다. 평화봉사단이 추진하는 제3세계 개발 프로젝트에서 일할 훈련된 인력을 공급하는 것은 케네디의 세계 비전에서 중요한 부분을 차지했다. 이 연설에서 정확하게 표현된 그의 목표는 또한 20세기의 마지막 분기를 위한 군축 협상 의제를 설정했다. 열강들이 협상을 통해 세계 위기에서 벗어날 수 있으리라는 간헐적인 희망이 자리한 시대였다.

무조건적인 전쟁은 더 이상 무조건적인 승리로 이어질 수 없습니다. 더 이상 분쟁을 해결해줄 수도 없습니다. 인류가 전쟁을 전멸시키지 않으면 전쟁이 인류를 전멸시킬 것입니다.

오늘날 지구상에서 살고 있는 모든 사람은 지구가 더 이상 거주하기에 적합하지 않게 될 날에 대해 생각해봐야 합니다. 인류는 더 이상 군축 문제가 약함의 표시인 것처럼 가장해서는 안 됩니다. 소용돌이 같은 군비 경쟁 속에서 무기는 늘어나도 국가 안보는 약해질 수밖에 없습니다.

따라서 우리는 소련에 군비 경쟁이 아닌 평화 경쟁을 제안합니다. 포괄적이고도 완전한 군비 축소가 이루어질 때까지 함께 한 걸음씩 단계별로 나아가자는 것입니다.

이 계획과 관련한 최종적인 확인과 통제 책임은 유엔의 틀 안에서 국제 단체가 맡아야 할 것입니다. 그래야만 제대로 된 조사가 이루어지고 군축 과정의 단계에 따라 적절하게 적용될 수 있습니다. 핵무기뿐만 아니라 운반 시스템 문제까지도 다루어야 합니다. 이 계획은 결국 핵무기의 실험과 운반, 보유뿐만 아니라 생산을 중단시킬 것입니다.

그런 계획이 세상을 갈등과 탐욕으로부터 자유롭게 해주지 않을 수도 있지만 대규모 파괴의 공포로부터는 자유롭게 해줄 것입니다. 초국가의 시대가 아니라 다른 국가를 전멸하거나 다른 국가에 의해 전멸되는 국가가 없는 시대로 우리를 이끌어줄 것입니다.

이 끔찍한 무기의 확산과 공기 오염, 소용돌이 같은 군비 경쟁을 멈추기 위해 우리의 새로운 군축 계획은 다음과 같은 제안을 포함합니다.

- 첫째, 모든 국가가 핵무기 실험 금지 조약에 서명할 것.
- 둘째, 무기 사용을 위한 핵분열 물질 생산을 중단하고 그것이 현재 핵무기가 없는 국가로 옮겨지는 것을 막을 것.
- 셋째, 핵무기 통제권이 핵무기 미보유 국가로 이전되는 것을 금지할 것.
- 넷째, 핵무기가 우주 공간을 새로운 전장으로 만드는 일이 없도록 할 것.

- 다섯째, 기존의 핵무기를 점진적으로 폐기하고 평화적인 용도로 전환할 것.
- 마지막으로, 전략 핵무기 이동 차량의 무제한적 실험과 생산을 중단하고 점진적으로 모두 폐기할 것.

하지만 핵무기 폐기만으로는 충분하지 않습니다. 우리는 폐기뿐만 아니라 창조도 해야 합니다. 전쟁과 무기를 금지하는 세계법과 법의 집행이 필요합니다.

따라서 미국은 모든 회원국이 자국의 군대에 특수 평화유지군을 배정해 유엔의 부름에 답할 수 있도록 하고 재정 및 병참 지원을 늘릴 것을 제안합니다.

평화는 오로지 군사나 기술의 문제인 것만이 아닙니다. 기본적으로는 정치와 사람의 문제입니다. 인류가 무기와 기술의 진보를 사회와 정치 발전과 맞추지 않으면 우리의 공룡과 같은 위대한 강점은 올바르게 통제되지 못하며 공룡이 그러했듯이 지구에서 사라지고 말 것입니다.

우리는 지구상에서 법의 지배를 확장하는 동시에 인간의 새로운 영역인 우주까지 법의 지배를 넓혀야 합니다. 우주는 냉전을 더욱 심각하게 만드는 새로운 전장이 되어서는 안 됩니다.

이를 위해 우리는 우주를 평화로운 사용처로 남겨두고 우주 공간이나 천체에서 대량 학살 무기를 금지하며 우주의 미스터리와 잠재력을 모든 국가에 개방할 것을 촉구합니다. 또한 우리는 전 세계를 전보와 전화, 라디오와 텔레비전으로 연결해주는 글로벌 통신위성 시스템 구축을 제안합니다.

정치적 주권은 빈곤과 문맹, 질병 문제를 해결할 수단 없이는 엉터리에 불과합니다. 미래에 아무런 희망도 없다면 자결권은 그저 구호에 지나지 않습니다. 새로운 연구와 기술 지원, 시범 사업이 저개발된 육지와 아직 손대지 않은 바다에 담긴 부의 가능성을 드러내줄 수 있습니다. 개발은 모든 국가를 법적으로, 그리고 사실로 자유롭고 평등하게 만들어주는, 경쟁이 아닌 협력 사업이 될 수 있습니다.

저는 유엔이 여전히 예전의 식민주의가 남긴 문제들과 맞닥뜨리고 있다는 사실을 간과하지 않습니다. 그러나 가장 가혹한 형태의 식민주의는 오랜 국가가 신생 국가를 착취하는 것, 백인이 흑인을 착취하는것, 혹은 부자가 가난한 사람을 예속시키는 것뿐만이 아닙니다. 나의 조국도 한때는 식민지였습니다. 우리는 식민주의가 무엇을 뜻하는지 잘 알고 있습니다. 강자가 약자를, 소수가 다수를, 지배자가 아무런 허락도 없이 피지배자를 착취하고 예속시키는 것입니다.

그렇기에 자결권의 물결이 공산주의 제국에 아직 도달하지 않은 사실을 간과해서는 안 됩니다. 그곳 사람들은 외국 군대에 의해 들어선 정부의 지배를 받으며 오직 하나의 정당 체제 아래 벽을 세워 진실을 가리고 자국민을 포로로 만드는 곳에서 살고 있습니다.

테러는 새로운 무기가 아닙니다. 역사적으로 설득하거나 본보기를 보임으로써 승리할 수 없었던 자들이 사용한 것입니다. 그들은 실패할 수밖에 없습니다. 인간은 가치 있는 삶을 위해서라면 죽음도 불사하고, 자유로운 인간은 위협을 두려워하지 않으며 공격 행위는 결국 그 반응을 불러오게 마련이라는 사실을 결국 테러리스트들도 깨닫게 되었기 때문입니다. 그런 역사로 볼 때 우방이든 적이든 상관없이 오늘날 세계의 모든 국가는 알아야 합니다. 미국은 그 책임을 다하기 위해 자유로운 사람들과 함께할 것이며, 그를 위한 의지와 무기를 가지고 있다는 사실을 말입니다.

이 자리에 모인 우리는 지구를 불구덩이로 만든 세대로 기억되거나, '후대를 전쟁의 재앙에서 구하겠다'는 맹세를 지킨 세대로 기억될 것입니다. 그 맹세를 지키기 위해 저는 여러분께 약속드립니다. 미국은 절대로 두려움 때문에 협상하지 않을 것이며, 절대로 협상을 두려워하지도 않을 것입니다.

이토록 전 세계의 국가가 잃거나 얻을 것이 많았던 적은 없습니다. 함께 지구를 구하지 않으면 우리는 불구덩이 속에서 다 같이 소멸할 수밖에 없습니다. 우리는 지구를 구할 수 있으며 구해야만 합니다. 그러면 평화의 수호자로서 인류의 영원한 감사와 신의 영원한 축복이 우리와 함께할 것입니다.

'핵무기를 보유하지 않은 나라는
독립을 상상조차 할 수 없습니다'

샤를 드골

(Charles de Gaulle, 1890~1970)

프랑스의 샤를 드골 대통령이 핵무기 보유의 필요성을 촉구하는 연설

| 프랑스 파리 육군사관학교, 1963년 2월 15일 |

1963년, 프랑스가 알제리의 독립 전쟁 동안 입은 권위와 명성의 상처는 생생했다. 프랑스 식민지였던 알제리는 1954년에 반란을 일으켰으며 양측 모두는 서로에게 가해진 잔혹 행위를 목격했다. 그로부터 4년 뒤 수도 알제에 주둔한 프랑스 장교들이 군사 반란을 주도했다. 이들은 파리 정부가 전쟁에 제대로 대응하지 못하고 있음을 비난하면서 드골의 재집권을 요구했다. 프랑스의 제4공화국은 해산되고 대통령의 권위를 강화하는 새로운 헌법이 마련되었다. 6개월 동안 총리로 비상지휘권을 행사한 드골은 1958년 11월 대통령 선거에서 당선되었다.

알제리의 민족주의에 대한 탄압이 정치적으로 불가능하다고 판단한 드골은 기존의 방침을 변경했고 1961년 1월에 국민투표를 통해 알제리 독립에 대한 계획을 승인받았다. 이에 프랑스와 알제리의 우파 식민주의자들은 모두 분노했다. 정책을 뒤바꾸기 위해 네 명의 전역 장군이 쿠데타를 감행해 1961년 4월에 파리와 알제리의 주요 도시를 점령하려고 했다. 그러한 시도는 결국 실패했고, 1962년에 알제리가 독립했지만 드골에 대한 육군 내부의 반감이 얼마나 깊은지를 보여준 사건이었다. 비판자들

샤를 드골(1890~1970)

1912 생시르 육군사관학교를 졸업하고, 프랑스 육군 제33보병연대에 초임 소위로 임관함
1916. 03 베르됭 전투에 참전했다가 포로가 됨
1934 육군의 기계화와 기동성 강화 전략을 주장하는 『미래의 육군(The Army of the Future)』을 출간함
1940. 06. 18 런던에서 프랑스 국민에게 독일군의 점령에 대항하라는 '호소문'을 방송함
1940~1944 자유프랑스 운동을 주도함
1944~1946 프랑스 임시정부 총리 역임
1958. 06 총리로 복귀해 비상지휘권을 발동함
1959. 01 프랑스 대통령에 당선됨
1968. 05 학생운동으로 파리가 혼란에 빠짐
1969. 04 대통령직을 사임함

은 백팔십도로 뒤바뀐 샤를 드골 장군의 행동이 프랑스의 국가적 명예를 실추시켰다고 비난했다.

샤를 드골이 이 연설을 한 장소는 프랑스의 엘리트 군사학교였으므로 사기가 저하된 육군에 활기를 불어넣는 동시에 국가적 의제를 밀고 나가야만 했다. 그가 강조한 사안은 전형적인 드골파의 성향을 띤다. 프랑스의 운명과 민족성, 독립에 대한 기원, 자신과 조국의 운명에 대한 개인적인 연결고리에 대한 주장이었다. 프랑스가 그 전면에 확고하게 자리하는 역사의 큰 그림을 그리려 한 그의 본능적 감각은 무기의 진화와 국가 권력의 여러 형태 사이의 관계에 대한 언급에서 명백히 드러난다.

1960년에 프랑스는 알제리의 사막에서 원자폭탄을 실험함으로써 세계에서 네 번째로 핵보유국이 되었다. 드골이 독립적인 국방 정책을 추구한 것은 프랑스의 위신과 자신감을 높이기 위함이었다. 이 불굴의 정책은 또한 프랑스 군대가 알제리 문제에 매달려 원한을 품을 만한 시간이 없을 만큼 바쁘게 만들어줌으로써 정치적으로 유리하게 작용했다. 드골은 미국과 영국의 긴밀한 연계에 의심을 품어왔으며, 그러한 의심은 북대서양조약기구NATO가 두 동맹국의 이익에 부합하는 조직이라는 생각으로 이어졌다. 결국 1966년에 프랑스군은 군사 동맹으로서의 회원 자격은 그대로 유지하되 북대서양조약기구의 통합적 지휘 체계에서는 빠져나왔다.

드골에게는 서독이 북대서양조약기구 회원국이라는 사실이 더 큰 문제로 보였다. 동쪽으로부터의 공산주의 국가들의 침략에 취약하기 때문이었다. 이 연설에서 드골은 '독일과의 전쟁' 가능성을 언급하면서, 그럴 경우 프랑스가 북대서양조약기구와 바르샤바 조약기구 군대 간의 세계 전쟁에 휘말릴까 두려워했다. 만일의 사태에 대비해 그는 프랑스가 동구권과 단독 강화 조약을 맺을 수 있는 선택권을 유지하려 했고, 북대서양조약기구와의 의견 불일치를 널리 보여줌으로써 그 가능성을 높이려 했다. 드골은 미국과 소련 사이에서 평형추 역할을 하는 제3의 파워 블록인 '자유 유럽'을 만들려는 비전을 갖고 있었으며 프랑스의 독자 노선은 그 기본이었다.

━━━◆◆◆◆◆━━━

　지금 이 자리에 다시 서니 감개무량함을 감출 수 없습니다. 과거 이곳에서 저는 수많은 순간 사상들을 접하고 일에 참여했고 심사숙고를 거듭했으며 그 모든 것이 추후 프랑스를 위해 부여받은 임무를 수행하는 데 지대한 도움이 되었음은 두말할 나위가 없습니다.

여러분 모두를 만나고서 드는 만족감 또한 감추고 싶지 않습니다. 참모 양성 훈련의 모든 부서와 국방대학의 여러분들 말입니다. 국방 기관의 모든 부서를 말하는 것입니다.

저는 여러분을 지나칠 때마다 여러분의 일과 우려 속에서 엄청난 현안을 접했습니다. 핵무기 문제입니다. 국가원수와 정부가 국방 문제에 대해 기본적으로 어떤 개념을 가지고 그 정책을 입안하고 지휘하는지 당연히 여러분께 설명해드려야 할 것입니다. 오래전 금속 무기의 등장은 고대의 헤게모니를 탄생시켰습니다. 그 후에는 야만족의 침략이 있었고 봉건제가 뒤따랐습니다. 그리고 총기가 등장하면서 중앙집권 국가가 재탄생할 수 있었습니다. 그로 인해 유럽에 큰 전쟁이 발발했습니다. 그때마다 스페인과 잉글랜드, 프랑스, 터키, 독일, 러시아 등 당대의 강대국들이 패권을 쥐려고 했습니다. 총기의 등장은 또한 식민지 경쟁을 촉발하여 아메리카와 인도, 아시아, 아프리카에 이르는 거대한 지역이 정복되었습니다.

마지막으로 모터의 힘이 바다와 하늘, 육상 전투에서 하나의 요인으로 등장했습니다. 그것 때문에 제1차 세계대전이 종식될 수 있었습니다. 나치 독일의 정복 야욕에 도구가 된 것도 모터입니다. 자유세계가 그 야망을 무너뜨릴 수 있었던 것도 모터 덕분이었습니다.

오늘날 핵무기 개발은 안보 측면에서 대변혁을 일으켰습니다. 평화로운 때의 국가 정책조차 그 영향을 받게 되었습니다. 그 대변혁의 힘은 전시에 더욱 커질 것입니다. 상상만으로는 핵무기 사용이 가져올 결과를 전부 알 수 없습니다. 핵무기를 사용할 경우 인간 사회가 완전히 멸망하리라는 것만 알 수 있을 뿐입니다.

이런 상황에서 핵무기를 보유하지 않은 나라는 독립을 상상조차 할 수 없습니다. 핵무기가 없으면 핵무기를 보유한 나라에 국가 안보는 물론이고 정책까지 의존해야 하기 때문입니다. 물론 중립을 선택하면 그런 운명에서 제외될 수 있다고 믿는 나라들도 있습니다. 하지만 현실적으로 그런 나라들은 운명을 스스로 바꾸지 못한 채 그들의 운명을 그저 기다릴 수만 있을 뿐입니다.

프랑스의 경우 지리적 환경과 역사적 존재 이유, 정치적 본질이 모두 중립을 선택할 수 없는 상황입니다. 프랑스는 스스로의 운명에 대한 책임을 아무리 우호적이더라도 외국에 내어줄 마음이 없으므로 어떤 전쟁에서든 행동할 수 있는 수단이 절대적으로 필요합니다. 다시 말하자면 프랑스는 핵무기를 보유해야만 합니다.

그러한 무기의 총력이 적이 가진 모든 무기의 총력과 동일한지, 프랑스가 동맹국 없이 세계적인 충돌을 감당할 수 있는지에 대한 답은 분명히 부정적일 것입니다. 하지만 이런 질문들이 핵무기 보유와 필요한 경우의 사용, 그리고 핵무기가 협력의 일부로서 동맹국의 유사한 무기와 함께 사용되어야 한다는 기본적인 필요성을 바꿔놓지는 못합니다.

원칙은 이러합니다. 과연 원칙이 어떻게 적용되어야 하는가? 핵무기의 존재는 모든 전투의 본질과 흐름, 전개에 엄청난 불확실성을 초래합니다. 만약 전략적 핵무기 사용이 전쟁 중인 두 국가를 파괴할 수 있다면 그들이 왜, 어디서, 언제, 어떻게, 어느 정도까지 상호 파멸이 분명한 그런 무기의 사용을 촉발하고 싶어 할지 결코 예측할 수 없습니다.

만약 첫 번째 전투였던 독일과의 전투가 핵전쟁이었건 아니건 간에 패배로 끝났다면 프랑스는 파괴나 침략이라는 즉각적인 결과를 맞이했을 것이고 동시에 유럽의 자유세계를 위한 교두보를 모두 잃게 되었을 것입니다. 그러나 우리는 무슨 일이 있더라도 이 땅에서 우리의 조국과 영혼과 육체를 지킬 것이며 국가와 민족으로서 전멸당하지 않을 것입니다. 그리고 나아가 그렇게 함으로써 최후의 승리를 위한 기회를 만들 수 있다고 확신합니다.

이 모든 사항이 핵공격에 대비해 우리가 자의로 사용할 수 있는 핵무기를 보유하라고 촉구합니다. 필요한 상황일 때마다 육상과 바다, 하늘에서 개입할 수 있는 수단을 갖추라고, 우리 영토의 침략자에 저항하는 수단을 보유하라고 촉구합니다.

바로 이것이 현재 시행 중이거나 또는 준비 중인 국방 정책과 조직 계획, 군비 계획을 세우는 국가수반과 정부를 이끈 신념입니다. 이러한 필요성은 프랑스의 지휘 구조에 추진력과 권위, 책임감의 새로운 시대를 가져오고 있습니다. 대격변의 한가운데에서 명예로운 군사지휘권을 담당할 이들을 지적·도덕적·기술적으로 준비시키기 위한 참모 대학의 역할과

의무는 필수적입니다.

저는 생도 여러분과, 여러분을 이끌어주는 지휘관들이 그 역할을 달성하여 의무를 완수할 것이라고 믿습니다.

여러분께 경의를 표합니다.

'나에게는 꿈이 있습니다'

마틴 루터 킹 주니어

(Martin Luther King, Jr., 1929~1968)

위대한 인권운동가 마틴 루터 킹 주니어가
'워싱턴 행진'에서 일자리와 자유에 대해 이야기하는 연설

| 미국 워싱턴, 링컨 기념관, 1963년 8월 28일 |

워싱턴 DC의 습한 여름 날씨 속에서 편견의 극복과 예언의 실현에 대한 마틴 루터 킹 주니어의 이야기를 듣고자 20만 명이 넘는 사람들이 모였다. 1963년은 에이브러햄 링컨이 남부 주들의 노예를 해방시킨 노예해방선언 100주년을 맞이하는 해였다. 인종차별에 반대하는 인권 운동은 흑인의 가난과 실업에 대한 운동으로까지 확산되어 있었다. 킹의 연설을 들으려고 수도에 모인 군중은 '일자리와 자유를 위한 워싱턴 행진 March on Washington for Jobs and Freedom'에 참여한 이들 중 일부였다.

행진을 위해 링컨 기념관 앞에 모인 사람들은 그의 '상징적인 그림자' 속에 서 있었다. 미국의 흑인들은 비록 법적으로 노예에서 해방되었지만 교육과 주택, 고용 같은 영역에서는 여전히 '차별의 족쇄'에 묶여 있었기 때문이다. 킹의 '부도난 수표' 비유는 늘 그렇듯 정곡을 찔렀다. 미국 건국의 아버지들은 헌법과 독립선언문의 내용을 승인할 때 '약속어음' 같은 것에 서명했다. 그러나 미국은 '시민들의 피부색에 따라' 그 약속어음의 지급을 이행하지 않았다는 것이다. 킹은 미국의 부가 물질적일 뿐만 아니라 영적·지적인 것이므로 '정의의 은행'이 파산된다는 것은 믿을 수 없는 말이라고 했다. 킹은 미국이라는 나라의 최선의 모습을 상기시켜주는 한편 미국이 스스로 세운 자유와 기회의 목표에 부합해야 한다고 강

마틴 루터 킹 주니어 (1929~1968)

1955 보스턴 대학교에서 신학 박사 학위를 취득함
1955~1956 흑인 분리 정책에 대한 저항으로 일어난 몽고메리 버스 보이콧 운동을 주도함
1963. 08 일자리와 자유를 위한 워싱턴 행진을 공동 주도함
1964 노벨평화상을 수상함
1967. 04 미국의 베트남 참전을 반대하는 「베트남 너머」를 연설함
1968. 04 테네시 주 멤피스에서 암살됨

조했다. 따라서 그는 '아메리칸드림'이 실현될 거라고 믿고 자신의 가족과 흑인들에 대한 꿈을 가지고 있는 한 미국인으로서 이 연설을 한 것이었다. 이 연설의 영향력은 대부분 국가의 집단적 경험과 시민들의 공동 운명을 강조한 데에 기인했다.

또한 킹은 이 연설에서 성서 신학에 입각해 침례교 목사로서 이지적으로 이야기했다. 그는 구약의 선지자들이 부당한 지배자들에 대항하는 것과, 용서를 통한 신약의 구원 이야기를 언급했다. 연설의 어조는 전적으로 그가 교육받은 개신교의 설교 기술에 따랐는데, 자신의 주장을 강조하고 개인적인 경험에서 생생한 사례를 도출하여 활용했다. 내용이나 표현 방법은 숭고함에 다가가지만 킹의 연설은 결코 관객이나 신도들로부터 동떨어진 적이 없었다. 이 연설에서 그는 미국의 흑인들을 빈민가로부터 끌어내어 '정의가 물결처럼 흐르고 의로움이 힘찬 강물처럼 흐르는' 곳으로 이끌 여정에 대해 묘사한다. 이것은 성경에 나오는 고결한 이미지이지만 그 여정이 일상생활 속 사실로서 언급되었다. 당시 흑인들의 출입을 금지하는 모텔과 호텔들 때문에 흑인들은 여행을 쉽게 할 수 없었기 때문이다. 킹은 평소와 다름없이 극단적인 대조 어법으로 당시 위기의 긴급성을 포착했다. 앨라배마와 미시시피, 조지아, 테네시 같은 주에서 실시하는 흑인 차별 정책의 어둠이 '햇살이 환히 비치는 인종 간 정의의 길'과 멀다고 표현했다. 하지만 연설을 마무리하는 부분에서는 구시대를 초월해 새로운 시대를 알리는 포용적인 메시지를 제시하고 있다.

100년 전 한 위대한 미국인이 노예해방령에 서명했습니다. 지금 우

리는 그의 상징적인 그림자 속에 서 있습니다. 그 중대한 선언은 불의의 불길에 타들어가고 있던 수백만 흑인 노예에게 희망의 빛으로 다가왔습니다.

그러나, 그로부터 100년이 지났지만 우리는 흑인들이 여전히 자유롭지 못하다는 비극적인 사실을 직시해야 합니다. 100년이 지났지만 슬프게도 흑인들의 삶은 여전히 인종 분리의 족쇄와 인종차별이라는 속박으로 망가져 있습니다. 100년이 지났지만 흑인들은 거대한 물질적 풍요의 바다 한가운데에 있는 빈곤의 섬에서 외롭게 살아가고 있습니다. 100년이 지났지만 흑인들은 여전히 자기 땅에 유배되어 있습니다.

건국의 아버지들이 헌법과 독립선언문에 참으로 훌륭한 문구를 써넣을 때, 모든 미국인을 상속자로 하는 약속어음에 서명을 한 것이었습니다. 그 어음은 모든 인간에게 삶과 자유, 행복 추구의 양도할 수 없는 권리를 보장하는 약속이었습니다.

그러나 오늘날 미국이 시민들의 피부색에 관한 한, 이 약속어음이 보장하는 바를 제대로 이행하지 않고 있다는 것은 분명한 사실입니다. 그럼에도 우리는 정의의 은행이 파산했다고 생각하지 않습니다. 우리는 이 나라에 있는 기회의 거대한 금고에 자금이 충분치 않다는 사실을 믿지 않습니다.

이제는 바로 어둡고 황량한 인종차별의 계곡에서 일어나 햇살이 환히 비치는 인종 간 정의의 길로 들어설 때입니다. 지금이 인종 간의 부당함이라는 모래 위에서 우리나라를 들어 올려 형제애라는 단단한 반석에 놓아야 할 때입니다.

흑인들이 시민으로서의 권리를 부여받기 전까지 미국에는 휴식도 평온도 없을 것입니다.

우리는 긍지와 원칙이 있는 높은 차원에서 우리의 투쟁을 영원히 계속해 나가야 합니다. 우리는 계속해서 물리적인 힘이 영혼의 힘과 만나는 저 높은 곳까지 올라가야 합니다. 흑인 사회를 집어삼킨 새로운 공격성이 모든 백인에 대한 불신으로 이어지게 해서는 안 됩니다. 그들의 운명이 우리의 운명과 이어져 있으며 그들의 자유가 우리의 자유와 불가분의 관계에 있다는 사실을 깨달은 백인 형제도 많기 때문입니다. 우리는 홀로 걸어갈 수 없습니다.

여행의 피로에 지친 몸을 고속도로 근처의 모텔이나 시내 호텔에 뉘일 수 없는 한 우리는 만족할 수 없습니다. 흑인의 기본적인 이동성이 작은 흑인 빈민가에서 더 큰 흑인 빈민가로 옮겨가는 데 그치는 한 우리는 만족할 수 없습니다. 미시시피의 흑인들이 투표권을 행사하지 못하고 뉴욕의 흑인들이 투표를 할 이유를 찾지 못하는 한 우리는 만족할 수 없습니다. 절대로 만족하면 안 됩니다. 우리는 정의가 물결처럼 흐르고 의로움이 힘찬 강물처럼 흐를 때까지 만족할 수 없습니다.

나에게는 여전히 꿈이 있습니다. 아메리칸드림에 깊이 뿌리내린 꿈입니다.

나에게는 꿈이 있습니다. 언젠가 이 나라가 '모든 인간은 평등하게 태어났으며 우리는 이를 명백한 진리로 믿는다'라는 건국이념에 담긴 진정한 의미에 따라 살아가는 꿈입니다.

나에게는 꿈이 있습니다. 언젠가 조지아의 붉은 언덕 위에 옛 노예의 후손들과 옛 주인의 후손들이 형제애의 식탁에 함께 둘러앉을 수 있게 되리라는 꿈입니다.

나에게는 꿈이 있습니다. 언젠가는 불의와 억압의 열기에 시달리는 사막의 주 미시시피마저도 자유와 정의의 오아시스로 바뀌는 꿈입니다.

나에게는 꿈이 있습니다. 나의 네 아이들이 피부색이 아니라 인격으로 평가받는 나라에 살게 되는 날이 오리라는 꿈입니다.

오늘 나에게는 꿈이 있습니다.

주지사가 간섭이니 무효화니 하는 말만 떠들어대는 앨라배마가 흑인 소년 소녀들이 백인 소년 소녀들과 손잡고 형제자매로 함께 걸어갈 수 있게 되는 꿈입니다.

오늘 나에게는 꿈이 있습니다.

언젠가 모든 계곡이 높이 솟아오르고 모든 언덕과 산은 낮아지며 거친 곳은 평평해지고 굽은 곳은 곧게 펴지고 주님의 영광이 나타나는 모습을 모든 사람이 지켜보는 꿈입니다.

이것이 우리의 희망입니다. 이런 믿음이 있으면 우리는 절망의 산을 깎아 희망의 돌로 만들 수 있을 것입니다. 이런 믿음이 있으면 우리나라의 소란스러운 불협화음을 아름다운 형제애의 교향곡으로 바꿀 수 있을 것입니다. 이런 믿음이 있으면 우리는 함께 일하고 함께 기도하고 함께 투쟁하고 함께 감옥에 가고 함께 자유를 위해 싸울 것입니다. 우리가 언젠가 자유로워지리라는 것을 알기 때문입니다.

그날은 하느님의 모든 자식이 새로운 의미로 노래 부를 수 있는 날입니다. '나의 조국, 그분의 땅, 달콤한 자유의 땅, 나 그분께 노래 부르리. 나의 아버지가 살다 죽은 땅, 순례자들의 자부심이 있는 땅, 모든 산골짜기로부터, 자유가 울려 퍼지게 하라.'

미국이 위대한 국가가 되기 위해서 이것이 반드시 실현되어야 합니다. 자유가 뉴햄프셔의 거대한 언덕에서 울려 퍼지게 합시다. 자유가 뉴욕의 커다란 산에서 울려 퍼지게 합시다. 자유가 펜실베이니아에 우뚝 솟은 앨러게니 산맥에서 울려 퍼지게 합시다!

콜로라도의 눈 덮인 로키 산맥에서도 자유가 울려 퍼지게 합시다!
캘리포니아의 굽이진 산봉우리에서도 자유가 울려 퍼지게 합시다!
뿐만 아니라, 조지아의 스톤 산에서도 자유가 울려 퍼지게 합시다!
테네시의 룩아웃 산에서도 자유가 울려 퍼지게 합시다!
미시시피의 모든 언덕, 모든 두둑에서도 자유가 울려 퍼지게 합시다! 모든 산에서 자유가 울려 퍼지게 합시다.

모든 마을에서, 모든 동네에서, 모든 주와 도시에서 자유가 울려 퍼지게 한다면 우리는 흑인이건 백인이건 유대인이건 비유대인이건 개신교도이건 가톨릭교도이건 하느님의 모든 자녀가 다 같이 손잡고 옛 흑인 영가를 함께 부르는 그날을 더 빨리 앞당길 수 있을 것입니다.

'드디어 자유를, 드디어 자유를! 전능하신 주님 감사합니다, 우리가 마침내 자유로워졌나이다!'

'기술 혁명의 하얀 열기'

해럴드 윌슨

(Harold Wilson, 1916~1995)

영국의 야당 당수로서 해럴드 윌슨이 다가올 기술 혁명에 대해 설명하는 연설

| 영국 스카버러, 1963년 10월 1일 |

1964년 총선 전까지 해럴드 윌슨은 주로 노동당의 집권 계획이 요약된 연설을 했다. 새로운 노동당 당수로서 그는 대중에게 자신의 존재를 각인시키고 1951년부터 집권해온 보수당의 강력한 대안이 될 수 있는 방향을 제시해야 했다. 두 개의 목표 모두 원활하게 달성되었고 야당 당수로 재임한 짧은 기간은 윌슨의 정치 인생에서 중대한 시점 중 하나였다. 그가 1963~1964년에 행한 연설 가운데 가장 유명한 이 연설에서 윌슨은 '기술 혁명의 하얀 열기'에 대해 설명하고 현대화 과정의 혜택을 국민 전체로 확장시키는 데 필요한 사회적·경제적 변화를 피력했다. 국가의 새로운 목표가 수립되어야 했으며, 이는 당대의 도전을 이해하는 전문가들이 계획하고 실행해야만 했다.

　　윌슨은 보수당을 향해 영국이 당면한 문제에 무관심한 사후 대응적인 무능한 세력이며 '과학'의 중요성을 인식하지 못한다고 강력하게 비판했다. 이 연설이 행해진 1963년 10월 14대 세습 백작인 앨릭 더글러스흄 Alec

---

해럴드 윌슨(1916~1995)

1938~1945 옥스퍼드 유니버시티 칼리지에서 펠로 과정을 밟음
1943~1944 연료 및 에너지 부서의 통계 담당자로 근무함
1945 노동당이 승리한 총선에서 옴스커크 지역 하원의원에 당선됨
1947 대외무역부 장관 역임
1950 머지사이드 허이턴 지역 하원의원(노동당)에 당선됨
1951~1964 야당인 노동당원으로 활동함
1963. 02 노동당 당수에 취임함
1964 총선에서 노동당이 과반수보다 4석 앞선 이후 노동당 정부가 출범함
1966 총선에서 노동당이 과반수보다 96석 앞섬
1970 총선에서 보수당에 패배함
1974. 02 2월 총선 이후 소수 정부를 구성하고, 10월 선거에서 과반수보다 3석 앞섬
1976 총리직을 사임함
1983 남작 작위(리보의 윌슨 남작)를 받음

Douglas-Home이 보수당의 리더로 등장한 사실이 윌슨의 목표에 유리하게 작용했다. 윌슨은 보수당과 의식적으로 대조되는 약속을 했다. 그것은 특정 계층에 속하지 않는 과학 기술 분야의 전문가, 즉 '귀족적인 인맥이나 물려받은 재산'을 이용함으로써가 아니라 본인의 능력과 노력으로 성취를 이룩한 기술 관료의 리더십이었다.

요크셔에서 산업 화학자의 아들로 태어난 윌슨은 영국 국교에 반대하는 종교적 비순응 전통 속에서 조합교회의 신자로 자랐다. 타고난 재능과 노력으로 옥스퍼드 대학에 입학했고 그곳에서 통계학을 가르쳤다. 그는 일찍부터 정치에 재능을 드러내어 불과 31세 때 내각에 진출했다(대외무역부 장관). 노동당이 야당이던 시절, 처음에 그는 당내의 좌파에 가담했다가 중도로 선회했다. 그리고 노동당의 명분은 물론이고 그 자신의 입신에도 도움이 되는 전술을 구사하여 노련한 전략가라는 평판을 얻었다.

윌슨은 특별히 이념적이었던 적이 없었다. 핵심 산업의 국영화를 노동당의 유산으로 받아들였지만 관련 정책을 적극적으로 추진하지는 않았다. 교육을 통한 사회적 기회의 확대야말로 그가 관심을 쏟은 영역이었고, 총리로 재임하면서 개방대학Open University(이 연설에서는 '방송대학')을 설립했다. 그는 중앙정부가 경제 개발 계획을 세워야 한다고 주장했는데, 1963년 당시 이는 새로운 일이 아니었다. 개입주의 정책이 20년 가까이 유행했기 때문이다. 하지만 윌슨의 활력과 온화함은 대중의 상상력을 자극했고 1964년 총선에서 노동당 의석이 과반수보다 4석 앞선 것은 2년 뒤에 찾아올 압도적 승리의 전조였다.

높은 고용률과 국가의 전반적인 번영 상태는 재건된 영국에 대한 윌슨의 긍정적 입장을 뒷받침해주었다. 또한 그가 총리로 재임하는 동안(1964~1970년, 1974~1976년) 영국은 사형제도 폐지, 낙태 자유화, 동성애 차별

반대법 시행 등 급격한 사회 변화를 겪었다. 그러나 1970년대 영국은 장기적 경제 위기에 직면했다. 이 연설에서 윌슨은 과학의 진보로 여가생활 향상이 이루어질 것으로 내다보았지만 산업 간의 갈등 상황이 현실이었다. 번영을 가져오는 '민주적 계획'과 정부의 능력에 대한 믿음은 약해지고 윌슨의 능력은 국가의 활성화보다 당내 파벌 간의 화합에 집중되었다.

———◆※◆———

인맥을 이용한 삶의 방식이 위험한 이유 중 하나는 그것이 국제적이라는 생각 때문입니다. 누군가와의 특별한 관계를 통해 언제든 곤경에서 벗어날 수 있다는 생각이지요. 앞으로 영국은 세계적으로 우리 힘으로 얻을 수 있고 그럴 자격이 있는 만큼의 영향력을 가지게 될 것입니다. 우리가 사용하도록 축적된 자원은 없습니다.

1960년부터 1970년대 중반까지 15년간은 기술 변화의 시기가 될 것입니다. 그 변화는 지난 250년 동안의 모든 산업혁명보다 더 거대할 것입니다.

만약 자동화 시대에서 멀어지려고 한다면 영국은 세계의 동정과 비난을 받는 침체된 국가로 전락하는 결과만 기대할 수 있을 것입니다.

모든 것이 그러하듯 위험 요소는 이 나라의 규제받지 않는 민간기업 경제가 자동화를 촉진시켜 심각한 실업을 초래하면서 생산 장벽의 돌파구는 마련하지는 못하리라는 것입니다.

자동화는 기계화의 역사에 한 요소를 더할 뿐인 프로세스가 아닙니다. 지금까지 인간의 고유 기능이었던 기억과 판단을 대체한다는 것이야말로 자동화의 본질입니다. 현재 컴퓨터는 지금까지 존재한 그 어떤 개인

혹은 집단의 역량까지도 초월하는 기억과 판단 기능을 지시할 수 있는 수준에 이르렀습니다.

민간 산업과 사유재산의 메커니즘에 맡겨진 기술 진보는 오로지 소수의 고수익, 소수의 높은 고용률, 다수의 해고로 이어질 수 있으므로 사회주의의 전례가 없었다면 자동화가 사회주의를 탄생시켰을 것입니다. 기술 진보가 국가적인 목적이 되려면, 그것이 국가 계획의 일부가 되어야 합니다.

따라서 기술 진보를 맹목적으로 시행할 것인지, 아니면 과학의 진보가 꿈에도 생각지 못한 삶의 높은 수준을 제공하고 놀라운 규모의 여가생활을 가능케 하도록 분명한 목적을 가지고 의식적이고 계획적으로 활용할 것인지를 선택해야 합니다.

우리는 과학적 연구 결과가 보다 분명한 목적의식을 가지고 국가의 생산 부문에 적용되도록 영국의 산업을 조직해야 합니다.

우리가 필요로 할 과학자들을 교육시키려면 우리의 교육 방식에 전적인 혁명이 필요할 것입니다.

우리는 한 사람도 빠짐없이 새로운 대학 건설이라는 거대한 정책을 받아들여야 합니다. 펄떡거리며 고동치는 지역 산업의 요구를 반영할 수 있도록 산업 지역에 더 많은 대학이 들어서야 합니다.

방송대학은 우리 계획을 보완하는 부분입니다. 우리는 이것이 단순히 과학 기술 전문가를 양성하기 위한 수단이라고 여기지 않습니다. 올바른 계획이 따라준다면 방송대학은 이 나라의 문화에 크게 기여할 수 있습니다.

산업 분야의 과학 연구는 분명한 목표를 가지고 조직되어야 합니다. 그래서 우리는 과학부를 신설할 것입니다.

과학을 경제계획에 활용할 수 없다면 우리에게 필요한 성장이 불가능합니다. 영국 산업의 구조적 변화가 필요합니다. 새로운 산업 부문이 생겨나야 합니다. 우리가 그것을 이루었는지 살펴보는 것이 다음 정부의 일이 될 것입니다. 새로운 기술 혁신을 위해 과학 연구를 동원해야 한다는 뜻입니다. 우리는 방향을 잘못 설정하여 수십억 파운드의 재원을 국방 부문의 연구 개발 계약에 투입해왔습니다. 지금이라도 연구 개발을 민간 산업에 활용한다면 영국을 다시 한 번 세계에서 제일가는 산업 국가로 만들어줄 새로운 산업 분야가 생겨날 것입니다.

국가가 지원하는 연구를 토대로 만들어진 새로운 산업 부문은 국가가 통제해야 합니다. 국가가 지원하는 연구에서 나온 수익은 그 수익을 창출한 지역사회에 도움이 되도록 축적되어야 한다는 것이 기본 원칙입니다. 이러한 정책이 영국의 쇠퇴하는 산업 및 산업 지역의 문제에 답을 내놓을 것이라고 생각합니다. 쇠퇴하는 산업이 부활하기도 할 것입니다. 비경제적인 보호나 보조금 지원 정책 덕분이 아니라 그러한 산업을 새로운 일에 동원함으로써입니다.

군비 축소에 따른 경제적 결과는 사회주의적 계획을 토대로 하지 않고는 다뤄질 수 없습니다. 선진 자본주의 국가들은 오늘날 방대한 무기 수요에 힘입어 완전고용을 유지하고 있을 뿐입니다. 따라서 평화가 찾아오는 날 월스트리트를 비롯한 주식시장은 공황 상태에 빠질 것입니다. 발표한 바처럼 노동당 정부에는 군비 축소 장관이 포함될 것이고, 그는 막대한 군비 축소에 따라 발생할 심각한 경제 문제에 대비하는 임무를 수행할 것입니다.

우리는 미래를 위한 모든 계획을 통해 과학적 혁명의 측면에서 사회주의를 새로이 정의하고, 또 새로이 서술하고 있습니다. 하지만 경제와 사회에 대한 태도를 크게 변화시킬 준비가 되어 있지 않는 한 그 혁명은 현실화될 수 없습니다.

기술 혁명의 하얀 열기 속에서 구축되어나갈 영국의 산업에서 제한적인 관행이나 시대에 뒤떨어진 방식이 들어설 자리는 없을 것입니다. 정부는 물론 기업에서 우리의 일을 맡는 사람들은 과학 시대에 맞는 생각과 언어로 준비되어 있어야 할 것입니다. 현재 영국의 산업을 통제하고 있는 사람들처럼 내세울 것이라곤 귀족적인 인맥이나 물려받은 재산, 투기 자본밖에 없는 이들은 20세기에 어울리지 않습니다. 잘난 척하는 아마추어들이 무기를 계속 주문하고 사들이는 것처럼 말입니다.

우리의 미래는 군사적 힘뿐만 아니라 노력과 희생, 그리고 무엇보다 자유인들이 이 나라의 훌륭한 미래를 위해 기여할 수 있는 모든 에너지에 들어 있습니다. 영국의 미래는 진정으로 중요합니다. 우리는 민주적 계획의 모든 자원, 우리 국민의 개발되지 않은 잠재적 에너지와 기술을 전부 활용해 영국이 세계에서 우뚝 서도록 만들어야 합니다.

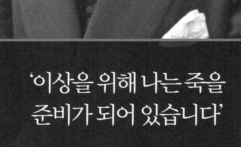

'이상을 위해 나는 죽을
준비가 되어 있습니다'

넬슨 만델라

(Nelson Mandela, 1918~2013)

아파르트헤이트 정책에 반대한 운동가 넬슨 만델라가
리보니아 재판에서 한 최후 진술

| 남아프리카공화국 프리토리아, 1964년 4월 20일 |

비폭력을 지향했던 아프리카민족회의ANC에 무장분과인 '움콘토 웨시즈웨Umkhonto we Sizwe(민족의 창)'가 창설된 것은 남아프리카의 아파르트헤이트 반대 운동 역사에 새롭고 결정적인 단계가 시작되었음을 알리는 신호탄이었다. 1960년 3월 21일, 요하네스버그 교외의 샤프빌Sharpeville 경찰서 바깥에 흑인 2만 명이 모였다. 백인이 주로 거주하는 도시 지역의 흑인 통행권을 제한하는 통행법에 반대하는 시위를 하기 위해서였다. 그런데 경찰의 총기 난사로 69명이 사망하고 수백 명의 부상자가 발생했다. 그 후에 닥친 위기는 아프리카민족회의 지도부를 곤경에 빠뜨렸다.

도시 주변부에 위치한 흑인 거주 구역에 새로운 흑인 운동가 세대가 등장했고 그들은 1950년대부터 백인 우월주의에 맞서 더욱 폭력적인 공격으로 대항해야 한다고 주장했다. 위기감을 느낀 아프리카민족회의 지도부는 남아프리카의 백인과 '유색 인종(혼혈)', 인도 사회의 공산주의자들을 비롯해 다른 반체제 집단과 손을 잡았다. 샤프빌 사태 이후 아프리카민족회의는 활동이 금지되었지만 여전히 남아프리카 흑인들에 대한 권위를 되찾고 전략 지휘권을 보여주려 했다. 무장분과(움콘토)의 창설은 그

넬슨 만델라(1918~2013)

1912 남아프리카원주민민족회의(이후 아프리카민족회의, ANC로 변경) 창설
1937 이스턴케이프 주에 있는 웨슬리계 메서디스트파 학교인 힐드타운에 입학해 통신 교육을 받고 비트바테르스란트 대학교에서 법률을 공부함
1943 ANC에 합류함
1948 아프리카너가 지배적인 국민당이 아파르트헤이트 정책을 내세워 총선에서 승리함
1955 국민의회(Congress of the People)에서 아파르트헤이트 정책을 반대하는 자유헌장을 채택함
1956. 12. 05 반역죄로 150명과 함께 체포되어 5년간의 재판 뒤 전원 무죄 선고를 받음
1961 움콘토(민족의 창)를 공동 창설함
1962. 11. 07 5년형을 선고받음
1963. 10~1964. 06 리보니아 재판이 열림 (240쪽에 계속)

러한 계획의 일부였다. 초기의 작전은 인명을 앗아가기보다 남아프리카의 사회기반시설과 군사 및 산업 시설을 파괴하는 데 그 목적이 있었다. 그러나 넬슨 만델라가 투옥되어 있는 동안 움콘토는 도시 게릴라전을 선택해 인명 피해를 유발했다. ANC 활동 초기에 만델라는 간디의 평화적 시위 방식을 지지했지만 움콘토의 공동 창설자이자 수장으로서 사보타주sabotage (고의적인 사유재산 파괴나 태업 등을 통한 노동자의 쟁의 행위 - 옮긴이) 계획을 세우고 외국의 자금 지원을 받았다. 또한 사보타주가 비타협적인 정부를 설득하는 데 실패할 경우 전면전에 대비해 준군사 훈련을 실시했다.

'리보니아 재판' 당시 만델라는 이미 1962년에 파업 선동과 불법 출국 혐의로 5년형을 선고받고 복역 중이었다. 그가 복역 중이던 1963년 7월 요하네스버그 교외 리보니아의 농가에서 아프리카민족회의 지도자들이 체포되었다. 리보니아 재판에서는 농가에서 붙잡힌 피고인들을 포함하여 모두 열한 명에게 사보타주와 반역 혐의가 적용되었다. 만델라 또한 동일한 혐의를 받고 그들과 함께 법정에 섰다. 만델라는 1964년에 종신형을 선고받은 여덟 명 중 한 명이었고 로벤 섬의 감옥으로 보내졌다. 그는 1990년 71세의 나이로 석방되기까지 27년간 감옥 생활을 했다.

최후 진술에서 만델라는 변호사 시절에 익힌 증거 제시와 분석 능력을 십분 활용했다. 사형 선고를 받을지도 모르는 상황에서 – 검찰 측은 사형을 구형했다 – 만델라는 무려 네 시간 동안 자신이 투쟁할 수밖에 없는 이유를 감정에 휩싸이지 않고 이성적으로 차분하게 말한다. 남아프리카의 비非백인들이 마주한 억압과 빈곤에 대해서도 오직 사실만 이야기했다. 그리고 그 자체로 충분히 설득력이 있었다. 앞으로 오랜 투옥 생활이 기다리는 상황에서 보여준 차분함이 그를 더욱 빛나게 해주었다.

나는 '움콘토 웨 시즈웨'의 창설을 도운 한 사람이라는 사실을 즉각적으로 인정합니다. 반대 의견을 말할 수 있는 모든 합법적 수단이 법률에 의해 차단되었으므로 우리는 영구적으로 열등한 존재임을 받아들이거나, 아니면 정부에 항거해야 하는 입장이었습니다.

1960년에 일어난 샤프빌 총기 난사 사건으로 비상사태가 선포되었고 정부는 아프리카민족회의를 불법 조직으로 공표했습니다. 나와 동료들은 신중하고 깊이 생각한 끝에 그 법령에 복종하지 않기로 했습니다. 아프리카인은 정부에 참여하지도 않았고 자신들이 만들지도 않은 법의 지배를 받고 있습니다. 아프리카민족회의는 해산을 거부했고 지하로 숨어들었습니다.

비폭력을 통해 인종차별 없는 국가를 건설하고자 한 우리의 노선이 아무것도 이루지 못했음을 부인할 수 없었고, 우리의 추종자들은 비폭력 노선에 믿음을 잃고 충격적인 테러리즘을 발전시키고 있었습니다. 이미 도시 지역에서 소규모 집단이 생겨나 폭력적 형태의 정치 투쟁을 자발적으로 계획했습니다. 올바른 방향 제시 없이는 그들이 백인뿐 아니라 흑인에 대한 테러를 취할 우려가 있었습니다.

우리는 이 나라가 흑인과 백인이 서로 싸우는 내전으로 흘러가고 있다고 느꼈습니다. 우리는 내전을 원치 않았지만 그것이 필연적으로 발생하는 경우에 대비하고자 했습니다. 사보타주 계획은 인명 피해가 발생하지 않도록 했고 미래의 인종 관계에 있어 최선의 희망을 제시했습니다. 우리는 남아프리카가 외국 자본과 외국 무역에 상당히 의존하고 있다고 생각했습니다. 그리하여 발전소 파괴 계획과 철도 및 전화 통신 방해가 외국 자본을 겁주어 쫓아낼 것이고 유권자들이 그들의 위치를 다시 생각하지 않을 수 없게 될 것이라 믿었습니다. 이 나라 경제의 생명줄 공격은 정부 빌딩을 비롯해 아파르트헤이트의 상징적 시설에 대한 사보타주와 연계 되어 있었습니다. 그러한 공격은 아프리카인들에게 영감을 주는 원천이 될 것이었습니다.

움콘토 성명서는 작전이 개시된 날에 발표되었습니다. 백인들은 변화하 려는 반응을 보이지 않았습니다. 반대로 아프리카인들은 많은 격려를 해 주었습니다. 다시 희망이 생겼습니다. 하지만 우리 움콘토는 불안한 마 음으로 백인들의 반응을 숙고했습니다. 선이 그어지고 있었습니다. 따 라서 우리는 미래를 준비해야 했습니다. 게릴라전에 대비해 나는 전쟁과 혁명의 기술을 연구하는 한편, 해외에서 군사훈련 과정도 거쳤습니다.

국가가 주장하는 또 다른 혐의는 아프리카민족회의와 공산당의 목표가 동일하다는 것입니다. 아프리카민족회의는 그 역사상 어느 시기에도 이 나라 경제구조의 혁명적 변화를 옹호한 적이 없으며, 제가 기억하는 한 자본주의 사회를 비판하지도 않았습니다. 아프리카민족회의와 공산당 이 자주 긴밀하게 협력해온 것은 사실입니다. 그러나 협력은 단순히 공 동 목표 – 이 경우에는 백인 우월주의 제거 – 를 갖고 있다는 증거이며 완 전히 이해관계가 일치하는 공동체라는 증거라고 할 수 없습니다. 억압에 맞서 투쟁하는 이들 간의 이론적 차이는, 이 단계에서 우리가 감당할 수 없는 사치입니다.

나는 마르크스주의 저작을 읽으면서 공산주의자들은 서방의 의회 체제 를 비민주주의적이고 반동적인 것으로 간주한다는 느낌을 받았습니다. 나는 영국의 정치제도와 사법제도를 매우 존중하고 있습니다. 영국 의회 가 세계적으로 가장 민주적인 기관이라고 생각하며, 영국 사법부의 독립

성과 공평성에 항상 감탄해왔습니다. 미국 의회와 권력 분립의 원칙, 사법권의 독립성에 대해서도 그렇게 느낍니다.

기본적으로 우리는 남아프리카공화국에 사는 아프리카인의 생활을 특징짓는 두 가지에 맞서 투쟁하는 것입니다. 법률에 의해 단단하게 자리 잡은 그것은 바로 빈곤과 인간 존엄성의 부재입니다. 우리에게 그런 것을 가르쳐주기 위해 '공산주의자'나 소위 '선동가'는 필요하지 않습니다. 남아프리카공화국은 아프리카에서 가장 부유한 국가입니다. 그러나 극단과 극심한 대비를 보여주는 땅입니다. 백인들은 세상에서 가장 높은 수준의 삶을 영위하는 반면, 아프리카인들은 빈곤과 불행 속에서 살고 있습니다. 하지만 아프리카인들의 불만은 그들이 가난하고 백인들은 부유하다는 데에 있지 않습니다. 백인들이 만든 법률이 이 상황을 지속할 목적으로 설계되었다는 데에 있습니다.

백인 우월주의는 흑인의 열등함을 암시합니다. 백인들은 아프리카인을 자신들과 다른 종으로 여기는 경향이 있습니다. 그들은 아프리카인을 가족이 있는 사람으로 여기지 않습니다. 아프리카인들에게도 감정이 있고 백인과 마찬가지로 사랑에 빠지며 가족을 합당하게 부양할 수 있을 만한 돈을 벌고 싶어 한다는 사실을 깨닫지 못합니다.

해마다 수만 명의 아프리카인이 통행법 위반으로 감옥에 갇힙니다. 그보다 끔찍한 사실은 통행법이 남편과 아내를 갈라놓아 가정생활을 붕괴시킨다는 것입니다. 다닐 학교도 없고 가족을 먹여 살리기 위해 일하느라 학교 가는 것을 돌봐줄 부모도 없는 아이들이 흑인 거주 구역을 떠돌아다닙니다. 이것은 도덕적 기준의 붕괴, 문맹률과 폭력의 증가로 이어집니다.

아프리카인들은 평등한 정치적 권리를 원합니다. 그것 없이는 우리의 불구 상태가 영구적으로 지속될 것이기 때문입니다. 만인에게 참정권을 부여하는 것이 인종적 지배를 초래하리라는 것은 사실이 아닙니다. 아프리카민족회의는 반세기 동안 인종차별주의에 맞서 투쟁해왔습니다. 승리하더라도 그 노선은 변하지 않을 것입니다.

나는 백인의 지배에 맞서 싸웠고 흑인의 지배에도 맞서 투쟁했습니다. 나는 모든 사람이 조화를 이뤄 평등한 기회를 갖고 함께 살 수 있는 자유민주사회의 이상을 소중히 여겨왔습니다. 이것이 내가 살아서 실현하고 싶은 이상입니다. 하지만 만약 필요하다면 이 이상을 위해 나는 죽을 준비가 되어 있습니다.

'자유를 수호하려는
극단주의는 악이 아닙니다'

배리 골드워터

(Barry Goldwater, 1909~1998)

공화당 전당대회에서 배리 골드워터가 대통령 후보 지명을 수락하는 연설

| 미국 샌프란시스코, 1964년 7월 16일 |

배리 골드워터는 '미스터 보수Mr. Conservative'라는 별명을 무척 마음에 들어 했지만 '미스터 대통령Mr. President'으로 불리고 싶은 그의 희망은 이 연설로 끝이 났다. 강력한 호소력이 울려 퍼지는 이 연설은 미국 정치사에서 매우 독특한 부분을 차지한다. 모호하지 않은 메시지와 명료한 전달은 골드워터를 진부한 합의정치를 초월하는 독창적인 정치인으로 만들었다. 그의 분노 대상은 두 가지였다. 미국은 물론이고 전 세계의 민주주의적 가치를 위협하는 공산주의, 그리고 프랭클린 루스벨트 대통령의 '뉴딜' 정책 이후 미국인의 삶과 견해를 바꿔놓은 연방 정부 활동의 확장이 그것이었다. 전자에 대한 불충분한 대응과 후자에 대한 무기력한 수용이 국가의 도덕적 강단剛斷을 약화시킨다는 것이 그의 주장이었다. 이 연설에서 그는 정치인이라기보다 품위를 잃은 미국을 질타하기 위해 애리조나 사막에서 나타난(골드워터는 애리조나 출신이다 - 옮긴이) 선지자에 더 가깝다. 안경을 쓴 골드워터의 소박한 모습이 오히려 호전적인 열성을 확인시켜주는 듯하다.

키케로의 말을 살짝 바꾼 '자유를 수호하려는 극단주의는 악이 아니다'라는 부분에서는 긴 박수갈채가 쏟아졌다. 하지만 추종자들을 향한 정

배리 골드워터(1909~1998)

1930 가족 사업을 물려받아 애리조나 주 피닉스의 백화점을 경영함

1942~1945 공군(소장)으로 복무함

1952 애리조나 주 상원의원에 당선됨(1958년 재선)

1964 공화당 대선 후보로 선출되지만, 11월 대선에서 민주당의 린든 B. 존슨에게 패배함

1968 애리조나 주 상원의원에 재선됨(1974년과 1980년 재선)

1987. 01 상원의원에서 은퇴함. 마지막 임기 때 상원 정보 및 무기위원회(Senate Intelligence and Armed Service Committee) 의장을 맡음

치인의 말은 적에게도 유용한 무기가 될 수 있는 법이다. 이 연설 이후 골드워터에게는 핵전쟁을 일으킬지도 모르는 위험한 극단주의자라는 이름표가 붙었다. '그가 옳다는 것을 당신은 가슴으로 알고 있다'라는 공화당의 구호에 민주당 지지자들은 '그가 미쳤다는 것을 당신은 직감적으로 알고 있다'라고 바꿔 응수했다. 골드워터의 연설은 그를 단순한 보수주의자라기보다는 무정부주의자로 보이게 만들었다. 그의 연설문 대부분을 작성한 반국가주의 운동가 칼 하이스Karl Heiss 는 훗날 국세청Internal Revenue Service 으로부터 납세 거부 혐의로 기소 당했다.

1964년 11월 대선에서 골드워터는 득표율 38퍼센트에 그쳤으며 애리조나를 포함한 6개 주에서만 승리했다. 하지만 그의 선거운동은 예전에 민주당을 지지했던 앨라배마와 조지아, 루이지애나, 미시시피, 사우스캐롤라이나 주에 커다란 정치적·이념적 변동을 일으켰다. 민주당이 장악했던 남부가 골드워터에 열광하며 공화당의 선거 기반으로 뒤바뀐 것이다. 그러나 넬슨 록펠러Nelson Rockefeller 뉴욕 주지사(공화당)를 비롯해 정치적 중도를 고수했던 이들은 공화당의 중심에서 멀어지고 북동부에서는 공화당의 세력이 약해졌다. 1964년에도 공화당은 하나의 집단을 이루지 못한 채 여전히 분열되어 있었고 - 골드워터가 공화당의 불협화음을 언급한 것도 그 때문이었다 - 록펠러가 후보 지명을 받을 뻔했다. 그러나 미래는 골드워터의 계승자들을 위한 것이었다. '자유의 전도사'로서 골드워터의 활약이 없었다면 로널드 레이건, 조지 부시, 조지 W. 부시는 대통령에 당선되지 못했을 것이다.

골드워터는 공화당의 정통성에 속박되기보다 독립적인 지성을 유지했다. 개인의 양심을 옹호하는 자유주의적 입장은 그의 정치 인생에서 확고하게 일관적이었다. 골드워터의 급진주의는 말년에 또다시 불타올라

동성애자의 군 복무 금지를 비판하고 상원의 낙태 합법화를 지지했다. 복음주의 우익 기독교인들이 선거 연합 내에서 강력한 세력으로 자리 잡아 공화당이 선거에서 압승을 거두게 해주었을 때였다. 그러나 그가 명명한 '괴짜 무리'의 옹졸함은 비순응적인 그의 영혼을 경악시켰다.

------◆◆◆◆------

　　자비로운 주님은 이 강력한 공화국을 용감한 이들의 집으로 만들었고 자유로운 이들의 땅으로 번영하도록 해주셨습니다. 집단주의의 습지에서 정체하거나 공산주의의 괴롭힘 앞에서 움츠리지 않도록 해주셨습니다.

우리 국민들은 거짓된 선지자를 따랐습니다. 우리는 증명된 방법으로 돌아가야 하며, 또 그렇게 할 것입니다. 그 방법들이 오래되었기 때문이 아니라 참이기 때문입니다. 우리는 자유를 위해 파도가 다시 한 번 몰려오게 만들어야 하며, 또 그렇게 할 것입니다. 공화당의 결의는 단 하나뿐입니다. 그것은 바로 자유입니다. 입헌정부에 의해 질서 잡힌 이 나라를 위한 자유, 자연의 법칙과 신에 의해 제한되는 정부하의 자유, 자유 없는 질서가 감옥의 노예가 되지 않도록 균형 잡힌 자유, 그리고 질서 없는 자유가 폭도와 정글의 면허가 되지 않도록 균형 잡힌 자유입니다.

우리는 의심 많은 세상에서 자유의 전도사가 될 수 있습니다. 하지만 그 전에 우리 마음속에서 자유의 임무를 새로이 해야 합니다.

우리는 다양성과 개인의 천재적 창의성이 가져다주는 활기찬 발걸음을 잃었습니다. 지금 우리는 중앙집권적 계획과 관료주의, 책임 없는 법칙, 구제 없는 조직화regimentation without recourse가 정해놓은 속도로 걷고 있을 뿐입니다.

여러분의 삶을 대신 살려고 하는 사람들, 여러분의 삶을 구제해주는 대가로 자유를 빼앗으려는 사람들, 국가는 높이고 시민은 낮추려고 하는 사람들은 결국 세상의 세속적인 힘이 하느님의 의지로 대체될 수 있음을 알아야 할 것입니다. 이 나라는 그런 생각을 거부하고 하느님이 자유의 창조자author of freedom라는 점을 인정하는 바탕 위에 세워졌습니다.

그들이 선이라고 생각하는 일을 위한 것일지라도 절대적 권력을 추구하는 사람들은 자신들이 생각하는 지상천국을 만들겠다며 그 권리를 요구합니다. 그들이야말로 가장 지옥 같은 독재를 만드는 사람들입니다. 절대적 권력은 부패합니다. 우리는 절대적 권력을 추구하는 이들을 의심하고 반대해야 합니다. 그들의 잘못된 방향은 평등에 대한 잘못된 개념에서 나옵니다. 평등은 올바른 이해가 따를 때 자유로 이어지며, 창조적인 차이도 해방될 수 있습니다. 하지만 잘못 이해된 평등은 처음에는 순응으로, 그다음에는 폭정으로 이어집니다.

개인의 영역에서든 공공 영역에서든 그러한 순응을 강화하고 폭정을 일으키는 권력의 집중에 저항하는 것이 공화주의Republicanism의 명분입니다. 갈등의 세계가 어찌하여 신비롭게 화합의 세계로 바뀔 것이라는 환상에 사로잡혀 어려운 결정을 피하려는 모호한 생각을 떨쳐버리는 것이 우리의 대의입니다.

나아가 우리 자신은 물론이고 세계에 오로지 강자만이 자유를 지킬 수 있고 강자만이 평화를 지킬 수 있다는 사실을 상기시켜주는 것이 공화주의의 대의입니다.

공화당의 명분은 공산주의를 평화를 방해하는 유일한 주요 요인으로 낙인찍으라고 요구합니다. 공산주의가 그 정복의 목표를 완전히 포기할 때까지 그들과 그들이 지배하는 정부는 자유를 원하는 모든 인간의 적임을 확실히 해야 합니다.

저는 오늘의 자유 수호뿐만 아니라 내일의 자유 확장까지 생각해야 한다고 믿습니다. 저는 사려 깊은 인간이라면 모두가 대서양 문명을 활짝 꽃피우려 해야 한다고 생각합니다. 유럽 전체가 단결되고 자유로우며 국경 너머로 자유롭게 무역이 이루어지고 전 세계와 문을 활짝 열고 소통하는 모습입니다.

저는 언젠가 남과 북, 모든 아메리카가 번영과 상호 의존의 물결 속에서 이어지는 날이 오리라고 생각합니다.

제가 꿈꾸는 미래의 미국이 건강과 교육, 함양에까지 손을 뻗어 모든 신생 국가들이 독재의 어두운 계곡이나 집단주의의 막다른 길을 떠돌게 하지 않도록 하겠다고 약속합니다. 우리는 절대로 자유의 빛을 잘못된 겸손으로 가리지 않을 것입니다.

하지만 세계에 대한 미국의 본보기는 자선charity이 그러하듯 국내에서 먼저 시작되어야 합니다. 우리는 어렵고 무력한 이들을 절대로 저버리지 않는 한편으로 창의적이고 생산적인 이들을 장려하고 기회를 키우는 사회를 만들어야 합니다.

시민 개인으로서 우리가 할 수 있고 또 해야만 하는 모든 일의 위대함이 우리나라가 다시금 번영하는 기반이 될 것입니다. 공화당이 집권하는 동안 미국은 또다시 모두가 스스로 나는 나라가 될 것입니다.

우리 공화당은 통화 안정과 자유경쟁 경제 장려, 법질서 강화라는 고유의 책임을 수행하는 정부를 추구합니다. 따라서 우리는 안정적인 질서를 유지하면서 독창성과 다양성, 창의성을 추구합니다. 공화당원들은 수많은 측면에서 요구되는 정부의 역할을 시민들과 가장 밀접한 관점에서 정의하기 때문입니다. 읍과 시, 그리고 군, 주, 그다음에는 지방 담당자, 그 이후에야 중앙정부입니다. 이것은 분권을 통해 구축된 자유의 사다리입니다.

균형과 다양성, 창의성은 공화주의 방정식의 핵심 요소입니다. 공화당은 맹목적인 추종자와 순응자가 아닌 자유로운 인간들을 위한 당입니다. 1858년에 에이브러햄 링컨이 공화당에 대해 언급한 말이 있습니다. 제가 링컨의 말을 인용하는 것은 지난주에 한 말이라고 해도 믿을 수 있기 때문입니다. 1858년에 공화당은 링컨의 말대로 '껄끄럽고, 조화를 이루지 못하고, 심지어 적대적인 부류들로 이루어져 있었습니다'. 하지만 그런 그들 모두가 노예제도의 진전을 막고 궁극적으로 소멸의 길에 놓기 위한, 무엇보다 중요한 한 가지 목표를 위해 뜻을 모았습니다.

오늘의 과제는 그때처럼, 아니 그때보다 더욱 다급하고 광범위합니다. 자국의 자유를 지키고 확대하며 외국의 독재 세력으로부터도 지켜내야 하는 과업은 우리가 가진 자원과 힘을 모두 쏟아부어야 할 만큼 거대합니다.

자유를 수호하려는 극단주의는 악이 아니라는 사실을 상기시켜드리겠습니다. 정의를 추구함에 있어 온건주의는 미덕이 아니라는 사실도 상기시켜드리고자 합니다.

우리 공화당의 대의는 세계를 균일하게 만들거나 사람들이 컴퓨터로 조직되는 동일성에 순응하도록 만드는 것이 아닙니다. 사람들을 자유롭게 하고 세계 어느 곳에서나 자유를 위한 길에 빛을 비추는 것이 공화당의 대의입니다.

저는 여러분의 후보 지명을 받아들입니다. 우리는 이 땅의 선을 위해 함께 싸울 것입니다.

'베트남 전쟁은 미국인의 정신에
자리한 심각한 병적 증세입니다'

마틴 루터 킹 주니어

(1929~1968)

인권운동가 마틴 루터 킹 주니어가 미국 정부의 베트남 정책을 비판하는 연설

| 미국 뉴욕, 리버사이드 교회, 1967년 4월 4일 |

마틴 루터 킹 주니어는 비폭력 원칙에 입각해 인권 운동을 이끌었고 1964년에 노벨평화상을 수상했다. 유력한 시민운동가로서 그는 공공장소에서 흑인 차별을 금지하고 연방 정부의 자금이 사용되는 그 어떤 사업에서도 인종차별이 행해지지 않도록 하는 포괄적 인권 법안이 1964년에 법률로 제정되도록 했다. 1965년의 투표권법으로 유권자 등록의 차별 절차가 금지되었고 남부 지역에서도 새로운 의제를 수용하기 시작했다. '베트남 너머'라는 제목이 붙은 이 연설은 인권 운동의 진보를 위협하는 새로운 대혼란에 대한 그의 반응이었다. 존슨 대통령의 감독하에 연방 정부의 활동 범위가 크게 확장되었고 '위대한 사회' 정책은 흑인이건 백인이건 모든 소외계층에 더 많은 기회를 주고자 했다. 그러나 존슨 행정부가 베트남에 군사적 개입을 함으로써 국방 예산이 급증했다. 미국은 고 딘 디엠 대통령의 독재 정권이 다스리는 남베트남의 동맹이었고 공산주의를 선언한 북베트남에는 적대적이었다. 킹은 베트남 전쟁에 들어가는 돈이 '사회 향상을 위한 정책'에 사용되어야 한다고 주장했다. 미국의 도심 지역에서 벌어지는 일 또한 그에게 공포심을 갖게 했다. 폭력의 물결이 평화적 수단을 통해 인종적으로 통합된 미국을 만들려는 그의 목표를 가로막고 있었던 것이다.

1965년 8월 12일 로스앤젤레스에 위치한, 흑인 인구 8만 명이 거주하는 빈민가 와츠Watts에서 6일간 인종 폭동이 일어났고 1966년 여름에는 북부의 다른 도심 지역에서 비슷한 폭력 사태가 발생했다. 열악한 주택 여건과 불충분한 교육, 높은 실업률이 흑인 프롤레타리아 계급을 만들었고 그들은 스스로 미국 사회에서 배척되고 있다고 여겼다. 이처럼 참담하고 소외된 환경에서 반反백인의 '블랙 파워'를 설파하는 새로운 유형의 행동주의가 등장했는데, 가장 대표적인 인물이 바로 인종 통합을 거부하고 흑인의 자립을 촉구한 말콤 X(1925~1965)였다.

킹의 민주주의에 대한 헌신은 이제 전 세계적인 불안정성을 심각하게 인식하는 데로 확장되었다. 그는 미국이 세계의 수많은 곳에서 잘못되고 독재적인 편에 서게 되고 말았다고 생각했다. 라틴아메리카의 독재국가들을 지원하고 '사회 안정'을 수호한다는 그들의 주장에 동조하는 미국 정부에 대한 킹의 적대감은 그의 동포들이 20년간 벌인 비슷한 시위에 대한 예고였다. 대기업 비판은 그의 연설에 나타난 새로운 논조처럼 들렸지만 킹은 여전히 헌신적인 설교자였다. 베트남 전쟁이 '미국인의 정신에 자리한 심각한 병적 증세'라고 진단하는 기독교적 의료인인 것이다. 기독교인이자 미국 시민의 한 사람으로서 킹은 전 지구적 '가치 혁명'을 촉구했다. 복음은 국적을 초월하므로 보편적이고 미국의 민주주의는 그 나름의 방식으로 고장 난 세계를 치유할 수 있다고 그는 보았다. 민주주의 혁명의 원칙이 깊이 뿌리박힌 미국은 군국주의와 빈곤, 인종차별에 반대하는 전 세계적인 운동에서 그러한 원칙을 주장하고 적용할 특별한 자격을 갖추고 있다는 것이다. 그에게 있어 세계를 구하는 것은 곧 미국을 되찾는다는 의미였다.

———◆※◆———

저는 가끔 왜 전쟁에 반대하는 연설을 하느냐고 묻는 사람들을 보고 놀랍니다. 그들은 복음이 모든 인간을 위한 것이었다는 사실을 모르기 때문에 그렇게 묻는 것일까요? 적을 사랑하고 적을 위해 죽기까지 한 그분에게 복종하는 것이 제 직책이라는 사실을 망각했기 때문일까요? 저는 살아 있는 하느님의 아들이 되어야 하는 소명을 모든 인간과 공유해야 한다는 제 신념에 충실하려고 합니다. 인종이나 민족, 교리의 소명 너머에 이러한 아들 됨과 형제애에 대한 소명이 자리합니다. 우리는 약하고 목소리를 내지 못하는 사람들, 이 국가의 피해자들을 위해 말하라는 소명을 받았습니다.

베트남 사람들은 1945년에 독립을 선언했습니다. 베트남은 그들의 자유 선언문에 미국의 독립선언문을 인용했지만 우리는 그들을 인정하지 않았습니다. 대신 우리는 프랑스가 예전 식민지였던 베트남을 다시 정복하는 것을 지지하기로 결정했습니다.

우리는 9년 동안 베트남을 다시 식민지화하려다 결국 실패하고 만 프랑스를 적극적으로 지원했습니다. 프랑스가 의지를 잃은 후에도 우리는 막대한 재정적·군사적 지원을 하며 그들이 전쟁을 계속하도록 격려했습니다. 프랑스가 패배한 뒤에는 우리가 그곳에 갔습니다. 베트남 농부들은 미국이 현대의 가장 잔인한 독재자 중 한 명인 디엠 대통령을 선택하여, 지지하는 모습을 지켜보았습니다.

베트남 사람들은 그러한 기간 동안 내내 미국의 전단을 읽었고 평화와 민주주의와 토지 개혁에 대한 약속을 받았습니다. 그러나 현재 그들은 우리의 폭탄 아래 시들어가고 있습니다. 우리가 물을 오염시키고 100만 에이커의 곡식을 죽이는 모습을 지켜봅니다. 병원들을 돌아다니며 베트콩으로 인한 부상자가 한 명일 때 미국의 공격으로 부상한 사람은 최소한 스무 명임을 봅니다.

우리는 그들에게 가장 소중한 두 가지, 그들의 가정과 마을을 파괴했습니다. 이제 그들에게는 삶의 토대가 될 만한 것, 비통함을 달랠 만한 것이 거의 남아 있지 않습니다.

저는 또한 그곳에 주둔한 우리 군대가 몹시 걱정됩니다. 우리가 베트남에서 그들을 굴복시키려는 것은 단순히 군대들이 서로를 파괴하려고 하는 여느 전쟁에서의 잔혹한 과정이 아니라는 생각이 들어서입니다. 우리는 죽음의 과정에 냉소주의를 더하고 있습니다. 그들은 미국이 내세운 싸움의 명분이 실제로는 유명무실하다는 것을 금방 알아차릴 것이 분명하기 때문입니다. 머지않아 그들은 우리가 부유하고 안전한 이들의 편에 서서 가난한 이들에게 지옥을 맛보게 하고 있다는 사실을 확실히 깨달을 것입니다.

이러한 광기는 어떻게든 멈추어야 합니다. 우리는 지금 멈춰야 합니다. 저는 하느님의 자녀와 형제로서 베트남의 가난하고 고통 받는 이들에게 말합니다. 저는 조국에서 산산조각 난 희망과, 베트남에서 죽음과 부패라는 이중의 대가를 치르고 있는 미국의 가난한 이들을 위해 말합니다. 저는 세계의 시민으로서 말합니다. 세상이 우리가 택한 길을 보고 경악하기 때문입니다. 베트남에서 저지른 죄와 실수를 속죄하기 위해 우리는 먼저 나서서 이 비극적인 전쟁을 멈추어야 합니다.

베트남 전쟁은 미국인의 정신 아주 깊은 곳에 자리한 심각한 병적 증세입니다. 지난 10년 동안 우리는 지금 베네수엘라에 대한 미국 군사자문단의 존재를 합리화시키는 억압의 패턴이 등장함을 목격했습니다. 미국은 자국의 투자를 보호하기 위해 사회적 안정을 유지해야 한다는 명분으로 과테말라에서 혁명 진압 작전을 전개합니다. 미국의 헬리콥터가 캄보디아의 게릴라를 무찌르는 데 사용되고 있고 미국산 네이팜탄과 그린베레가 이미 페루의 저항 세력에 맞서 투입되어왔습니다.

저는 우리가 세계 혁명의 올바른 편에 서려면 우리 국민 모두가 급진적인 가치 혁명을 겪어야 한다고 생각합니다. 진정한 연민은 거지에게 동전 한 닢을 던져주는 것이 아닙니다. 거지를 만드는 시스템을 재구성할 필요성을 깨닫는 것입니다.

진정한 가치 혁명은 바다 너머를 바라봐야 합니다. 서구의 자본주의자들이 아시아와 아프리카, 남아메리카에 막대한 자금을 투자하지만 그 나라들의 사회적 개선에는 관심을 갖지 않고 오직 이익만 취하고 있습니다. 해가 갈수록 사회적 향상을 위한 프로그램보다 국방에 더 많은 재원을 소비하는 나라는 영적인 죽음에 다가가는 것입니다.

우리가 우선순위를 재정리하지 못하면 비극적인 죽음을 바라는 것이나 다름없습니다. 평화 추구는 전쟁을 추구하는 것보다 우선되어야 합니다. 우리가 이토록 다루기 힘든 현재 상태를 멍든 손으로 주물러 형제애로 바꿀 때까지 우리 앞을 가로막는 것은 아무것도 없습니다.

우리는 부정적인 반공산주의가 아니라 민주주의를 위한 긍정적인 운동에 매진해야 합니다. 공산주의에 대한 가장 훌륭한 방어는 정의를 위해 공격적인 행동을 취하는 것임을 깨달아야 합니다.

요즘은 혁명의 시대입니다. 전 세계적으로 착취와 억압 체제에 대한 저항이 일어나고 있으며 흔들리는 세상의 상처 속에서 새로운 정의와 평등의 체제가 탄생하고 있습니다. 셔츠를 입지 않은 맨발의 사람들이 역사상 처음으로 일어나고 있습니다. 어둠 속에 앉아 있던 사람들이 위대한 빛을 보았습니다.

현대사회의 혁명 정신을 처음 일으킨 서방 국가들이 이제는 주된 반혁명주의자들이 되었습니다. 그것은 많은 사람이 오로지 마르크스주의에만 혁명 정신이 있다고 느끼게 만들었습니다. 오늘날 우리의 유일한 희망은 원래의 혁명 정신을 되찾아 때로 적대적인 세상으로 뛰쳐나가 빈곤과 인종차별, 군국주의를 영원히 배척하노라고 선언하는 우리의 능력입니다.

진정한 가치 혁명은 결국 우리의 진정성이 분파를 넘어 보편적인 것이 되어야 함을 의미합니다.

이것은 부족이나 인종, 계급과 국가 너머로 이웃의 친절한 관심을 끌어 올려야 한다는 세계적 우호관계에 대한 촉구이지만 사실은 전 인류에 대한 포괄적이고 무조건적인 사랑에 대한 촉구이기도 합니다.

우리는 더 이상 증오의 신을 숭배하고 복수의 제단에 절을 하면 안 됩니다. 우리는 베트남의 평화와, 우리의 문과 바로 인접한 개발도상국의 정의를 대변할 수 있는 새로운 방법을 찾아야 합니다. 우리가 행동하지 않으면 연민이 결여된 권력과 도덕성이 결여된 힘, 시야가 결여된 완력을 가진 사람들이 지배하는 길고 어둡고 수치스러운 시간의 회랑으로 끌려 들어 갈 것입니다.

'사회주의는 마음의 자세입니다'

줄리어스 니에레레

(Julius Nyerere, 1922~1999)

탄자니아의 줄리어스 니에레레 대통령이
카이로 대학 명예학위를 수여받으면서 한 연설

| 이집트 카이로, 1967년 4월 10일 |

줄리어스 니에레레는 재임 기간 동안 촌락 공동체의 가치와 좌파 주지주의를 뒤섞은 그 특유의 '아프리카 사회주의'를 설파했다. 그는 조국 탕가니카뿐만 아니라 아프리카 대륙 전체에서 스와힐리어로 '선생님'을 뜻하는 음왈리무Mwalimu라고 불렸는데, 이 연설에서 보이는 설교적인 어조가 그의 일반적인 연설 스타일이었다. 그는 아프리카의 시골이 본질적으로 공동체의 특징을 띤다고 보았다. 그 사회적 구조가 우자마ujamaa, 즉 확장된 가정의 구조였기 때문이다. 따라서 탕가니카의 시골 주민들은 자연적으로 (비록 스스로 인식하지는 않지만) 사회주의자라고 여겨졌고, 그들은 니에레레 대통령의 사회적·경제적 실험에 매우 적합했다.

니에레레는 목표 수립 과정에서 영국의 페이비언Fabian 사회주의에 많은 영향을 받았다. 페이비언 사회주의는 정부의 역할을 중요시하면서 사람들의 삶을 조직하려는 진보주의적 열정을 가진 사회주의다.

니에레레는 개인적으로 금욕적인 생활 방식을 추구했고 가톨릭교도로

줄리어스 니에레레(1922~1999)

1937 타보라 정부 학교에 입학함. 그 후 우간다 마케레레 대학교에서 공부함
1949 에든버러 대학교 장학생으로 발탁되고, 경제학과 역사학을 전공한 뒤 졸업함(1952년). 그 후 탄자니아의 수도 다르에스살람에서 교사로 재직함
1953 공공 부문 근로자로 이루어진 탕가니카 아프리카 협회 회장에 임명됨. 이 단체는 1954년에 독립 운동기구 탕가니카 아프리카 국민연합이 됨
1958 식민지 입법 의회에 들어감. 이후 수석장관으로 선출됨(1960년)
1961 탕가니카 독립 후 초대 총리에 취임함
1962 공화국이 된 탕가니카의 대통령에 취임함
1964 잔지바르와의 합병으로 탄자니아가 됨
1967. 02 아루샤 선언
1978 우간다와의 전쟁을 선포함. 우간다의 통치자 이디 아민은 1979년에 실각함
1985 경제적 혼란 속에서 대통령직을 사임함. 후임 대통령은 자유 시장 정책을 도입함
1992 탄자니아에 다당제 민주주의가 도입됨

서 정기적인 금식을 하고 매일 미사에 참석했다. 그는 진실된 정치적 이상주의와 청렴결백함으로 엄청난 추종자를 거느렸고 많은 사람이 그를 탈식민주의 시대로 진입한 지 얼마 되지 않은 아프리카 대륙의 얼굴로 여겼다. 그는 탕가니카의 자주권을 획득하는 운동을 이끌면서 보여준 중도 노선으로 큰 찬사를 받았고 영국 식민주의 행정부로부터 질서 있게 권력을 넘겨받음으로써 일당 체제 국가의 지도자로 취임했다.

니에레레는 이 연설에서 아프리카 노동자들이 자신만의 도구 혹은 '생산수단'을 소유하고 독립적으로 시장에 나가 생산품을 팔거나 물물교환을 할 수 있었던 전통적인 과거를 이상화한다. 그것은 적절한 '분배와 교환' 수단이었다. 화폐의 도입이 이러한 원시적이고 목가적인 이상향을 파괴했으며 그 특정한 경제구조는 다시 확립될 수 없었다. 그러나 생산과 분배, 교환 수단의 공동 소유는 그러한 과거와 연관된 협동적 가치를 회복해줄 것이다.

니에레레는 그러한 시스템의 효율성이 청렴한 정치 및 행정 엘리트의 존재를 전제로 하고 있음을 인정한다. 그럼에도 그는 이 연설을 하기 몇 달 전에 아루샤 선언Arusha Declaration을 발표해 '우자마'를 토대로 하는 사회주의를 수용했다. 그의 정부는 아루샤 선언을 통해 농촌 경제의 '마을화villagization'를 약속했다. 곳곳에 흩어져 소규모 농지를 일구던 사람들이 공공 서비스 제공과 생산성 증가에 적당한 규모로 고안된 마을 단위에 모이도록 하는 것이었다. 하지만 1970년대 중반 이런 방식의 강요된 농업 집단화에 대한 반발이 널리 확산되면서 결국 몇 년 뒤 이 정책은 철회되었다. 그로 인한 악영향은 오래갔다. 대량의 농산물 수출국이었던 탄자니아는 순수입국으로 전락해 극심한 빈곤을 겪었다.

우자마로 포장된 사회주의는 모든 경제 영역에서 국가적 자족을 목표로

했고 기본 산업 전략Basic Industrial Strategy에 따라 은행과 주요 산업은 국유화되었다. 그러나 막대한 나라 빚과 국제수지 악화에 허덕이고 국제통화기금IMF의 차관에 의존하는 나라는 '자족'을 이룰 수 없었다. 결국 니에레레의 말은 먼지가 되어 사라졌다.

＊＊＊

그동안 사회주의에는 여러 정의가 있었습니다. 하지만 안타깝게도 '사회주의 신학'이라고 부를 수밖에 없는 것의 성장이 있었습니다. 사람들은, 때로 폭력적으로, 진정한 노선이 무엇인가에 대해 논쟁을 벌입니다. 하지만 '진정한 사회주의'가 단 하나뿐이며, 그것을 위한 방법이 이미 알려져 있다는 생각은 인간의 지능을 모욕하는 것이라 생각합니다. 아직까지 인간은 사회에서 살아가는 문제를 해결하지 못했으며, 모든 개인은 그 문제들에 뭔가를 기여할 수 있다고 생각합니다. 문제가 무엇인지를 밝혀주는 사회주의에 관한 책이 있고, 또한 특정한 지점에서 앞으로 나아가는 길을 보여주는 책이 있다는 사실을 우리는 알아야 합니다. 하지만 그것이 전부입니다.

그렇다고 사회주의가 모호한 개념이라는 말은 아닙니다. 사회주의의 기본 목표는 사람들의 안녕이고, 그 기본 전제는 인간의 평등을 수용하는 것입니다. 신 앞에서 인간이 동등하다는 것은 세계 모든 위대한 종교의 기초인데, 그것은 사회주의 정치철학의 기초이기도 합니다. 그러나 사회주의는 유토피아적이지 않습니다. 사회주의는 신체적으로 강한 사람도 있고 약한 사람도 있으며, 지적으로 뛰어나거나 그렇지 못한 사람도 있고, 손재주가 좋은 사람이 있는가 하면 어설픈 사람도 있다는 사실을 인정합니다. 또한 누구나 개인적 본능과 사회적 본능을 가지고 있으며 그 둘이 종종 대립한다는 사실도 인정합니다. 그리하여 사회주의 노선에서는 타인을 희생시켜가며 개인적 욕구를 추구하는 것이 불가능하거나 적어도 매우 힘들어지도록 사회가 정교하게 조직되기를 요구합니다.

사회주의 국가에 필요한 이러한 조건은 긍정적인 면과 부정적인 면을 다 가지고 있습니다. 인간은 서로를 착취하지 못하도록 해야 합니다. 그와 동시에 기관과 조직은 인간의 욕구와 진보가 협동적으로 이루어지도록 보장해야 합니다. 역사적으로 착취가 이루어진 길에는 두 가지가 있는데, 그런 길은 마땅히 차단되어야 합니다. 첫째는 노골적인 무력 사용입니다. 처음에는 물리적 힘으로, 그다음에는 힘의 무기를 독점함으로써 다른 사람들에게 자신의 뜻을 강요합니다. 사람들이 자신의 운명을 스스로 통제하는 위치에 오기까지 법의 점진적인 성장과 법 앞의 평등 원칙이 가혹한 억압을 덜어줍니다. 두 번째 착취 수단은 사유재산이었습니다. 생계 수단이 타인에 의해 통제된다면 자신의 욕구나 필요와 상관없이 그 사람의 이익을 위해 일해야만 합니다.

만약 사회가 평등한 시민들로 이루어진다면 모든 개인은 자신의 생산 수단을 스스로 통제해야 합니다. 농부는 괭이와 쟁기 등 자신의 도구를 소유해야 합니다. 목수는 자신의 톱을 소유하고 변덕스러운 타인에게 의존함 없이 사용할 수 있어야 합니다. 생산 도구는 그것을 평생 사용하는 개인이나 집단의 통제 아래 있어야 합니다.

아프리카의 전통 생활에서 그것은 정상적인 일과였습니다. 하지만 화폐 경제의 결과로 크게 고통 받는 지금 그 체제로 되돌아갈 수는 없습니다. 개인이 도구 소유권을 가질 수 없는 생산 영역에서는 집단이 생산 수단을 소유하는 것만이 인간이 인간에게 착취당하는 것을 막는 유일한 길이라는 결론에 이르게 됩니다. 이러한 공동 소유는 모든 시민을 대표하는 국가를 통해, 혹은 관련 당사자들이 운영하는 기관, 즉 협동조합이나 지역 당국 등을 통해 이루어질 수 있습니다.

이 같은 원칙은 분배와 교환 문제에도 똑같이 적용됩니다. 소규모 농업 사회에서는 모든 재배자 혹은 생산자가 자신의 상품을 중심지로 가져가 거래할 수 있습니다. 그러나 생산의 분화가 늘어나면 좀 더 정교한 기법이 필요합니다. 바로 이때 어떤 개인이 타인의 안녕을 통제하는 위치에 설 수 있습니다. 운송 요금이나 판매 수수료, 혹은 독점적 위치를 악용하여 그렇게 할 수 있습니다. 분배 수단의 공동 소유와 공동 거래가 그런 착취를 제거해줄 수 있습니다.

현대 기술이 생산과 교환 수단의 공동 소유에 최종적인 정당성을 부여하지만, 그것이 언제 어디서나 적절하지는 않습니다. 우리가 탄자니아에서 발견했듯이, 조직이 올바르지 않거나 관리자와 노동자들이 비효율적이거나 정직하지 못한 경우 농부들은 그들 자신의 협동조합이나 국가로부터도 착취당할 수 있습니다.

그렇기에 사람들에게서 이기심의 동기를 허용하지 않는 것만으로는 충분하지 않습니다. 앞으로 발전해나가기 위해서는 그것들이 효과적인 사회적 동기로 대체되어야 합니다. 공공 소유권이 특정 시점에 사회주의자들을 위해 반드시 필요하거나 항상 옳은 답이 되어주지 못할 수도 있습니다. 상황과 우세한 자세에 기반하여 결정을 내려야 합니다. 즉 사회주의 정치교육의 성공을 기반으로 해야 합니다.

1962년에 저는 '사회주의는 마음의 자세attitude of mind'라고 말했습니다. 지금도 그렇게 믿고 있습니다. 올바른 자세가 없으면 기관들은 진정한 목적으로부터 이탈될 수 있습니다. 지도자들에게는 대중과 협력하면서,

그리고 대중과 완전한 공감을 이루면서 봉사하려는 욕구와 단호한 의지가 있어야 합니다.

국민들로부터 책임을 맡은 이들이 국민을 정직하게 섬기지 않으면 부패가 모든 노력을 무효화하고 사회주의 사상을 버리도록 만들 수 있습니다. 요즘은 기술 시대이고 많은 의사 결정이 대중의 직접 참여로 이루어질 수 없습니다. 따라서 더 많은 교육의 특권을 누린 우리에게 막대한 책임이 부여되어 있습니다. 복잡한 현대 기술 문명 속에서 대중에게 봉사하고 대중을 인도하고 제안하고 설명하고 설득하는 것이 우리의 일입니다. 정치건 기술이건 힘을 가진 우리가 대중과 하나가 되지 않는다면 우리는 그들을 섬길 수 없습니다.

'우리는 팔레스타인 문제가 절대로
사라지거나 잊히지 않도록 만들 것입니다'

가말 압델 나세르

(Gamal Abdel Nasser, 1918~1970)

이집트의 가말 압델 나세르 대통령이 아랍무역연맹에서 한 연설

| 1967년 5월 26일 |

나세르가 1967년 봄 전쟁을 준비하면서 행한 여러 연설들 중 두 편을 소개한다. 여기서 나세르는 이집트의 대통령으로서뿐만 아니라 중동의 아랍 국가들이 단결해야 한다는 범汎아랍주의 옹호자로서 발언하고 있다.

그의 연설 중 '1961년의 분리'는 시리아가 통일아랍공화국United Arab Republic에서 탈퇴한 것을 가리킨다. 통일아랍공화국은 이집트와 시리아를 결합시킨 3년간의 만족스럽지 못한 실험이었고 '연합 달성'을 이루었다고 보기에는 증거가 매우 빈약했다. 수에즈 운하 사건이 일어나고 10년 이상이 지나는 동안 나세르의 권력은 강화되었고 이제 그는 팔레스타인 문제를 바로잡기 위해 군사행동을 취해야 한다는 압박을 받고 있었다. 그 기간에 유엔 경찰군UN Emergency Force, UNEF이 시나이 반도에 주둔해 있어서 이스라엘이나 이집트나 재무장을 못하고 있었다.

1967년 5월 16일, 나세르는 유엔 경찰군의 즉각적인 철수를 요구했고 이집트군은 시나이 반도를 가로질러 이스라엘 국경에서 전열을 갖추었다.

가말 압델 나세르(1918~1970)

1939 카이로의 이집트 군사학교를 졸업함
1948~1949 아랍-이스라엘 전쟁에 참전하고, 카이로 군사학교 교관으로 근무함
1949 자유장교운동(Free Officers Movement, FOM) 조정위원회를 설립함. 1950년 수장에 취임함
1952. 07. 23 FOM이 이집트 정부를 장악하고, 이집트 혁명평의원회(Egyptian Revolutionary Command Council)를 구성함
1954 이집트 대통령에 취임함
1956~1957 수에즈 위기로 권위가 강화됨
1962 이집트 민족주의 쿠데타를 옹호하고 예멘아랍공화국을 수립함
1967 6일전쟁(6월 5~10일)으로 이집트가 시나이 반도를 잃음
1969 100명 이상의 판사가 해고됨
1970 카이로에서 열린 장례식에 500만 명 이상이 참석함

5월 23일, 나세르는 이스라엘 선박의 티란 해협Straits of Tiran 통행을 막아 이스라엘의 남쪽 항구인 에일랏Eilat 을 차단하는 한편 이스라엘의 인도양 접근을 봉쇄했다.

이것은 나세르의 집권 절정기에 행해진 연설이다. 리비아의 최고 지도자 무아마르 알카다피Muammar al-Gaddafi 와 알제리의 아흐메드 벤 벨라Ahmed Ben Bella를 비롯한 아랍 지도자들은 그를 모방했다. 나세르는 능률적인 경찰과 안보 기관을 통해 이집트를 다스렸고 1960년대 초에 산업, 상업, 금융 부문을 대부분 국유화했다. 그는 공산주의를 싫어했지만 소련의 원조는 좋아했고 소련의 원조로 건설된 아스완하이 댐Aswan High Dam 덕택에 이집트의 전력 사정은 크게 향상되었다. 이 두 연설에서 나세르는 역사적 영광이 화려하게 부활된 아랍 문명을 묘사함으로써 범아랍주의 정서를 효과적으로 자극하고 있다. 그는 중세의 십자군을 아랍의 존엄성을 경멸하는 현대 서구인들에 빗대며 부당한 행위가 곧 처벌을 받을 것이라고 말한다.

요르단과 시리아는 이집트의 동맹국으로서 참전하겠다고 했다. 이라크와 사우디아라비아, 수단, 튀니지, 모로코, 알제리는 파병과 군수 지원을 약속했다. 더할 나위 없는 형태의 범아랍주의였다. 이스라엘은 아랍의 위협에 선제공격으로 대응했고 6일전쟁(1967년 6월 5~10일)에서 놀라운 전략적 위력을 보여주며 이집트 쪽의 공격력을 허물어뜨렸다. 이집트 비행장은 이스라엘의 초기 공격으로 러시아제 최신 전투기 450대 중에서 300대가 파괴되었다. 단 이틀 만에 이집트 쪽의 항공기 피해는 총 416대에 이르렀고 요르단과 시리아, 이라크 공군은 전투에서 아무런 역할도 못했다. 이스라엘은 동예루살렘을 포함한 요르단 강 서안지구 West Bank 와 골란고원, 가자지구, 시나이 반도 전체를 점령했다.

서안지구의 팔레스타인 사람 중에 50만 명 이상이 이스라엘 땅에 살게 되었고 30만 명이 요르단으로 피난했다. 결국 요르단과 이집트는 각각 서안지구와 가자지구에 대한 권리 주장을 철회했다. 시나이 반도는 1978년에 이집트에 반환되었고 2005년에는 이스라엘군이 가자지구에서 철수했다.

이 전쟁은 범아랍주의를 산산조각 냈고, 대체로 세속주의적이었던 그들의 행동 원칙은 이슬람 근본주의로 대체되었다. 1967년 6월 9일, 나세르는 대통령직에서 물러나려고 했다. 그의 사임을 반대하는 거리 시위로 인해 대통령직을 계속 수행했지만 이 연설들에서처럼 거창한 언변을 보여주던 때의 자신감은 결코 되찾지 못했다.

———— ◦※◦ ————

아랍 노동자 연합인 여러분은 아랍 세계의 가장 큰 힘을 대표합니다. 우리는 우리의 전투에서 큰 부분을 차지하는 아랍의 행동으로 많은 것을 이룰 수 있습니다. 절망은 아랍인의 심장에 절대로 들어오지 못했으며 앞으로도 그럴 것입니다. 오늘날 우리는 아랍 세계의 어떤 대중에게서든 싸우고자 하는 욕망을 봅니다. 아랍인들은 팔레스타인 사람들의 권리를 되찾고 싶어 합니다.

우리는 1956년에 엄중한 손해를 입었습니다. 그 후 연합이 달성되었습니다. 1961년의 분리는 우리가 제 발로 꿋꿋이 설 수 있기도 전에 일어났습니다. 우리는 이스라엘과의 전투에 돌입할 때 강경한 조치를 취할 수 있는 자신감이 생길 때까지 기다리고 있었습니다. 최근에 우리는 승리할 수 있다는 것을 느꼈고 그 자신감을 토대로 조치를 취하기로 결정했습니다.

많은 이들이 유엔 경찰군의 주둔을 두고 우리 이집트를 탓합니다. 유엔 경찰군이 주둔해 있는 동안 우리는 그들의 말을 들어야 했을까요, 아니면 우리 군대를 앞세우고 훈련시켜야 했을까요? 완전한 준비가 갖춰지자 우리는 드디어 유엔 경찰군에 철수를 요구할 수 있었습니다. 이것은 실제로 일어난 일입니다. 군사 계획과 관련해 말할 것 같으면, 우리와 시리아의 군사행동에는 완전한 합동 체계가 자리 잡혀 있습니다. 우리는 아랍 국가라는 공동의 목표를 위해 벌이는 전투에서 하나의 군대처럼 움직일 것입니다.

오늘의 문제는 이스라엘뿐만 아니라 이스라엘의 배후에 있는 국가들입니다. 만약 이스라엘이 시리아와 이집트를 공격한다면 이스라엘과의 전투는 시리아나 이집트의 국경 지대에 있는 어느 한곳에 국한되지 않을 것입니다. 우리의 기본 목표는 이스라엘을 파괴하는 것이 될 것입니다. 5년 전, 아니 3년 전만 해도 저는 이런 말을 하지 못했을 것입니다. 하지만 오늘 저는 이렇게 말할 수 있습니다. 자신이 있기 때문입니다. 저는 이집트와 시리아가 무엇을 갖추고 있는지 잘 압니다. 이라크가 시리아에 군대를 보낸 것도 압니다. 알제리도 군대를 보낼 것이고 쿠웨이트도 군대를 보낼 것입니다. 이것이 아랍의 힘입니다. 이것이 아랍 국가의 진정한 부활입니다.

우리는 지위 없는 국가들이 아닙니다. 우리 국가들은 수천 년, 7,000년에 이르는 문명의 역사를 보유하고 있습니다. 우리는 절대로 우리의 권리를 포기하지 않을 것입니다. 우리는 이스라엘을 둘러싼 하나의 단결된 전선이 만들어지기를 원합니다. 우리는 팔레스타인 사람들의 권리를 포기하지 않을 것입니다.

십자군이 장악하고 있는 동안, 아랍은 적당한 기회가 올 때까지 70년을 기다렸다가 그들을 몰아냈습니다. 혹자는 압델 나세르가 팔레스타인 문제를 70년간 보류해야 한다고 말했다지만, 저는 고대 문명을 꽃피운 민족으로서, 아랍인으로서 말합니다. 우리는 팔레스타인 문제가 절대로 사라지거나 잊히지 않도록 만들 것입니다. 우리의 목적을 달성할 수 있는 올바른 때를 기다리는 것이 가장 중요한 문제입니다. 우리는 끊임없이 준비하고 있습니다. 여러분은 아랍 국가의 희망이자 선봉장입니다. 노동자인 여러분은 실제로 아랍 국가를 건설하고 있습니다. 그 건설이 빨라질수록 목표 또한 빨리 달성할 수 있습니다.

'이제 우리는 팔레스타인 문제 전체를 다룰 준비가 되었습니다'

이집트의 가말 압델 나세르 대통령이 이집트 국민회의에 한 연설
| 1967년 5월 29일 |

지금 우리는 어려운 상황을 겪고 있습니다. 이스라엘과 맞서고 있을 뿐만 아니라 이스라엘을 만들고 우리 아랍인을 경멸한 서방 세계와도 맞서고 있기 때문입니다. 그들은 1948년 이전에도, 그리고 그 이후에도 우리를 무시했습니다. 그들은 우리의 감정이나 삶의 희망, 권리 따위는 안중에도 없었습니다. 아랍 국가는 서방의 행동을 저지할 힘이 없었습니다.

그러다 1956년에 수에즈 전투가 벌어졌습니다. 우리는 우리의 권리를 주장하며 일어섰으나 영국과 프랑스, 이스라엘이 반대하고 나섰습니다. 우리는 저항했고 마지막 피 한 방울까지 바치며 끝까지 싸우겠다고 선언했습니다. 신은 우리에게 성공을 주었고 신의 승리는 위대했습니다.

그 후 우리는 일어나 재건했습니다. 1956년에서 11년이 지난 지금, 우리는 1956년으로 회복하고 있는 중입니다. 물질적인 측면에서는 그렇습니다. 제가 볼 때 물질적인 측면은 오직 작은 부분일 뿐, 이 사안의 큰 부분은 영적인 부분입니다. 영적인 측면에는 아랍 국가의 문예부흥, 팔레스타인 문제의 부활, 모든 아랍인과 모든 팔레스타인 사람에 대한 믿음의 회복이 포함됩니다. 신은 분명히 우리를 도와주실 것이고 1948년의 상황(이스라엘 건국)을 바로잡으라고 촉구하실 것입니다.

이스라엘은 늘 호언장담했고 미국과 영국이 이끄는 서구 열강은 우리를 무가치하게 여겼습니다. 하지만 이제 때가 왔고 우리는 1948년 같은 희극의 재발이 아닌 승리에 대비해야 합니다. 준비는 이미 이루어졌습니다. 이제 우리는 맞설 준비가 되었습니다. 팔레스타인 문제 전체를 다룰 준비가 되었습니다. 우리는 팔레스타인 사람들에 대한 완전한 권리를 요구합니다. 아랍 세계의 모든 아랍인이 이 권리를 요구합니다.

미국과 영국은 아랍 국가 전체를 고려하지 않습니다. 왜 그럴까요? 우리가 친구와 적을 구분할 수 없다고 그들이 믿게 만들었기 때문입니다. 우리가 적과 친구를 구분하고 그에 따라 다르게 취급한다는 사실을 그들이 알게 만들어야 합니다. 오늘 저는 여러분께 소련이 친구로서 우리 옆에 서 있는 우호적인 국가라는 사실을 말씀드리고 싶습니다. 저는 1955년부터 소련을 상대해왔는데 지금까지 그들은 우리에게 그 무엇도 요구한 적이 없습니다. 소련은 우리의 정책이나 국내 문제에 간섭한 적이 없습니다. 소련은 언제나 그러했습니다. 작년에 우리가 밀을 요청하자 보내주었습니다. 여러 무기를 요청했을 때도 보내주었습니다. 소련의 전쟁부 장관은 어제 저에게 소련이 이 전투에 대한 우리의 결정을 지지하며 1956년으로 회복될 때까지 열강의 그 어떤 개입도 허용하지 않을 것이라는 코시긴Kosygin 총리의 메시지를 전해주었습니다.

형제들이여, 우리는 가능한 모든 힘을 동원해 세계 평화를 위해 노력할 것입니다. 그러나 우리는 또한 가능한 모든 힘을 동원해 우리의 권리를 강력하게 주장할 것입니다.

'북베트남은 미국을 쓰러뜨리거나
굴욕을 줄 수 없습니다. 그것은 오로지
미국인만이 할 수 있습니다'

리처드 닉슨

(Richard Nixon, 1913~1994)

미국의 리처드 닉슨 대통령이 베트남에서의 노선 변화를 시사하는 연설

| 미국 TV 방송, 1969년 11월 3일 |

리처드 닉슨은 대선 기간 중에 대통령이 되면 베트남 전쟁을 끝내겠다고 약속했고 실제로 1969년 6월에 처음으로 남베트남 주둔 미군의 감축이 발표되었다. 닉슨 행정부의 외교 정책은 북베트남의 승리가 동남아시아 전역에서 공산주의 정부를 출범시킬 것이라고 주장하는 '도미노 이론'을 폐기했다. 그러나 그는 '영광스러운 평화' 또한 약속한 바 있었다. 초강대국으로서 미국의 신뢰도를 유지한다는 뜻이었다. 평소와 다름없이 매우 능란한 이 연설은 닉슨이 의원 시절에 특징적으로 보여주었던 열성적 반공주의를 일부분 전개하고 있다. 미국이 남베트남에서 패배한다면 '세계 정복'을 꿈꾸는 위협적인 국가들이 미국의 굴욕으로 이익을 보려 할 것이며 '자유세계를 이끄는 것'은 미국의 '국가적 운명'이라는 것이다.

'말없는 다수'를 향한 호소는 닉슨의 테마가 지속적으로 진화했음을 보여주었다. 말 많은 '자유주의 엘리트'와 미국의 정체성을 제공하는 묵묵하고 근면한 미국인들 간의 대비였다. 그럼에도 극소수의 미국인들만 베트남화化 정책(남베트남의 자위력을 증강시키고 미군은 철수시킨다는 정책 – 옮긴이)과 '닉슨

리처드 닉슨(1913~1994)

1937 캘리포니아에서 변호사로 활동하기 시작함
1946 하원의원에 당선됨
1948 하원 비미(非美)활동조사위원으로 국무부 관리 알저 히스가 소련의 스파이임을 밝힘
1950 상원의원에 당선됨
1952 부대통령에 당선됨
1960 공화당 대선 후보로 선출되지만, 민주당의 존 F. 케네디에게 근소한 차이로 패배함
1962 캘리포니아 주지사 선거에서 패배한 뒤 기자들에게 '이제는 당신들이 함부로 다룰 닉슨도 없을 것'이라고 말함
1968 대통령에 당선됨
1974. 08. 09 대통령직을 사임함

독트린'의 적용을 지지했다. 미군은 퇴각하고 있었고, 남베트남군은 떠나는 동맹국에 의해 아무리 훈련을 잘 받고 군사 장비를 아낌없이 지원받았어도 베트남 인민군People's Army of Vietnam, PAVN과 남베트남 민족해방전선National Front for the Liberation of South Vietnam (게릴라 조직 베트콩)의 전면적인 공격을 견뎌낼 재간이 없었다.

1971년 말까지 50만 명이 조금 넘는 미군 전투부대 중 3분의 2가 남베트남에서 철수했다. 하지만 군사적 권위와 외교적 신뢰를 모두 지켜야 했던 미국 행정부는 베트남화가 사실은 미군 철수를 뜻한다는 것을 감출 필요가 있었다. 따라서 닉슨은 그전까지 중립을 지키고 있던 이웃의 캄보디아로 전쟁을 확산할 기회를 잡았다. 사회주의권과 친밀했던 캄보디아의 통치자 노로돔 시아누크Norodom Sihanouk 왕자는 1969년, 미국과 더 가까운 관계가 되기를 원한다고 발표했고 1970년에 그를 축출하고 정권을 잡은 론 놀Lon Nol 장군은 친미주의자였다. 그 덕분에 미국과 남베트남군은 캄보디아 동쪽 베트남 국경 지대에서 진을 치고 있던 베트남 인민군과 베트콩 군대를 공격할 수 있었다. 1969~1970년에 14개월 넘게 '작전명 메뉴Operation Menu'에 의한 대대적인 폭격이 이루어졌다. 그러나 닉슨의 연설을 들은 사람들 대부분은 그 작전을 알지 못했다. 닉슨 대통령은 의회의 승인도 받지 않고 은밀하게 작전을 수행했다. 그것은 닉슨의 첫 번째 미국 헌법 위반 행동이었다.

닉슨의 입장에서 캄보디아 폭격은 효과적이었는데 베트남화가 진행될 수 있는 방패막이나 다름없었기 때문이다. 그런데 닉슨 대통령에게 베트남 철수는 소련·중국과의 긴장 완화, 즉 데탕트detente 시도라는 큰 그림의 한 요소에 불과했다. 캄보디아 폭격도 미국이 계속 강력한 위치에서 공산주의 국가들과 협상하겠다는 계산이 깔려 있었다. 그러한 외교 정책에서는 행동뿐 아니라 말 또한 중요하므로 이 연설에서 닉슨이 미국의 힘을 투영한 것은 미국뿐 아니라 모스크바와 베이징까지 듣게 하기 위함이었다.

———◆※◆———

15년 전 북베트남은 공산국가 중국과 러시아의 군수 지원 아래 혁명을 선동하고 뒷받침하여 남베트남에 공산주의 정부를 수립하려 했습니다.

아이젠하워 대통령은 남베트남 정부의 요청에 따라 경제적 지원과 군사 장비를 보냈습니다. 7년 전, 케네디 대통령은 베트남에 전투 고문관 자격으로 1만 6,000명의 군인을 보냈습니다. 4년 전 존슨 대통령은 남베트남에 전투부대를 보냈습니다.

지금 많은 사람이 존슨 대통령의 결정이 잘못되었다고 생각합니다. 그리고 저를 포함한 다수가 전쟁 수행 방식을 강력하게 비판해왔습니다. 그러나 오늘날 우리가 직면한 질문은 '전쟁을 치르고 있는 지금, 그것을 끝내는 가장 좋은 방법은 무엇인가?'입니다.

남베트남의 입장에서 볼 때, 우리 군대가 갑작스럽게 철수하면 공산주의자들이 15년 전 북베트남을 장악한 이후와 똑같은 대학살이 되풀이될 수밖에 없습니다.

미국의 입장에서 볼 때, 미국 역사상 첫 번째 패배는 아시아뿐만 아니라 전 세계에서 미국의 리더십에 대한 자신감을 무너뜨릴 것입니다. 남베트남에서의 우리의 패배와 굴욕은 세계 정복의 야욕을 아직 버리지 않은 열강들의 무모함을 자극할 것이 분명합니다. 중동과 베를린, 그리고 결국에는 서반구에서까지 미국이 평화 유지에 도움을 주고 있는 지역마다 폭력 사태가 촉발될 것입니다. 제가 베트남에서 모든 전투부대를 즉각 철수해 전쟁을 끝내라는 권고를 받아들이지 않은 것은 그 때문입니다. 대신 저는 협상 전선과 전투 전선 양측에서 미국의 정책을 변화시키는 쪽을 선택했습니다.

- 우리는 1년 내에 모든 외국 병력을 완전히 철수시키자고 제안했습니다.
- 우리는 국제 감독하의 휴전을 제안했습니다.
- 우리는 국제 감독하에서 공산주의자들이 선거의 조직과 시행에 참여하는 자유선거를 제안했습니다.

하노이는 우리의 제안에 대한 토론조차 거부했습니다. 그들은 미군이 무조건적으로 즉각 철수하고 동시에 남베트남 정부를 타도하라고 요구합니다.

상대편이 함께 공정한 평화를 찾으려는 최소한의 의지조차 보여주기를 완전히 거부한다는 것이 전쟁 종식 협상의 장애물이라는 사실이 확실해졌습니다.

우리가 평화를 찾으려는 노력을 처음 시작했을 때 저는 협상으로 전쟁을 끝내지 못할 수도 있다는 사실을 인지했습니다. 그래서 협상 테이블의 상황과 상관없이 전쟁을 종식시킬 수 있는 또 다른 계획을 실행했습니다.

그것은 닉슨 독트린으로 불려온, 미국 외교 정책의 주요 변화와 같은 맥락입니다. 우리 미국인은 '스스로 알아서 하는do-it-yourself' 사람들입니다. 참을성이 없는 사람들입니다. 우리는 남에게 일을 가르쳐주기보다 직접

하는 것을 좋아합니다. 이러한 특성은 우리의 외교 정책에까지 영향을 주었습니다.

한국에 이어 베트남에서도 미국은 공산주의의 공격에서 자유를 수호하도록 돕기 위해 대부분의 자금과 무기, 병력을 제공했습니다.

저는 향후 미국의 아시아 정책에서 지침이 되어줄 세 가지 원칙을 정했습니다.

- 첫째, 미국은 모든 조약을 지킬 것입니다.
- 둘째, 우리는 동맹국이나 우리의 안보를 위해 그 생존이 필수적인 국가가 핵무기에 의해 자유를 위협받으면 방패를 제공할 것입니다.
- 셋째, 다른 유형의 공격에서는 조약에 따라 요청이 있을 경우 군사적·경제적 지원을 할 것입니다. 다만 자국을 방어하기 위한 인력 투입의 1차 책임은 직접 위협을 받고 있는 국가에 있음을 유념해야 합니다.

우리는 이전 정부에서 베트남 전쟁을 미국화했습니다. 이번 정부에서는 평화를 찾으려는 시도를 베트남화하고 있습니다. 새로운 질서 속에서 우리 군대의 기본 임무는 남베트남군이 남베트남의 안보에 전적으로 책임지도록 하는 것입니다.

우리는 모든 지상 전투 병력을 철수하고 그 자리를 남베트남군으로 대체하는 계획을 채택했습니다. 남베트남군이 강해지면 미군의 철수 속도도 빨라질 것입니다.

갑작스런 철수에 따른 결과를 말하면서 저는 동맹국들이 미국을 신뢰하지 않게 될 수도 있다고 언급했습니다. 그러나 그보다 더 위험한 일은 우리가 스스로에 대한 신뢰를 잃을 것이라는 사실입니다. 물론 처음에는 우리 군인들이 고국으로 돌아온다는 사실에 안도할 것입니다. 하지만 우리의 행동이 초래한 결과를 보면 후회와 분열을 조장하는 비난이 우리의 국민정신에 흉터를 남길 것입니다.

요즘 애국주의나 국가적 운명에 대한 이야기는 시류에 맞지 않을 수도 있습니다. 하지만 이 경우에는 적합하다고 느껴집니다.

200년 전에 이 나라는 약하고 가난했습니다. 오늘날 우리는 세계에서 가장 강하고 부유한 나라가 되었습니다. 세계가 평화와 자유의 존속에 품는 희망은 미국인들이 자유세계의 리더십이라는 도전에 맞설 용기가 있느냐에 달려 있습니다.

오늘 저는 말없는 다수를 차지하는 위대한 미국인 여러분의 지지를 요청합니다. 평화를 위해 단결합시다. 하나 되어 패배에 저항합시다. 북베트남은 미국을 쓰러뜨리거나 굴욕을 줄 수 없다는 사실을 이해합시다. 그것은 오로지 미국인만이 할 수 있습니다.

50년 전 이 방, 바로 이 책상 앞에서 우드로 윌슨Woodrow Wilson 대통령은 '이것은 전쟁을 끝내기 위한 전쟁입니다'라고 말했습니다. 제1차 세계대전 이후의 평화에 대한 그의 꿈은 강대국 정치의 냉정한 현실 앞에서 산산조각 났고 윌슨은 그 상처를 간직한 채 죽음을 맞이했습니다.

오늘 저는 여러분께 베트남전이 전쟁을 끝내기 위한 전쟁이라고 말하지 않습니다. 저는 이렇게 말하겠습니다. 제가 시작한 계획은 우드로 윌슨을 비롯한 역대 모든 미국 대통령이 헌신해온 위대한 목표, 즉 공정하고 지속적인 평화에 우리가 좀 더 가까워질 수 있도록 이 전쟁을 끝내는 것입니다.

'실수도 있었습니다. 하지만 결코
사적인 이익을 취한 적은 없습니다'

리처드 닉슨

(1913~1994)

불명예스럽게 물러나게 된 리처드 닉슨 대통령이 백악관 직원들에게 한 고별 연설

| 미국 워싱턴, 1974년 8월 9일 |

리처드 닉슨은 1972년에 미국 50개 주 중 49개 주에서 승리하고 60퍼센트 이상의 표를 얻으며 압도적으로 재선에 성공했다. 국내와 외교 문제에서 가장 개혁적인 대통령 중 한 명이었다는 사실이 그의 승리를 설명해준다. 닉슨은 베트남전을 끝냈고, 1972년에는 이념보다 현실주의에 바탕을 둔 정책으로 미국과 중국의 외교 관계를 수립했다. 또한 1972년 5월 소련과 체결한 탄도탄 요격 미사일 Anti-Ballistic Missile 제한 협정은 데탕트 역사의 중요한 이정표였다. 환경 보호를 위한 규제, 마약류 반대 법안 강화 등을 담당하는 여러 연방 정부 기관이 닉슨 재임 시절에 설립되었다. 미국 정부의 행동주의가 역사상 절정에 이른 시기였다. 미국 남부의 공립학교에서 인종차별 폐지가 급격하고 되돌릴 수 없을 정도로 진행되었고, 또한 닉슨은 1974년 2월에 고용주가 직원들의 건강보험을 들어주도록 하는 정책을 도입했다. 하지만 닉슨 행정부는 편집증적인 정부와 동의어가 되었는데 행정부가 보인 의심과 분개, 불법 행위는 닉슨 대통령의 성격과 두려움이 직접적인 원인이었다.

이 연설을 한 1974년 8월 9일 오전 11시 35분, 닉슨은 국무부 장관 헨리 키신저 Henry Kissinger 앞으로 보낸 서신에 서명함으로써 대통령직에서 공식적으로 물러났다. 하원에서 탄핵안이 통과되었고 상원에서의 탄핵안 인용이 확실시되는 상황에서 내린 결정이었다. 그는 워터게이트 사건 개입 은폐에 공모한 증거에 따라 사임 압박을 받아왔다.

이른바 '워터게이트 사건'의 경위는 이렇다. 1972년 6월 17일 워싱턴 DC의 워터게이트 호텔에 있는 민주당의 전국위원회 본부에 침입한 다섯 명의 괴한이 체포되었다. 백악관이 자금을 댄 대통령재선위원회 Committee to Re-elect the President, CREEP 와 이들 사이의 연계점이 밝혀지면서 닉슨은 사건 담당 판사로부터 '기소되지 않은 공범자'로 지목되었다. 워터게이트 사건은 한 차례의 서투른 강도 사건이 아니었다. 조사 결과 더 넓은 '비열한 계략'의 패턴이 드러났고, 그중 다수는 언론에 대한 닉슨의 혐오와 관련되어 있었다. 정부의 정보가 언론으로 새어나갈까 걱정한 닉슨은 1969년부터 언론사 기자들과 공직자들의 전화를 불법 도청하게 했다. 닉슨은 수많은 미국인들이 미국 정부의 정직성에 대한 믿음을 상실하도록 했다. 그러나 후임 대통령이 사면을 승인해준 덕분에 닉슨은 형사 처분을 피할 수 있었다.

이 연설은 여러 면에서 닉슨의 훌륭한 자질을 보여준다. 그런 막다른 상황에서도 그는 탄력성을 보이며 청중을 능숙하게 이끌면서 타고난 웅변가로서 담담하게 유려한 연설을 하고 있다. 자신의 어린 시절과 부모님의 힘겨운 삶에 대한 호소력 있는 묘사는 그의 인성의 깊이뿐만 아니라 그의 품성의 모난 부분을 또한 드러낸다. 어린 시절의 역경으로 다져진 닉슨은 늘 스스로 외톨이라고 생각했고, 대통령이 되어서도 비밀리에 목표를 이루어야 하는 아웃사이더처럼 행동했다. 그러한 전투적 스타일이 미국 역사상 가장 복합적인 대통령을 만들었고, 또 그 자리에서 내려오게 만든 것이다.

여러분은 오늘 우리에게 작별 인사를 고하려고 이 자리에 모였습니다. 영어에는 마땅한 말이 없습니다. '오 러브와au revoir'가 가장 잘 어울리는 말입니다. 또 봅시다. 저는 여러분 모두에게 저와 그전 대통령들을 섬긴 것처럼 – 여러분 중 많은 사람이 이곳에 오랫동안 있었으니까요 – 다음 대통령도 헌신적으로 전념하여 섬겨주기를 부탁드립니다. 대통령을

위해, 대통령과 함께 일하는 사람들이 훌륭해야만 이 위대한 집무실도 훌륭해지기 때문입니다.

예를 들어 저는 백악관의 복도를 걸으면서 이곳을 제가 있어본 세상의 훌륭한 집들과 비교했습니다. 이곳은 세상에서 가장 큰 집이 아닙니다. 세상에서 가장 좋은 집도 아닙니다. 특히 유럽과 중국, 아시아의 국가수반 관저는 값나가는 그림, 우리에게는 없는 물건들, 그리고 아마도 천년 혹은 그 후에도 우리가 결코 갖지 못할 것들을 가지고 있습니다.

하지만 이곳은 최고의 집입니다. 이곳에서 일하는 사람들의 숫자보다, 방의 숫자와 크기보다, 훌륭한 미술품의 숫자보다 훨씬 더 중요한 무언가를 가지고 있기 때문입니다. 이 집에는 위대한 마음이 있습니다. 그 마음은 이곳에서 일하는 사람들에게서 나옵니다.

물론 이 정부는 잘못을 저질렀습니다. 맨 위에 있는 사람이 마땅히 책임을 져야 하고 저는 그 책임을 회피한 적이 한 번도 없습니다. 하지만 한 가지는 말씀드리고 싶습니다. 우리는 5년 반의 시간을 자랑스러워해도 됩니다. 이 행정부의 남녀 중에서 처음 올 때보다 재물을 더 많이 가진 채로 떠난 사람은 한 명도 없습니다. 실수도 있었습니다. 하지만 결코 사적인 이익을 취한 적은 없습니다.

정부에서 봉사할 때는 돈보다 훨씬 중요한 무언가를 얻습니다. 그것은 자신보다 더 큰 대의입니다. 세계에서 가장 위대한 국가, 세계의 지도자를 만든다는 대의입니다. 우리의 리더십이 없으면 앞으로 세계에는 전쟁과 굶주림뿐일 것이기 때문입니다. 미국의 리더십과 함께 세계는 평화와 번영을 누릴 것입니다.

사람들은 종종 우리들에게 '아이들에게 뭐라고 말합니까?'라고 묻습니다. 그들의 눈에 정부는 허덕이는 것처럼 보이고 정부의 오류가 보이니까요. 그들은 공직자들이 사리사욕을 채울 목적으로 일하는 것 같다는 인상을 받습니다. 그래서 미리 말씀을 드린 것입니다. 이 정부에서는 단한 명도 그렇지 않다고 말입니다.

제 아버지가 기억납니다. 남들에게는 아무것도 아닌 보통 사람으로 보일겁니다. 하지만 아버지는 스스로 그렇게 생각하지 않았습니다. 아버지의 직업이 무엇이었는지 아십니까? 처음에는 전차 운전사였다가 농부였다가 나중에는 레몬 농장 사업을 했습니다. 단언컨대 캘리포니아에서 가장 가난한 레몬 농장이었습니다. 아버지가 농장을 팔고 난 뒤 그곳에서 석유가 발견되었지요. 그다음에는 잡화점을 하셨습니다. 하지만 아버지는 훌륭한 사람이었습니다. 자신이 해야 할 일을 했으니까요. 상황이 어떠하건 할 일을 하나도 빠뜨리지 않았습니다.

아마 그 누구도 제 어머니에 관한 책을 쓰지는 않을 것입니다. 여러분도 여러분의 어머니에 대해 같은 생각을 하겠지만, 제 어머니는 성자였습니다. 어머니는 아들 두 명이 결핵으로 죽어가는 모습을 봐야 했습니다. 애리조나에서 3년 동안 제 형을 키우기 위해 네 아이의 보모로 일하셨고 그 아이들이 죽는 것을 보아야 했으며, 그것은 마치 어머니 자신의 자식을 잃는 것이나 다름 없었습니다. 그렇습니다. 그 누구도 제 어머니에 관한 책을 쓰지는 않을 것입니다. 하지만 나의 어머니는 성자였습니다.

이제 우리는 미래를 생각해야 합니다. 제가 어제 연설에서 시어도어 루스벨트의 말을 인용했습니다. 아시다시피 저는 책을 좋아하는 편입니다. 학식이 뛰어나지는 않지만 저도 책을 읽기는 하는데(웃음) 그의 말은 정말 훌륭했습니다. 어젯밤 백악관에서의 마지막 밤을 보내며 책을 읽다가 그가 쓴 좋은 글을 또 발견했습니다. 그는 뉴욕의 젊은 변호사였고 아름다운 여성과 결혼했습니다. 그런데 부인이 갑자기 세상을 떠났습니다. 이것이 그가 일기에 남긴 글입니다.

> 그녀의 얼굴은 아름다웠고 영혼은 더욱 아름다웠다. 그녀가 막 엄마가 되었을 때 그녀의 삶이 지금 금방 시작된 듯했으며 눈앞에 밝은 미래가 기다리고 있는 듯했다. 하지만 기이하고도 끔찍한 죽음의 운명이 그녀에게 다가왔다. 사랑하는 사람이 세상을 떠났을 때 내 삶의 빛도 영원히 사라졌다.

그는 20대였고 자신의 삶에서 빛이 영원히 사라졌다고 생각했습니다. 하지만 그는 주저앉지 않고 나아갔습니다. 미국의 대통령이 되었고 퇴임한 뒤에도 항상 무대에서 강하고 격정적으로 조국에 봉사했습니다. 옳을 때도 있고 틀릴 때도 있었지만 무엇보다도 그는 남자였습니다.

제가 떠나는 지금, 이것이 우리 모두가 기억해야 할 좋은 본보기라고 생각합니다. 우리는 일이 제대로 되지 않을 때 그렇게 생각합니다. 첫 번째 변호사 시험에서 떨어졌을 때도 그렇습니다. 제가 그랬는데, 운이 좋았습니다. 감독관이 제 악필을 보더니 '그냥 통과시켜야겠다'고 했죠.(웃음)

소중한 사람이 세상을 떠났을 때나 선거에서 졌을 때, 혹은 패배로 고통스러울 때 우리는 모든 것이 끝났다고 생각합니다. 시어도어 루스벨트처럼 인생의 빛이 영원히 사라졌다고 생각하는 것입니다.

하지만 그것은 사실이 아닙니다. 그것은 언제나 시작일 뿐입니다. 젊은 이들도 알아야 하고 노인들도 알아야 합니다. 그것이 우리를 지탱하게 해야 합니다. 패배하고 실망하고 슬픔을 느낄 때 위대함이 찾아옵니다. 가장 어두운 골짜기에 있어본 사람만이 가장 높은 산에 올랐을 때의 장대한 기분을 알 수 있기 때문입니다.

그렇기에 우리는 큰 희망과 높은 기상, 겸허한 마음, 그리고 깊은 감사를
안고 떠납니다. 저는 오로지 여러분 한 분 한 분께 이렇게 말씀드릴 수밖
에 없습니다. 우리는 믿음도 다르고 서로 다른 신에게 기도할지 모르지
만 사실은 어쩌면 동일한 신일 것입니다. ……여러분은 우리의 마음과
기도 속에 언제나 함께할 것입니다.

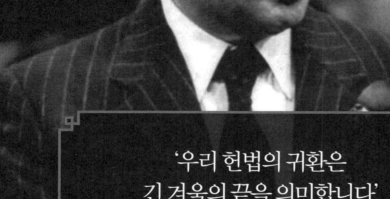

‘우리 헌법의 귀환은
긴 겨울의 끝을 의미합니다’

피에르 트뤼도

(Pierre Trudeau, 1919~2000)

캐나다 피에르 트뤼도 총리의 새 헌법 제정 기념 연설

| 캐나다 오타와, 1982년 4월 17일 |

피에르 트뤼도의 민첩한 지성과 뛰어난 재능은 20세기 후반 캐나다의 역사를 풍미했고 캐나다가 연방 국가로 존속할 수 있도록 했다. 1982년의 캐나다 헌법Constitution Act은 그의 가장 중요한 업적이다. 트뤼도 총리가 캐나다 헌법을 공식 선포하는 자리에서 한 이 연설은 그의 명료한 법적 사고와 진보주의를 보여준다. 캐나다에는 이미 권리장전(1960년)이 있었지만 새 헌법은 '인권과 자유헌장Charter of Rights and Freedoms'을 통합시킴으로써 '개인의 자유'를 더욱 명확하게 정의하는 한편, 그 조항을 해석하고 집행하는 데 있어서 판사의 역할을 강화했다. 트뤼도의 새 헌법은 캐나다인의 집단 정체성을 확고히 하는 것을 목표로 했다. 그는 공식적인 만장일치가 꼭 필요하지 않았는데도 주 총리provincial premier 열 명 중 아홉 명이 캐나다 헌법을 지지하도록 설득했다. 하지만 퀘벡 정부는 결코 새 헌법을 공식적으로 인정하지 않았다.

퀘벡 출신인 트뤼도는 프랑스어권 전통 속에서 특히 보수 성향의 교권주의가 두드러지는 환경의 영향을 받았다. 몬트리올에 있는 예수회 대학

피에르 트뤼도(1919~2000)

1943 몬트리올 대학교를 졸업함
1946~1947 파리의 정치과학학교(École des Sciences Politiques)에서 공부함
1961~1965 몬트리올 대학교 법학과 부교수로 재직함
1965 자유당에 입당하고, 캐나다 의회의원에 당선됨
1967 법무부 장관에 임명됨
1968 노동당 당수로 총리에 오르고, 이후 치러진 총선(6월 25일)에서 승리함
1972 우익 신민주주의당의 지원으로 소수 정부를 구성함
1974 총리에 재선되고, 과반수 정부를 구성함
1979 자유당 정부가 진보보수당에 패배하고, 진보보수당 정부는 의회의 불신임 투표에서 패배함
1980. 02 총선에서 승리함
1984. 06 총리직을 사임함

장 드 브레뵈프 칼리지College Jean de Brebeuf에 다니면서 그는 변증법적 사고
의 예리함을 익히고 초기에는 퀘벡의 민족주의로 기울었다. 제2차 세계
대전에는 초연한 입장을 취했고 마지못해 징집되었으나 해외에서 복무
하지는 않았다. 하지만 전후에는 개인의 권리라는 이상에 헌신했고 캐
나다에서 개인의 권리가 보호되고 진보하려면 연방 정부의 존속과 강화
가 필수적이라는 입장을 가지게 되었다. 총리가 된 뒤 초기에는 동성애
처벌 금지, 낙태 합법화, 총기 소유 규제 법안을 통과시켰다. 캐나다는
공식적으로 이중 언어 국가가 되었고 연방 정부 서비스를 프랑스어와 영
어로 제공함으로써 두 공동체의 화합을 꾀했다. 퀘벡 분리주의자들이 결
성한 무장단체 퀘벡해방전선Front de Libération du Québec, FLQ이 테러 활동을 개
시한 1970년의 '10월 위기'로 트뤼도의 리더십은 시험대에 올랐다. 그는
전시법War Measures Act – 재판 없는 체포와 구금이 포함된 – 을 선포해 단호
한 지도자로서의 위상을 확인시켰다. 그 결과 퀘벡의 민족주의에서 극단
주의 색채는 사라졌지만 그 정치적 위험 요소는 계속 남았다.
1970년대의 경제 위기는 각 주의 화합을 꾀하고 연방 정부의 복지 정책
확대에 대한 지지를 얻으려는 트뤼도의 균형 정책을 힘들게 했다. 그는
1975년에 임금과 물가 통제안을 도입했고 전국 에너지 프로그램National
Energy Programme(1980년)이 공기업 페트로-캐나다Petro-Canada를 통해 정유 산업
을 규제하게 함으로써 치솟는 인플레이션율과 이자율을 낮추려 했다. 그
러나 석유가 생산되는 캐나다 서부 지역은 저유가를 장려하여 상품 수익
을 빼앗는 이 정책을 지지하지 않았고 분리 독립하려는 야망을 품었다.
캐나다 서부 지역에서의 트뤼도의 낮은 지지도 때문에 1980년 선거에서
매니토바 주의 서쪽에서는 자유당 후보가 한 명도 당선되지 못했다.
한편 그해 퀘벡에서 이루어진 퀘벡 분리 독립 투표에서는 60퍼센트가

반대했다. 그러나 캐나다 헌법에 대한 퀘벡인의 적대감은 자주권 문제를 포기하지 않았고 1995년 투표에서는 분리 독립 찬성 49.4퍼센트, 반대 50.6퍼센트의 결과가 나왔다. 캐나다 헌법에 의해 권리를 보호받는 퀘벡 원주민들이 자신들의 집이 된 캐나다 연방의 유지에 대거 찬성표를 던졌다.

-->:※:<--

　캐나다는 마침내 오늘 완전한 국가주권을 손에 넣습니다. 캐나다 헌법이 우리에게로 왔습니다. 이제 이 땅의 가장 기본적인 법은 더 이상 영국 의회에 의지하지 않고 캐나다 안에서 개정될 수 있습니다.
캐나다인들은 반세기가 넘는 동안 자기 자신의 삶을 구축하기 위해 집을 떠났지만 본가에 있는 자신의 물건을 모두 가져갈 자신은 없는 젊은 이의 모습과 비슷했습니다. 우리는 1931년의 웨스트민스터 헌장Statute of Westminster에 의해 독립국가가 되었습니다. 하지만 당시 헌법 개정 방식에 대해 합의를 도출해낼 수 없던 우리는 자발적으로, 영국 의회에 이 마지막 식민주의의 연계를 끊어낼 준비가 아직 되지 않았다고 알렸습니다.
50년간의 논의 끝에 우리는 마침내 우리의 것을 되찾기로 결정했습니다. 캐나다가 그 법적인 성숙함과 정치적인 성숙함을 일치시켜 우리 모두 캐나다의 이상에 전적으로 헌신할 수 있게 되는 것이 저의 가장 큰 소망입니다.
제가 말하는 캐나다는 원주민의 혈통과 프랑스, 영국의 유산을 가진 다양한 문화권의 남녀가 평화와 정의, 상호 존중으로 함께 이 땅을 공유하려는 의지를 드러내는 곳입니다. 필연적인 이중 언어의 운명을 자랑스러위하면서 강화하는 캐나다, 사람들이 지역 장벽이 아닌 공유와 상호 지원의 중요성을 믿는 캐나다입니다. 모두가 정부의 임의적 행동에 방해받지 않고 마음껏 자아실현을 할 수 있는 나라입니다.

우리가 지난 100년 동안 추구해온 캐나다인의 이상은, 저마다 성공과 실패를 거두기도 했지만 인류 역사에 진정으로 저항하는 행위입니다. 만약 이 나라가 덜 고귀한 이상으로 세워졌다면, 건국자들이 이 나라를 세우는 데 따른 어려움에 굴복했다면 오래전에 캐나다는 분열했을 것입니다. 따라서 지금까지도 우리가 서로 두려움과 불신이라는 오래된 반사적 반응을 보이는 것도 놀라운 일은 아닙니다. 다른 언어를 사용하고 다른 문화권에 속해 있는 캐나다인을 받아들이면 약한 존재가 될까 하는 두려움, 자연의 혜택을 받지 못하는 지역에 살고 있는 시민들과 부와 자원을 나누면 가난해질 것 같은 두려움입니다.

우리가 만들어나가는 캐나다는 그러한 두려움의 지평선 너머에 존재합니다. 하지만 인간의 마음을 잊어버리는 비현실적인 나라는 아닙니다. 오직 신뢰 속에서만 정의와 관용이 발전할 수 있다는 것을 우리는 압니다.

만약 개인과 소수가 다수에 의한 압제 가능성으로부터 보호받지 못한다고 느낀다면, 프랑스어를 사용하는 캐나다인이나 원주민, 새로운 캐나다인들이 공정한 대우를 받지 못한다고 느낀다면 그들에게 아무리 다른 캐나다인들에게 마음을 열라고 해봤자 소용이 없습니다. 그와 마찬가지로 주들이 전적인 헌법 관할권을 가진 영역에서 그들의 주권이 안전하다고 느끼지 못한다면 그들에게 협력과 공유에 대해 아무리 떠들어봤자 소용이 없습니다.

오늘 공표하는 헌법은 제가 말씀드린 두려움의 요인을 없애는 긴 길을 갈 것입니다. 이제 우리에게는 모두가 캐나다 시민으로서 누릴 수 있는 기본권과 자유를 보장하는 헌장이 있습니다.

그것은 퀘벡 이외의 지역에 살고 있는 프랑스어를 사용하는 캐나다인들과 퀘벡에 살고 있는 영어를 사용하는 캐나다인들을 더욱더 보호해줍니다. 그것은 캐나다의 다문화적 특징을 인정합니다. 여성의 평등권과 장애인의 권리를 옹호합니다.

이 헌법은 캐나다 내 주 정부 간의 오랜 주권 분립을 확인하고 천연자원과 재산권에 대한 주의 관할권을 강화해줍니다. 평등 원칙을 확고히 해 덜 부유한 주들이 과도한 세금 부과 없이 의무에서 벗어나도록 도와줍니다. 우리 원주민들의 정당한 요구를 충족시켜줄 방법을 제시합니다. 물론 이 헌법은 개정에 관한 규정이 있어 우리가 캐나다 내에서 헌법 개정 작업을 완료할 수 있게 해줍니다.

퀘벡 정부는 그것으로 충분하지 않다고 생각했습니다. 그들은 캐나다의 완전한 독립을 축하하는 이 자리에 참여하지 않기로 결정했습니다. 저는 많은 퀘벡인들이 그 결정으로 그들 자신이 두 갈래로 나뉘었다고 느끼고 있는 것을 압니다. 하지만 1980년 5월 총투표 결과만 봐도 퀘벡인들 사이에서 캐나다에 대한 애착심이 얼마나 강한지 알 수 있습니다. 원래 말 없는 다수는 큰 잡음을 내지 않습니다. 그들은 역사를 만드는 것으로 만족합니다.

하지만 앞으로 역사는 보여줄 것입니다. 인권과 자유헌장에서 보장된 바에 의해, 그리고 퀘벡이 그들의 언어와 문화를 침범하는 어떤 헌법 조항에서도 빠져나올 수 있도록 한 개정 조항으로, 또한 전적인 경제적 보상으로, 퀘벡의 독창성에 필수적인 것은 전혀 희생되지 않았습니다.

헌법도, 인권과 자유헌장도, 연방 정부와 주 정부의 권력 분리도 캐나다인의 모험에 따르는 위기와 장대함을 나누고자 하는 의지를 대신할 수 없습니다. 집단적인 의지가 실행되지 않으면 우리의 헌법은 죽은 글자나 다름없고 이 나라도 흩어져 없어질 것입니다.

함께 살고자 하는 우리의 의지가 깊은 동면에 빠진 것처럼 보일 때도 있는 것이 사실이지만, 그래도 그것은 모든 주와 지역에 살고 있는 캐나다인들의 가슴속에 끈질기게 살아 있습니다. 우리 헌법의 귀환은 긴 겨울의 끝을 의미합니다. 빙집永集이 깨지고 새로운 봄이 시작되는 것입니다. 오늘 우리가 축하하는 것은 과업의 달성이 아니라 희망의 부활입니다. 끝이 아니라 새로운 시작입니다. 우리 헌법의 부활과 귀환repatriation을 축하합니다. 그리고 무엇보다 그 헌법에 생명을 불어넣을 캐나다인들을 믿읍시다.

'경고하건대 여러분은
고통스러워질 것입니다'

닐 키녹

(Neil Kinnock, 1942~)

노동당의 떠오르는 스타 의원이 1983년 총선거 전날 한 연설

| 영국 남웨일스 브리젠드, 1983년 6월 7일 |

마거릿 대처가 집권하는 동안 영국의 전후 합의(postwar consensus) 시대의 마지막은 사회적 갈등과 이념 경제학, 공격적인 수사학으로 특징지어지며 절제와 중도, 시민성에 대한 영국의 평판이 착각이었음을 보여주었다. 1979년에 들어선 마거릿 대처의 보수당 정부는 끈질긴 파업으로 약해지고 높은 실업률과 인플레이션율로 병든 경제를 떠안았다. 보수당 정부는 '자유 시장' 정책으로 이러한 병들을 고쳐보려고 했다.

1983년 총선거에서 전달된 닐 키녹의 경고는 사회적 불행이 잇따라 악화되고 있었기 때문이었다. 특히 키녹의 출신 지역인 웨일스 남동부에서는 20년 동안 중공업이 계속 쇠퇴하고 있었다. '통화주의' – 통화 공급이 인플레이션의 유일한 결정 요인이라는 견해 – 의 실행이 특히 어리석은 결정이었고 대처 총리가 도그마(dogma)(독단적 신념이나 학설 – 옮긴이)에 빠지기 쉬운 지도자임을 보여주었다. 통화주의자들은 높은 금리가 통화 공급량의 증가를 완화함으로써 인플레이션을 감소시킬 것이라고 주장했다. 하지

닐 키녹(1942~)

1965 카디프의 웨일스 대학교를 졸업함
1966~1970 노동자교육협회(Workers' Educational Association) 교사로 재직함
1970 남웨일스 베드웰티 지역 하원의원(노동당)에 당선됨
1979 노동당 정부의 웨일스 분권화 운동을 주도함
1979. 05 노동당 정부가 패배함. 그 후 예비 내각의 교육 대변인으로 활동함
1983. 10 총선에서 패배한 뒤 노동당 당수로 선출됨
1987 과반수보다 101석 앞선 보수당 정부가 출범함
1992. 07 보수당 정부가 과반수에서 21석 앞서 승리하자 노동당 당수에서 물러남
1995~2004 1970년대에는 유럽 통합에 적대적이었지만, 유럽연합위원회(European Union Commission) 소속으로 활동함
1999~2004 EU 위원회 부의장 역임
2004 영국문화원 회장에 임명됨
2005 1970년대에는 영국 상원에 적대적이었지만, 남작 작위(베드웰티의 키녹 남작)를 받음

만 그러한 논리는 빗나갔고 인플레이션율이 계속 치솟자 결국 1981년 후반에 대처 총리는 유턴U-turn하기에 이르렀다. 통화주의를 버리고 금리를 낮춘 것이었다. 인플레이션율은 감소하기 시작했지만 이미 막대한 비용을 치른 뒤였다.

노동당 정부의 유산인 실업자 100만 명은 1980년대 초에 두 배로 증가했고 다시 360만 명으로 최고조에 이르렀다. 1983년에 이르러 제조업체 생산량은 5년 전보다 무려 30퍼센트가 감소했다. 영국의 근본적인 문제, 즉 경쟁력 없는 경제는 적어도 1945년 이래 정치인들의 야심찬 해결책에도 불구하고 나아지지 않았다. 키녹은 보수파의 치료법이 병보다도 나쁘다고 여기는 다수를 대변하지만 그들은 1983년에 보수당이 집권하는 것을 막지는 못했다. 당시 보수당의 득표율은 42.4퍼센트에 불과했지만 다른 모든 당의 의석보다 144석이나 더 많았다.

그 후 키녹을 당수로 선출한 노동당의 활동은 매우 부진한 상태였다. 경제성장률이 회복되면서 노동자들은 수혜를 입었고 1982년 포클랜드 전쟁Falklands War으로 대처 총리의 리더십에 대한 추앙이 강해졌다. 아르헨티나가 남대서양에 위치한 포클랜드를 침략하자 영국군이 투입되어 그곳을 탈환했는데 그러한 과정에서 대처 총리는 열정적인 리더의 모습을 보였다.

극좌파인 트로츠키파Militant Tendency가 노동당 고위층으로 침투하여 당을 극단주의로 연계시키는 한편 사회민주당의 창설로 영국의 중도좌파 표가 갈라지는 바람에 보수당과 노동당의 득표차가 더욱 벌어졌다. 키녹은 정치 논쟁에 재능이 있었으나 친대처파 신문 편집자들은 그의 활달한 성격과 장황한 연설의 성향까지 문제 삼아 그를 깎아내렸다. 그러한 시련을 겪으면서도 키녹은 재치 있게 맞섰고 그는 좌파 출신이면서도 노동당이 왜, 어떻게 바뀌어야 하는지를 알고 있었다. 그는 1985년 노동당 전당대회에서 리버풀 지역 본부를 공격했다. 트로츠키파의 영향으로 '택시를 이용해 시내 곳곳에서 그들 자신의 노동자들에게 정리해고 통보문을 나눠줌으로써 노동당 위원회에 터무니없는 혼돈을 초래'했다는 것이다. 1987년 선거에서 노동당은 극단주의를 버리고 소통과 자기표현에 있어 침착함을 되찾았지만, 그해의 총선 패배는 1992년의 패배와 마찬가지로 '공동체 전체의 공동 노력'의 필요성에 대한 설교가 탈사회주의 시대에 얼마나 힘든 과업인지를 보여주었다.

⟞⟞✳⟝⟝

마거릿 대처가 재선에 성공한다면, 경고하건대
여러분은 고통스러워질 것입니다.
치유와 구제가 지불에 좌우되는 때에
경고하건대 여러분은 무시당할 것입니다.
재능이 외면당하고 기지가 낭비되고, 배움이 권리가 아닌 특권일 때에
경고하건대 여러분은 빈곤해질 것입니다.
지불 능력이 없는 정부에 의해 연금과 혜택이 깎이면
경고하건대 여러분은 추위에 떨게 될 것입니다.
연료비가 부자는 알아차리지 못하고 가난한 사람은 감당할 수 없는 세제로 이용되면
경고하건대 여러분은 일자리를 기대하지 말아야 합니다.
많은 사람이 소비하지 못하면 더 많은 사람이 돈을 벌지 못합니다.
돈을 벌지 못하면 쓰지도 못합니다. 돈을 쓰지 않으면 일자리가 죽습니다.

경고하건대 저녁에는 혼자 밖에 나가지 말고 낮이라도 대규모 시위 인파가 있는 곳에는 가지 마십시오.

경고하건대 여러분이 침묵하게 될 것입니다.

두려운 통행금지와 실업이라는 교수대가 여러분을 복종하게 만들면

경고하건대 여러분은 생각할 수도 없는 엄청난 위험과 대가가 따르는

그런 유의 방어만 할 수 있을 것입니다.

경고하건대 여러분은 집에만 있어야 할 것입니다.

교통 요금이 여가생활을 망치고 여러분을 집에 가둘 것입니다.

경고하건대 여러분은 돈을 빌리기 어려울 것입니다.

수입이 녹아내리는 사람들에게 신용 거래와 대출, 모기지, 분할 지급이 거부될 것이기 때문입니다.

만약 마거릿 대처가 승리하면 그녀는 총리가 아니라 리더가 될 것입니다. 그 권력은 테빗Tebbit 같은 사람들에 의해 단단해지고 줏대 없는 아첨꾼, 발바닥도 핥는 타블로이드 신문, 그리고 낙하산 공직자들의 아양과 아부가 이어질 것입니다. 오만은 절대적으로 부패합니다.

마거릿 대처가 승리하면

경고하건대 여러분은 평범해서도 안 되고

젊어서도 안 되고

몸이 아파서도 안 되고

늙어서도 안 됩니다.

'우리는 민주사회주의자입니다.
우리는 언제나 관심을 기울입니다'

노동당 당수 닐 키녹이 1987년 선거운동 기간 중에 열성 당원들에게 한 연설
| 영국 북웨일스 랜디드노, 1987년 5월 15일 |

우리는 민주사회주의자입니다. 우리는 언제나 관심을 기울입니다.
그것이 여린 감성이라고도, '나약'하다고도 생각하지 않습니다.
그 관심이 강인함의 본질이라고 생각합니다.
관심이 없는 강인함은 야만적이고 잔인하며 이기적이라는 사실을 알기
때문입니다.
관심이 따르는 강인함은 온정compassion입니다. 그것은 사람들이 최대한의
능력을 발휘하도록 도와줄 때 필요한 실질적 행동입니다.
하지만 관심을 위한 강인함을 어디에서 찾아야 할까요?
사회의식을 가진 착한 거인이 나타나 이 세상의 불쌍한 이들을 끌어올려
주는 행운을 기다려야 할까요?
물론 아닙니다.
모두가 사회에 기여하고 혜택을 받고 책임을 지고 권리를 행사하도록 우
리는 협력하고 단결해야 합니다. 그래야 약자가 강해지고 궁핍한 사람
을 도울 수 있으며 아픈 사람을 회복시키고 재능을 꽃피울 기회를 주고

실업수당을 받는 사람을 일꾼으로 만들어 사회에 기여하도록 할 수 있습니다.

우리가 말하는 공동의 강인함과 자유, 공동의 성취는 대처 총리가 그리는 악몽을 실현해나가는 것이 아닙니다.

우리는 획일성이나 규격화, 순응에 대해 말하지 않습니다. 그것은 그들의 신념입니다. 실업률이라는 획일성, 청년 실업자들과 그들을 위한 의무 근로 계획이라는 규격화입니다. 완전고용이 이루어지는 자유 사회가 비웃을 대규모 실업률 때문에 조건에 맞춰 일하고 지시에 따르며 급여를 받는 사람들의 순응입니다.

일생을 운명에 맡긴 채 고립되어 버려진 채로 살아간다면 개인의 자유는 확보될 수 없습니다.

지금 대처 총리는 민영화와 자산 조사, 박탈, 분열의 힘으로 우리를 혼자 힘으로 자립하거나 아니면 무릎을 꿇고 살아야 하는 상황으로 되돌리려 하고 있습니다.

이번 총선에서 대처 총리가 말하는 비전과 가치가 바로 그것입니다. 우리는 이 나라에 뿌리를 둔 사람으로서, 오직 이 나라에 미래를 가진 사람으로서, 이 나라에 대한 긍지가 있는 사람으로서 대처 총리에 맞설 것입니다. 이 땅에 진정한 개인의 자유가 자리하고 유지되려면 공동체 전체의 공동 노력이 필요하다는 사실을 알 것입니다.

물론 보수당도 자유에 대해 이야기합니다. 우리는 다음 달까지 지난 8년간 실업과 빈곤으로 개인의 자유를 무너뜨리고 예산 삭감과 자산 조사, 각종 요금 부과로 개인의 권리를 쥐어짠 이들이 자유에 대해 이야기하는 것을 듣게 될 것입니다.

제가 만나는 청년들이 생각납니다. 학교를 졸업한 지 3년, 4년, 5년이 지

나도록 한 번도 직업을 가져본 적 없는 그들은 저에게 묻습니다. '제가 일을 할 수 있을까요?'

그들은 자유국가에 살지만 자유롭다고 느끼지 못합니다.

병원에 들어가기를 기다리는 55세 여성을 만난 것을 생각합니다. 그녀의 온몸에서 아픔이 묻어납니다. 겨울 내내 보일러 틀기를 무서워하는 노부부도 생각납니다. 밤이면 그들은 밖에 나가기가 무서워 집에 있습니다. 새 신발을 사야 한다는 사실이 그들의 삶을 위기로 바꿔놓습니다.

그들은 자유국가에 살지만 자유롭다고 느끼지 못합니다.

공동을 위한 규정이 없는데 수백만 명에 이르는 그들이 어떻게 개인의 자유를 누릴 수 있겠습니까?

관심을 받지 못하는데 어떻게 그들이 삶의 힘을 가질 수 있겠습니까?

권리를 행사하지 못하는 것처럼 책임도 면제받을 수 없는데 어떻게 관심과 강인함이 생길 수 있겠습니까?

그들은 권리를 행사하고 책임을 지고 싶어 합니다.

그들은 과잉 요구가 아닌, 딛고 올라설 발판을 원합니다.

그들은 안락함을 원치 않습니다. 사회에 기여할 수 있는 기회를 원합니다.

그것이 그들이 원하는 자유입니다.

그것이 우리가 그들에게 갖기를 원하는 자유입니다.

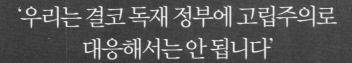

‘우리는 결코 독재 정부에 고립주의로
대응해서는 안 됩니다’

로널드 레이건

(Ronald Reagan, 1911~2004)

미국 로널드 레이건 대통령의 디데이 상륙 40주년 기념 연설

| 프랑스, 푸앵테 뒤 오크, 미국 레인저 기념비, 1984년 6월 6일 |

1984년 여름, 로널드 레이건은 재선에 도전했고 그의 특별보좌관 페기 누난Peggy Noonan이 쓴 이 훌륭한 연설문은 레이건 정부의 일관된 외교정책 목표를 집약해놓았다. 디데이D-Day 상륙을 기념하는 연설인 만큼 노르망디에서 전사한 이들에 대한 애도와 자부심, 추모와 더불어 연합군의 대의가 정당했다는 믿음이 섞인 특별한 논조가 필요했다. 누난의 언어와 레이건의 흠잡을 데 없는 연설은 단순한 승리주의를 피하고 꼭 필요한 교감을 만들어냈다. 레이건은 전체주의의 파시즘 형태는 1944년에 무너졌지만 여전히 공산주의가 유럽을 분열시키고 있기 때문에 자유를 위한 과업은 아직 끝나지 않았다고 말한다.

레이건의 군 복무 경험은 특이했다. 워너브라더스Warner Brothers와 7년간 계약을 맺은 1937년에 그는 육군 예비군에 입대해 소위로 임관했다. 하지만 근시 때문에 해외에서 복무할 수 없었고 1942년에는 육군 항공대의 공보장교가 되어 캘리포니아의 제1영화부대First Motion Picture Unit에서 복무했다. 레이건을 비판하는 이들은 그가 정치인이라는 두 번째 직업을

로널드 레이건(1911~2004)

1947~1952·1959 배우협회(Screen Actors Guild) 회장 역임

1962 민주당에서 공화당으로 옮김

1966 캘리포니아 주지사에 당선됨(1967~1975년 재임)

1976 공화당 대선 후보에 도전하지만 제럴드 포드에게 패배함

1980 공화당 후보로 대통령에 당선됨

1984 대통령에 재선됨

1986 의회의 결정을 어기고 이란에 무기를 판매해 니카라과의 반공산주의 반란군에 자금을 조달한 사건에 대한 진상이 밝혀짐. 측근 14명이 기소되고 11명이 유죄 판결을 받음

1989. 01 대통령직에서 퇴임함

1993 대통령 자유훈장을 받음

1994. 11 알츠하이머 투병 사실을 공개함

통해 남이 써준 글을 읊는 대안적인 무대를 얻은 B급 배우에 불과하다고 그를 비웃었다. 하지만 그것은 핵심에서 빗나간 말이었다. 공산주의가 비정상적이고 사악하다는 그의 신념은 진심이었다. 그 자신이 연설문의 내용을 확실하게 믿었고, 또 그에 따라 행동했기 때문에 사람들은 그의 연설을 진지하게 받아들였다. 그에게 소련은 소멸을 향해 비틀거리는 '악의 제국'이고(1982년 6월) 전반적으로 공산주의는 '마지막 페이지가 지금 쓰이고 있는, 인류의 역사 가운데 또 하나의 슬프고 기이한 막'이었다(1983년 3월). 캘리포니아인 특유의 밝고 긍정적인 기질 덕분에 이 연설에 담긴 전투적인 주장도 지지를 받았으며, 조롱과 격렬한 비난 또한 그의 극적인 범위 안에 존재했다.

이 연설은 40년 전 프앙테 뒤 오크Pointe du Hoc 해안에서 벌어진 전투 장면을 환기시키다가 역사적 희생과 현재의 투쟁, 아직 이기지 못한 싸움으로 마무리하면서 과거와 현재, 미래를 교차시켜 마치 영화 같기도 한 극적 효과를 낸다. 시적인 느낌도 있다. 대서양 건너로 장면이 전환되고 미국으로 기다리던 상륙 소식이 전해지면서 기도를 통한 침묵을 묘사하는 부분이다. 당시의 감동을 떠올리며 고귀한 대의를 위해 보여준 용맹함에 새로이 감사를 보내는 이 연설은 퇴역 군인들로 이루어진 청중과의 교감이 통렬했고 위엄이 있었다.

소련의 붕괴는 미국의 적대적인 말에 담긴 효과를 보여주었지만 돈의 힘이기도 했다. 레이건의 첫 번째 임기 동안 국방 예산이 40퍼센트 증가했고 1983년에 레이건은 지상기지나 우주기지에서 핵 탄도미사일을 격파하려는 전략방위구상Strategic Defence Initiative, SDI을 공개했다. 비록 제대로 실행하지 못했지만 핵공격에 대한 미국의 안전한 대비는 소련에 경각심을 불러일으켰다. 그와 동등한 수준의 공격 능력이 존재한다는 개념 자체를 무너뜨렸기 때문이다. 1989년에 베를린 장벽이 무너진 것은 소련 공산주의는 물론이고 중·동유럽 위성 정부들의 붕괴를 의미했다. 레이건의 예상은 적중했고 미국은 유일하게 남은 초강대국이었다.

━━━◆◆◆━━━

오늘 우리는 이 대륙의 자유를 되찾기 위해 연합군이 전투에 합류한 역사적인 날을 기념하기 위해 이 자리에 모였습니다. 연합군은 인류 역사상 전례 없는 거대한 임무를 맡고 바로 여기에 서서 독재 정부와 싸웠습니다.

우리는 프랑스 북부 해안의 강한 바람을 맞으며 외로운 지점에 서 있습니다. 오늘은 공기가 부드럽지만, 40년 전 바로 이 순간에는 연기와 인간의 울부짖음이 이곳을 뒤덮었고 날카로운 소총 소리와 포효하는 대포 소리가 울려 퍼졌습니다. 1944년 6월 6일 아침이 밝았을 때, 225명의 유격대Rangers가 영국 상륙주정에서 뛰어내려 이 절벽 아래로 내달렸습니다. 그들의 임무는 이 가파르고 적막한 절벽을 올라 적의 무기를 없애는 가장 어렵고도 대담한 침략 작전이었습니다.

절벽을 올려다본 유격대원들은 위에서 적군이 기관총으로 사격하고 수류탄을 던지는 모습을 보았습니다. 그들은 절벽을 오르기 시작했습니다. 곧 그들은 한 사람 한 사람 꼭대기에 올랐고 이 절벽 위의 견고한 땅을 장악함으로써 유럽 대륙의 탈환을 시작했습니다. 모두 225명이 이곳에 왔습니다. 이틀간 싸우고 나자 무기를 들 수 있는 사람은 90명뿐이었습니다.

제 뒤에 있는 기념비는 이 절벽 꼭대기로 던져진 그들의 단검을 상징합니다. 그리고 제 앞에는 단검을 거기에 놓았던 분들이 있습니다.

여러분이 이곳에서 싸운 날로부터 마흔 번의 여름이 지났습니다. 이 절벽을 차지한 날 여러분은 젊었습니다. 소년티를 채 벗지 못하고 인생에서 가장 창창한 나날을 앞둔 분들도 있었습니다. 하지만 여러분은 이곳에서 모든 것을 걸었습니다. 이곳에 모인 병사들은 저마다 무엇 때문에 왔을까요? 우리는 여러분을 보고 답을 알 수 있습니다. 그것은 바로 믿음과 신념, 충성심과 사랑이었습니다.

노르망디의 남자들에게는 올바른 일을 하고 있다는 믿음이 있었습니다. 모든 인류를 위해 싸운다는 믿음, 이 해안에서, 그리고 다음 싸움에서 공정한 신께서 자비를 베풀어주리라는 믿음이 있었습니다. 해방을 위한 무력 사용과 정복을 위한 무력 사용에는 심오하고 도덕적인 차이가 있다는 믿음이었습니다. 우리가 아직 그 믿음을 잃지 않았기를 신에게 기도합니다. 여러분은 정복이 아닌 해방을 위해 여기에 왔습니다. 그렇기에 여러분은 명분을 의심하지 않았습니다. 그리고 여러분은 옳았습니다.

여러분은 세상에는 목숨을 바칠 만한 가치가 있는 것이 있다는 사실을 잘 알았습니다. 조국은 목숨을 바칠 만한 가치가 있고 민주주의도 목숨을 바칠 만한 가치가 있습니다. 민주주의는 인간이 만든 가장 명예로운 정부 형태이기 때문입니다. 여러분 모두는 자유를 사랑했습니다. 여러분은 모두 기꺼이 독재 정부와 싸우고자 했고 조국에 있는 사람들이 여러분의 뒤에 있다는 것을 알았습니다.

그날 아침 이곳에서 싸운 미국인들은 조국에서 상륙이라는 단어가 어둠속으로 퍼져나가고 있음을 알았습니다. 조지아에서는 새벽 4시에 교회가 가득 차고, 캔자스에서는 집 앞 현관에서 무릎 꿇고 기도를 하고, 필라델피아에서는 자유의 종을 울리는 것을 가슴으로 느꼈습니다.

전쟁이 끝난 뒤에는 삶이 재건되고 사람들이 정부를 돌려받아야 했습니다. 새로 태어나야 할 국가들이 있었습니다. 무엇보다 새로이 평화가 보장되어야 했습니다. 이것들은 거대하고도 벅찬 과제였습니다. 연합국은 이곳에서 쓰러진 이들의 믿음과 신념, 충성심, 사랑으로 힘을 냈습니다. 그들은 함께 새로운 유럽을 건설했습니다.

우리의 크나큰 노력과 성공에도 불구하고 전쟁 이후의 모든 일들이 행복하고 계획대로 된 것은 아니었습니다. 우리는 몇몇 자유국가를 잃었습니다. 그 깊은 상실의 슬픔이 우리의 시대까지 이어져 바르샤바와 프라하, 동베를린의 거리에서 메아리칩니다. 이 대륙의 중앙까지 왔던 소비에트 군대는 평화가 찾아든 이후에도 떠나지 않았습니다. 초대받지도 않고 부름받지도 않은 그들은 전후 40년이 지난 지금까지도 끈질기게 자리를 지키고 있습니다. 그렇기 때문에 연합군은 여전히 이 대륙에 서 있습니다. 오늘날 40년 전과 마찬가지로 우리 군대는 민주주의를 지키기 위한 단 하나의 목적만으로 여기에 있습니다.

미국은 두 차례의 세계 전쟁으로 쓰디쓴 교훈을 얻었습니다. 바다 건너에서 눈먼 채로 피해 있다가 자유를 잃어버린 뒤에야 다급하게 반응하는 것보다 이곳에서 평화를 지킬 준비를 하고 있는 것이 낫다는 것을 말입니다. 우리는 결코 영토 확장의 야욕을 지닌 독재 정부에 고립주의로 대응해서는 안 되었고, 앞으로도 그것은 마찬가지일 것이라는 사실을 배웠습니다.

하지만 우리는 언제나 평화에 대비하고 침략을 단념시키고 무기 감축 협상을 할 준비가 되어 있습니다. 물론 또다시 화해 정신으로 다가갈 준비도 되어 있습니다.

이곳에서 제2차 세계대전 때 러시아인들이 겪은 막대한 손해도 떠올려

봐야 합니다. 그들은 2,000만 명이 목숨을 잃는 끔찍한 대가를 치렀습니다. 진실로 말씀드리지만, 미국은 전쟁을 원치 않습니다. 우리는 지금 인류가 손에 쥔 끔찍한 무기를 지구상에서 없애버리고 싶습니다. 단언컨대 우리는 그 해두보海頭堡를 장악할 준비가 되어 있습니다. 우리는 소련이 앞으로 나아가 평화에 대한 욕망과 사랑을 우리와 함께하며 정복의 길을 포기하겠다는 신호를 보여주길 바라고 있습니다.

우리는 언젠가 그 변화가 일어나기를 항상 기도할 것입니다. 하지만 지금은, 특히 오늘은 서로를 향한 약속, 즉 우리의 자유에 대한, 그리고 그것을 지키는 동맹에 대한 헌신을 새로이 하는 것이 마땅할 것입니다.

우리는 오늘 40년 전에 우리를 묶어준 바로 그 충심과 전통, 믿음으로 이어져 있습니다. 현실이 우리를 묶고 있습니다. 동맹국들의 강인함은 미국에 필수적이고 유럽 민주주의 국가들의 자유가 지속되려면 반드시 미국의 안보가 보장되어야 합니다.

서구가 하나로 단결했던 바로 이곳에서 세상을 떠난 분들께 맹세합시다. 그들이 무엇을 위해 목숨을 바쳤는지 우리가 알고 있다는 것을 행동으로 보여줍시다. 그들의 용기로 강해져서 그들이 살고 죽었던 이상을 계속 지켜갑시다.

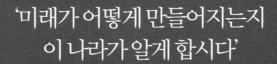

'미래가 어떻게 만들어지는지
이 나라가 알게 합시다'

마리오 쿠오모

(Mario Cuomo, 1932~2015)

뉴욕 주지사 마리오 쿠오모가 민주당 전당대회에서 핵심 가치로
돌아가자고 촉구하는 연설 | 미국 샌프란시스코, 1984년 7월 16일 |

1980년대의 미국은 민주당의 시대가 아니었다. 품위와 열정을 가진 지미 카터Jimmy Carter의 노력으로 1976년에 민주당이 대선에서 승리했지만 이란 인질 사건으로 그의 임기 말은 그늘이 드리워졌다. 이슬람 근본주의자들이 테헤란의 미국 대사관을 공격해 444일 동안 52명의 외교관을 억류했고 처음에는 협상조차 거부했다. 카터가 그들을 석방시키지 못한 것은 미국이 세계 무대에서 더욱 권위를 잃어가고 있음을 말해주는 듯했고, 결국 민주당은 선거에서 그 대가를 치러야 했다. 연방 정부 지출의 축소, 감세, 그리고 공격적인 반공산주의 외교 정책 등이 되살아난 공화당이 1980년대 미국 정치권에 내건 주요 정책 기조였다. 레이건 대통령의 임기 첫날 이란의 인질들이 석방됨으로써 민주당은 더 큰 굴욕감을 맛보았다.

따라서 1984년 전당대회에서 민주당에는 새로운 자극이 필요했는데, 민주당의 핵심 가치로 돌아가야 한다고 설득력 있게 주장한 마리오 쿠오모의 연설이 그 역할을 했다. 그는 온정compassion과 효율성이 합쳐진 모습으로 존경받으며 이미 자유주의적 민주당 지지자들에게 인기 있는 인물이었다. 그는 12년간 뉴욕 주지사로서 일관성 있게 균형 있는 예산안을 시

마리오 쿠오모(1932~2015)

1953 뉴욕의 세인트존스 대학교를 졸업함. 법률 전공으로도 졸업함(1956년)
1956 뉴욕 변호사 자격을 취득함
1958 변호사로 활동하기 시작함
1975 주지사 휴 캐리에 의해 뉴욕 주 국무부 장관에 임명됨
1978 뉴욕 부지사에 당선됨
1982 뉴욕 주지사에 당선됨(1986년·1990년 당선)
1987 민주당 대선 후보 경선에 출마하지 않겠다고 밝힘
1994 주지사 선거에 재도전했지만 공화당 후보 조지 파타키에게 패배함

행했고 가끔씩 세금을 낮추기도 했다. 공공 부문 투자가 민간 부문의 경제 개발과 일자리 창출에 원동력을 제공했다. 쿠오모는 노숙자를 위한 주택 프로그램으로까지 예산안을 확장했고 마약 중독자들을 위한 치료 센터에 자금을 지원했으며 에이즈와 정신질환 환자들을 위한 정책에 앞장섬으로써 주목을 받았다. 그가 이끄는 뉴욕 주는 활기찬 공화주의에 의해 개조가 이루어지고 있는 미국 정치판에서 자유주의 가치가 아직 살아 있는 횃불이라고 할 수 있었다.

매사추세츠 식민지를 건설한 매사추세츠만 회사 Massachusetts Bay Company 의 존 윈스럽 John Winthrop 총독은 1630년에 한 설교에서 '언덕 위의 도시'라는 표현을 처음 사용했다. 로널드 레이건은 그 표현을 사용해 미국의 모범적인 운명에 대해 비슷한 감성을 드러냈다. 쿠오모는 그 은유를 확장해 '레이거노믹스 Reaganomics'가 초래한 분열을 생생하게 설명함으로써 많은 이들에게 그가 대통령에 출마할 것이라는 희망을 품게 했다.

카터의 임기가 끝난 뒤 인플레이션율이 12퍼센트까지 치솟고 실업률은 7.5퍼센트에 이르렀다. 공화당의 대책안에는 대규모 감세가 포함되었는데, 그것은 경제성장을 촉진시킬 수도 있었지만 정부의 수입을 제한했다. 1984년 레이건 행정부의 연간 연방 정부 예산 적자는 2,000억 달러였고, 결국 레이건 정부는 국가 부채가 7,000억 달러에서 3조 달러로 증가하는 결과를 남겼다. 따라서 쿠오모의 연설 배경은, 비록 2년 뒤에는 경제가 다시 분명한 성장세를 보였지만, 미국의 실업률이 최고 10.8퍼센트에 이른 1982년의 심각한 경제 침체였다. 레이건의 재임 기간 동안 총 1,600만 개의 일자리가 창출되었고 GDP의 연간 성장률은 3퍼센트를 조금 넘겼다. 그러나 경제 침체는 도시 빈민층에 특히 엄청난 고통을 안겨주었고 그들에게 뉴욕 주지사는 설득력 강한 대변자이자 수호자였다. 쿠

오모는 이탈리아 이민자 집안에서 태어났고 그의 아버지는 하수도 청소
부로 일하며 모은 돈으로 뉴욕 퀸즈에 잡화점을 열었다. 이민자 가정의
힘든 생활과 독실한 가톨릭 신앙은 그를 자기 성찰을 겸비한 보기 드문
정치인으로 만들었다. 양심이 묻어나는 쿠오모의 호소는 '미국이라는 가
족 the family of America'이 포용과 노력으로 만들어진다는 그의 강한 믿음을 보
여준다.

열흘 전, 레이건 대통령은 요즘 이 나라에 잘사는 것 같은 사람들도
있지만 불행하고, 심지어 걱정에 사로잡혀 있는 사람들도 있다는 사실을
인정했습니다. 그는 그들의 두려움을 이해하지 못한다고 말했습니다.
'이 나라는 언덕 위의 빛나는 도시'라면서 말입니다. 대통령의 말이 맞습
니다. 여러모로 미국은 언덕 위의 빛나는 도시입니다.
하지만 빛나는 도시에는 다른 부분도 있습니다. 사람들이 주택 대출금을
갚지 못하고 학생들이 필요한 교육비를 충당할 수 없고 중산층 부모들이
자녀를 향해 품었던 꿈이 허물어지는 것을 바라봐야 하는 곳입니다.
도시의 이 부분에는 가난한 사람들이 그 어느 때보다 많습니다. 빛이 사
라진 길거리와 시궁창에서 지내는 노숙자들이 있습니다. 대통령님, 당
신이 보지 못하는 사람들, 당신이 방문하지 않는 곳에 절망이 있습니다.
사실 우리는 이미 이런 상황이 오리라는 경고를 받았습니다. '정부는 모
든 것을 할 수 없으니까' 강한 자들만 보살피고 나머지는 경제적 야망과
자선이 알아서 해주기를 바라야 한다는 말을 들었습니다.
민주당과 공화당의 차이는 언제나 용기와 자신감에 있었습니다. 공화당

은 나이 들고 어리고 약한 이들을 길가에 남겨두지 않으면 마차 행렬이 변방frontier에 도착할 수 없다고 생각합니다. 반면 우리 민주당은 모든 가족을 온전하게 태우고 목적지에 도착할 수 있다고 믿습니다.

대공황과 파시즘, 인종차별, 부패로부터 이 나라를 구했던 위대한 민주당은 오늘날 다시 한 번 그렇게 해달라는 요청을 받고 있습니다. 이번에는 혼란과 분열, 결국 맞게 될 재정 위기의 위협, 그리고 무엇보다 핵무기로 인한 대학살의 공포로부터 이 나라를 구하는 것입니다.

만약 1980년에 공화당 후보가 미국인들에게 파산과 실업, 노숙자 증가, 빈곤 증가, 인류 역사상 최대 규모의 국가 부채로 경제 회복의 대가를 치르겠다고 말했다면 과연 당선될 수 있었을까요?

공화당은 미국과 전 세계를 더 안전한 곳으로 만들겠다고 했습니다. 그들은 그렇게 했다고 말합니다. 역대 최고의 국방 예산으로, 광란의 핵무기 경쟁 확대로, 선동적인 수사rhetoric로, 적들과의 평화 협상 거부로 말입니다.

우리는 수녀들을 살해하는 라틴아메리카 정부들에 돈을 주면서도 거짓말을 하고 있습니다. 우리의 외교 정책은 군비 경쟁에만 미친 듯이 전념할 뿐, 실질적인 방향 없이 표류하고 있습니다. 운이 좋으면 아무런 성과도 없는 것이고, 그렇지 않으면 파산이나 전쟁으로 이어질 수 있습니다.

앞으로 4년의 시간이 우리를 어디로 데려갈까요?

우리는 스스로 자문해봐야 합니다. 차별 금지 반대법이 너무 극단적이라고 생각하고 사회 보장 혜택과 메디케이드Medicaid(저소득층 의료 보장 제도), 장애인 지원을 위태롭게 하는 사람이 만드는 나라는 어떤 모습이겠습니까? 미사일이 얼마나 높게 쌓일까요?

우리 민주당은 정부가 '사랑'과 '온정' 같은 말을 사용할 정도로 강인하고, 우리의 고결한 열망을 실제적 현실로 바꿀 만큼 똑똑해야 한다고 믿습니다.

우리는 적자생존이 진화 과정을 잘 설명하는 말이라고 하더라도 인간의 정부는 더 높은 수준으로 올라가야 한다고 믿습니다.

우리 정부는 우연히 혹은 우리가 아직 온전히 이해하지 못하는 지혜에 의해 남겨진 격차를 메울 수 있는 수준까지 올라서야 합니다. 우리는 다윈의 법칙보다 이 위대한 도시의 수호자 아시시의 성 프란치스코가 만든 법칙을 따르겠습니다.

우리는 올바른 정부가 무엇인지 알려주는 단 하나의 기본적인 사상을 믿습니다. 인종이나 성별, 지형, 정치적 소속을 고려하지 않는, 가족과 상호성, 모두의 선을 위한 혜택과 부담의 공유라는 사상입니다.

우리는 무엇보다 우리가 하나로 이어져 있다는 사실을 인식하고 미국이라는 가족이 되어야 한다고 믿습니다.

우리 민주당은 우리에게 방향과 목적을 제시하는 전통적인 원칙을 확고한 지표로 삼되 끊임없이 혁신하고 새로운 현실에 적용하면서 아이들을 위한 보다 나은 미래를 만들었습니다.

우리는 다시 할 수 있습니다. 이 나라 전체가 우리의 진보적인 원칙으로 얻은 바가 있었고, 그 원칙이 여러 세대를 중산층 이상으로 끌어올렸으며, 일하고 대학에 가고 가정을 꾸리고 내 집을 마련하고 안정적인 노년을 준비하도록 도와주었다는 사실을 잊지 않는다면 가능합니다.

존엄성을 가지고 살아가고자 하는 투쟁이야말로 빛나는 도시의 진짜 이야기입니다. 그것은 제가 책에서 읽거나 학교에서 배운 이야기가 아닙니다. 저는 여러분처럼 그것을 직접 보았고 그 삶을 살았습니다. 저는 양손에 두꺼운 굳은살이 박인 작은 체구의 남자가 하루에 열다섯, 열여섯 시간씩 일하는 모습을 보았습니다. 저는 그의 발바닥에서 피가 나는 모습을 본 적도 있습니다. 교육을 받지 못하고 영어도 못하는 상태로 혼자 이 나라에 왔지만 그 본보기만으로 저에게 믿음과 근면 성실함을 웅변으로 가르쳐준 남자였습니다. 저는 우리 방식의 민주주의도 아버지에게 배웠습니다. 우리가 서로에게 진 의무도 아버지와 어머니에게 배웠습니다. 제 부모님은 일할 수 있고 자식들을 위해 더 나은 세상을 만들 수 있는 기회를 청했습니다. 스스로를 보호할 수 없을 때 보호받을 수 있기를 청했습니다. 이 나라와 이 나라의 정부는 그렇게 해주었습니다.

그리고 그들이 가정을 꾸리고 존엄성 속에서 살아갈 수 있었고 자식 중 하나가 우리가 아는 유일한 세상에서 가장 위대한 나라의 가장 위대한 주에서 가장 높은 자리에 앉는 것을 볼 수 있었던 것은 민주적 정치 과정에 대한 뭐라 말할 수 없이 아름다운 경의의 헌사라고 할 것입니다.

1985년 1월 20일, 훨씬 더 장엄한 규모로 그 일은 다시 일어날 것입니다. 우리는 새로운 미국 대통령, 민주당의 대통령을 갖게 될 것입니다.

우리가 현실로 만들어야 그렇게 됩니다. 여러분과 제가 현실로 만들어야 합니다. 지금 여러분에게 요청합니다. 우리 모두를 위해, 이 위대한 나라에 대한 사랑을 위해, 미국이라는 가족을 위해, 하느님의 사랑을 위해 청컨대, 미래가 어떻게 만들어지는지 이 나라가 알게 합시다.

'고난은 우리를 성숙하게 합니다.
믿음은 절대로 실망시키지 않습니다'

제시 잭슨

(Jesse Jackson, 1941~)

민주당 대통령 후보 지명에서 탈락한 제시 잭슨의 전당대회 연설

| 미국 샌프란시스코, 1984년 7월 18일 |

제시 잭슨은 스승 마틴 루터 킹 주니어가 암살된 뒤 미국 인권 운동에서 가장 중요한 인물로 등장했다. 킹과 마찬가지로 침례교 목사였던 잭슨의 유창한 연설은 킹의 연설에서 볼 수 있던 지적인 핵심은 없었지만 직설적인 열정으로 소통하여 민주당에도 큰 영향을 끼쳤다. 잭슨이 대선에 도전한 최초의 흑인은 아니었다. 그러나 1972년에 민주당의 셜리 치좀 Shirley Chisholm 의원이 흑인 여성으로 대선 후보에 도전한 일은 대체로 상징적인 것이었다.

당시 잭슨은 선출직 공직을 맡아본 경험이 전혀 없었기에 많은 이들이 처음에는 대통령이 되겠다는 그의 열망을 진지하게 받아들이지 않았다. 감세 정책을 뒤집고 국방비 지출을 줄이며 복지 예산을 늘리겠다는 그의 목표도 새로운 정치적 합의에 어긋났다. 그럼에도 잭슨은 평소처럼 열정적으로 선거운동을 했고 민주당 예비선거에서 득표율 18.2퍼센트를 기록해 민주당 내에서의 그의 위치를 탄탄하게 했다. 그런 결과가 나온 데에는 민주당의 최근 역사에 대한 그의 견해가 큰 도움이 되었는데, 이 연설에서는 휴버트 험프리 Hubert Humphrey 에 관한 언급으로 표현되고 있다. 1968년 대선에서 리처드 닉슨에게 패배했던 전직 부통령(1965~1969년) 휴버

제시 잭슨(1941~)

1966 시카고 신학대학을 떠나 인권운동가로 전향함
1968 침례교 목사에 임명됨
1983. 11 민주당 대선 후보에 도전하겠다고 발표함
1984 민주당 후보 월터 먼데일이 패배하고 레이건 대통령이 재선함
1988 민주당 대선 후보 경선에서 690만 표를 획득함. 공화당 후보인 부통령 조지 부시가 민주당 후보 마이클 듀카키스에게 승리함
1991~1997 연방 국가 허용을 위한 로비 활동을 하는 컬럼비아 특별구 예비 상원의원으로 재임함
2000 클린턴 대통령으로부터 자유훈장을 받음

트 험프리는 진보주의와 넘치는 투지로 존경받았다. 베트남 전쟁을 지지했는데도 그가 대선에서 진, 민주당의 위대한 지도자라는 견해가 널리 퍼져 있었다.

흑인들이 광범위한 연합체의 일원으로 힘을 합쳐야 한다는 것은 킹이 남긴 중요한 유산이었다. 거기에는 인권운동가들 사이에서 북부와 남부 간의 연대를 넓히는 것도 포함되었는데 킹은 1966년에 잭슨에게 남부기독교지도자회의의Southern Christian Leadership Conference, SCLC가 조직한 시위가 시카고까지 확산되도록 해달라고 부탁했다. 하지만 잭슨은 킹이 사망한 뒤 남부기독교지도자회의의 지도자가 된 랠프 애버내시Ralph Abernathy와 끊임없이 부딪혔고, 결국 1971년 12월 남부기독교지도자회의를 떠나 그 자신의 새로운 조직을 결성했다. 그것은 시카고를 기반으로 아프리카계 미국인의 사업 기회 확대와 고용 권리 운동에 집중하는 PUSH 작전Operation PUSH(인간성 회복을 위한 국민연합체People United to Save Humanity)이었다. 1984년에 잭슨은 광범위한 이익단체를 대표하는 또 다른 조직 무지개 연합Rainbow Coalition을 만들었다. 그가 이 연설에서 말하는 '다양성으로 조직되었지만 공통의 맥락으로 단결된 미국의 퀼트quilt'는 무지개 연합의 다양성을 나타낸다. 1996년에 잭슨은 이 두 조직을 하나로 합쳤다.

그는 종종 외교적 활약으로 애국주의자임을 확인시켜주었다. 1983년에는 시리아인들에게 붙잡힌 미국인 조종사를 석방시켰고 이 연설을 하기 얼마 전에는 쿠바에 억류된 미국인 22명을 석방시키기 위한 협상에 나섰다. 1984년의 연설로 큰 환호를 받은 뒤 잭슨은 변화와 재정비에 힘을 쏟음으로써 1988년에 또다시 민주당 대통령 후보에 도전할 수 있는 발판을 마련했다. 두 번째 도전에 나선 그는 민주당 예비선거에서 득표율 21퍼센트를 기록했다. 결국 잭슨의 활력과는 거리가 먼 매사추세츠 주지사 마이클 듀카키스Michael Dukakis가 민주당 대통령 후보로 당선되었고 잭슨의 화려한 연설 솜씨에도 사람들을 설득하는 데는 한계가 있음을 보여주었다.

─────✦─────

민주당은 완벽한 당이 아닙니다. 우리는 완벽한 사람들이 아닙니다. 하지만 우리는 완벽한 임무를 수행하기 위해 부름을 받았습니다. 배고픈 사람들을 먹이고 헐벗은 사람들을 입히고 집 없는 사람들에게 집을 주고 문맹자들을 가르치고 일자리가 없는 사람들에게 일을 주고 핵무기가 아니라 인류를 선택하는 것이 우리의 임무입니다.

우리는 이번 주에 대통령 후보를 지명하고 우리 당과 이 나라가 그 임무를 수행할 수 있도록 확장과 단결, 방향 제시, 자극제 역할을 해줄 공약을 선택하기 위해 여기 모였습니다. 절박하고 저주받고 상속권을 박탈당하고 존중받지 못하고 경멸당하는 사람들이 저의 유권자들입니다. 구제받고 싶어 하는 불안정한 사람들입니다.

지도자들은 양심과 구원, 확장, 치유, 단결의 부름에 귀를 기울여야 합니다. 저는 대선 후보 경선 기간 동안 민주당과 이 나라에 리더십을 제시하려고 노력했습니다. 제가 조금이라도 잘한 것이 있고 봉사와 함께 빛을 밝혀주고 상처를 치유해주고 희망을 다시 밝히고 냉담과 무관심에 놓인 누군가를 흔들었다면 결코 헛되지 않은 시간일 것입니다.

반면 제가 누군가를 불편하게 하고 고통을 주거나 두려움이 되살아나게 했다면 그것이 가장 진실한 저의 모습은 아니었습니다. 용서해주시기 바랍니다. 저는 완벽한 종이 아닙니다. 저는 어려움 속에서 최선을 다하는 공공의 종입니다. 제가 성장하면서 섬기는 모습을 끝까지 보아주십시오. 하느님은 아직 저를 완성하지 않으셨습니다.

저는 휴버트 험프리가 세상을 떠나기 3일 전에 그를 만났습니다. 그는 죽어가는 병상에서 리처드 닉슨에게 막 전화를 걸었던 참이었는데 그 이유를 많은 사람이 궁금해했습니다. 제가 물어보자 그는 이렇게 대답했습니다.

'제시, 지금 여기에서 보면 내 인생의 태양이 저물고 있네. 모든 연설과 전당대회, 군중, 위대한 투쟁들이 이제 내 뒤에 있네. 더 이상 줄일 수 없는 본질과 마주하고 가장 중요한 것이 뭔지 찾으려 하게 되는 순간이지. 내가 인생에 대해 도달한 결론은 이걸세. 모든 말과 행동이 끝난 뒤, 결국 우리는 서로 용서하고 구원해주고 앞으로 나아가야 하네.'

휴버트 험프리는 그렇게 말했습니다.

당 역사상 가장 치열했던 민주당 대선 후보 지명전이 끝나가고 있습니다. 우리의 건전한 경쟁은 우리를 쓰라리게 하지 않고 더 낫게 만들어줄 것입니다. 우리는 휴버트 험프리의 통찰과 지혜, 경험을 이 당과 이 나라, 이 세계의 상처를 치료하는 향유로 사용해야 합니다. 우리는 서로를 용서하고 구원하고 대열을 가다듬어 앞으로 나아가야 합니다.

미국은 한 장의 담요와 같지 않습니다. 담요는 하나의 색깔과 질감, 크기로 이루어진 끊어지지 않은 한 조각입니다. 미국은 퀼트에 더 가깝습니다. 여러 조각과 색깔, 크기가 서로 엮여 하나의 조각보로 합쳐져 있습니다. 백인, 히스패닉, 흑인, 아랍인, 유대인, 여성, 원주민, 소작농, 사업가, 환경주의자, 평화운동가, 젊은이, 노인, 레즈비언, 게이, 그리고 장애인이 미국의 퀼트를 이루고 있습니다.

비록 균열 상태에서도 우리는 누구나 어딘가에 속합니다. 서로가 없어도 생존 가능하다는 사실은 증명되었습니다. 하지만 서로가 없어도 승리와 발전이 가능하다는 사실은 증명되지 못했습니다. 우리는 힘을 합쳐야 합니다.

미국을 재건하기 위한 필수 요건은 정의입니다. 이 나라의 진보 정치를 위한 핵심 축은 북쪽에서 나오지 않을 것입니다. 남쪽에서 나올 것입니다.

흑인 유권자들이 많이 투표하면 백인 진보주의자들이 승리합니다. 그것은 백인 진보주의자들이 이기는 유일한 방법입니다. 흑인이 많이 투표하면 히스패닉이 승리합니다. 흑인과 히스패닉, 백인 진보주의자들이 많이 투표하면 여성이 승리합니다. 여성이 승리하면 아이들이 승리합니다. 여성과 아이들이 승리합니다. 여성과 아이들이 승리하면 노동자들이 승리합니다. 우리 모두가 힘을 합쳐야 합니다.

출구가 있습니다. 일자리입니다. 미국이 다시 일하게 합시다. 제가 사우스캐롤라이나 주 그린빌에서 보낸 어린 시절에 샘플 목사님은 예수님 말씀에 대한 설교를 자주 하셨습니다.

'내가 땅에서 들려 올라갈 때에, 나는 모든 사람을 나에게로 끌어올 것이다.'

어릴 때는 그 말이 무슨 뜻인지 이해되지 않았지만 이제 조금은 이해됩니다. 진실을 들어 올리면 자석처럼 사람들을 끌어당기는 힘이 있습니다.

우리가 배고픈 사람을 먹일 정책을 들어 올리면 그들이 한달음에 달려올 것이고, 더 이상 전쟁에 대해 공부하지 않아도 되는 정책을 들어 올리면 젊은이들이 한달음에 달려올 것이고, 미국을 다시 일하게 만드는 정책, 그리고 복지 급여와 절망의 대안을 들어 올리면 그들이 한달음에 달려올 것입니다.

저는 예비선거 운동 기간 동안 제가 내건 약속에 충실하려고 노력했습니다. 저는 히스패닉 거주지와 흑인 빈민가, 원주민 보호구역, 저소득층 주택단지에서 다 살아보았습니다. 저는 우리 젊은이들에게 전할 메시지가 있습니다. 머리에 희망을 넣고, 혈관에는 마약을 넣지 말라고 그들에게 요구합니다. 여러분이 빈민가에서 태어났다고 빈민가가 여러분 안에서 태어난 것은 아닙니다. 마음만 먹으면 거기에서 올라갈 수 있습니다.

저는 그 어느 때보다 우리가 승리할 거라는 확신에 차 있습니다. 우리는 험난한 산을 뛰어넘을 것입니다. 우리는 이길 수 있습니다. 미국의 젊은 이들에게 한 가지, 딱 한 가지 부탁하고 싶습니다. 꿈꿀 권리를 행사하십시오. 현실을 있는 그대로 마주하십시오. 그런 다음에 마땅히 그렇게 되어야 할 현실을 꿈꾸십시오. 희망과 상상력을 생존과 진보의 무기로 삼으십시오. 사랑으로 동기를 부여하고 인류 가족을 위해 봉사하는 의무를 가지십시오.

우리의 시대가 왔습니다. 우리의 시대가 왔습니다. 고난은 우리를 성숙하게 하고 성숙함은 믿음을 낳습니다. 믿음은 절대로 실망시키지 않습니다. 우리의 시대가 왔습니다. 우리의 믿음과 희망, 꿈은 승리할 것입니다. 우리의 시대가 왔습니다. 눈물 흘리는 밤을 지나 이제 기쁨이 있는 아침을 맞이했습니다. 우리의 시대가 왔습니다. 그 어떤 무덤도 우리의 육신을 억지로 뉘일 수 없습니다. 우리의 시대가 왔습니다. 거짓은 결코 영원할 수 없습니다. 우리의 시대가 왔습니다. 인종 싸움의 땅을 떠나 공동의 경제 영역과 더 고귀한 영역으로 가야 합니다. 미국이여, 우리의 시대가 왔습니다. 우리는 수치에서 놀라운 은혜로 나아갑니다. 우리의 시대가 왔습니다. 자유의 숨결을 갈망하는, 지치고 가난하고 웅크린 사람들을 저에게 맡겨주십시오. 오는 11월에는 변화가 있을 것입니다. 우리의 시대가 왔기 때문입니다.

'과거에 눈을 감는 사람은 결국
현재도 보지 못합니다'

리하르트 폰 바이츠제커
(Richard von Weizsäcker, 1920~2015)

서독 대통령의 제2차 세계대전 종전 40주년 기념 연방의회 연설

| 독일 본, 1985년 5월 8일 |

이 연설에 담긴 죄, 결백, 고통에 대한 심오하고도 신중한 설명은 독일, 그리고 유럽에서 최고의 정치력을 보여준 전통적인 사례다. 리하르트 폰 바이츠제커 대통령은 이 연설 당시 서독의 국가원수였는데 특정 정당에 얽매이지 않은 그였기에 독일 국민들을 대신해 말할 수 있었다. 특히 그의 개인적인 경험은 독일 대표로서 전하는 말에 더 큰 의의를 부여해주었다.

폰 바이츠제커 집안은 1871년에 세워진 독일 제국Second Reich에서 큰 활약을 했다. 그의 조부는 뷔르템베르크 왕국Württemberg의 총리를 지냈고 1916년에는 세습 가능한 귀족 작위를 받았다. 그의 아버지 에른스트는 1920년부터 독일 외무부 소속이었고 1943년부터 1945년까지 교황청 대사로 활동했다. 에른스트 폰 바이츠제커는 1947년에 전범 혐의로 체포되었고, 논란 속에 뉘른베르크에서 열린 군사재판에서 7년형을 선고받았다. 당시 괴팅겐 대학의 법대생이었던 리하르트 폰 바이츠제커는 아버지의 피고 측 변호인단 조수였다. 그의 아버지는 1950년에 일반사면으로 풀려났지만 이듬해에 세상을 떠났다.

전후 서독은 경제가 급성장하고 민주주의가 안정적으로 발전했는데, 이

리하르트 폰 바이츠제커(1920~2015)

1939~1945 독일 육군으로 복무함. 동프로이센 작전 도중 부상함(1945년)
1954 중도 정당인 기독교민주동맹(Christian Democratic Union)에 입당함
1955 괴팅겐 대학교에서 법학 박사 학위를 취득함
1967~1984 독일복음교회(루터교) 종교회의의 일원으로 활동함
1969~1981 하원에 소속되어 부의장으로 재임함(1979~1981년)
1981~1984 서베를린 시장 역임
1984 연방총회(Federal Convention)에 의해 서독 대통령으로 선출됨
1989~1994 독일 통일과 공산주의 동독의 붕괴 이전에 대통령직을 연임함

는 곧 과거로부터 등을 돌렸다는 의미였다. 나치의 제3제국 Third Reich 붕괴 40주년 기념일은 왜 독일이 제1차 세계대전과 제2차 세계대전 사이에 엘리트 계층과 대중 계층 모두 전체주의를 받아들였는지 그 이유를 공개적으로 묻기 시작하는 기회였다. 일각에서는 그것이 진작 행해졌어야 할 과정이라고 생각했다. 1960년대에 급진주의 학생들은 정부가 가까운 과거의 사안에 무관심하다고 시위를 벌였다. 폰 바이츠제커의 연설을 계기로 국가적인 차원의 자기 성찰이 시작되었고 지금까지도 이어지고 있다. 독일의 고위직 인사가 처음으로 1945년 5월 8일이 독일 동포들을 위한 '해방의 날'이었다고 공개적으로 말했다. 국가적인 대재앙의 규모로 볼 때는 축하할 날이라고 할 수 없지만 '일탈의 종말'로 기념할 수 있다는 것이다. 전쟁을 시작한 독일의 책임도 받아들이고 있지만 독일이 어떻게 나치즘의 마지막 피해자가 되었는지에 대한 이야기는 세심하면서 타당하다.

'우리는 우리들 자신이 일으킨 전쟁의 피해자가 되었습니다.'

이 연설에서 드러나는 개인적인 소양과 지적인 진중함은 나치 이전 독일 사회의 전형적인 특징이었고 1945년 이후에 두드러진 특성으로 재등장했다. 이 연설에 담긴 종교적 표현은 폰 바이츠제커의 개신교와 기독교 신앙에서 나오는데 '죄는 결백과 마찬가지로 집단적인 문제가 아니라 개인적인 문제다'라는 말에서 그의 생각을 읽을 수 있다.

1980년대 중반 들어 서유럽은 단일 통화로 나아가고 통합 정치 구조 또한 속도를 내고 있었다. '새로운 시작은 자유와 자결권의 개념에 성공과 패배를 모두 가져다주었다'고 폰 바이츠제커는 미묘하게 표현했다. 독립을 지키려 한 국가들이 전쟁에서 승리했으나 전쟁 재발을 피하기 위해 자주권의 통합이 이루어지고 있는 상황이었다. 그러나 1985년 당시 동독과 서독은 아직 화해하지 않은 상태였다. 그럼에도 그는 이 연설에서 독일이 '한 국민, 한 국가' 돌아올 것임을 예언했고 그것은 불과 4년 뒤에 현실이 되었다.

오늘 많은 국가가 유럽에서 제2차 세계대전이 끝난 날을 기념하고 있습니다. 승리건 패배건, 불의와 타국 통치로부터의 해방이건, 혹은 새로운 의존과 분열, 새로운 동맹, 거대한 권력 변동으로의 변화건 1945년 5월 8일은 유럽에 결정적으로 중요한 날입니다.

꼭 필요한 일인 만큼 우리 독일인은 그날을 기념하고 있습니다. 우리는 우리만의 기준을 찾아야 합니다. 감정을 피하려 한다면 그 과업에 도움이 되지 않습니다.

우리 독일인에게 5월 8일은 축하하는 날이 아닙니다. 1945년의 그날을 실제로 목격한 사람들은 저마다 매우 개인적이고, 매우 다른 경험을 떠올릴 것입니다. 집으로 돌아온 사람들도 있고 집을 잃은 사람들도 있었습니다. 자유를 찾은 사람들도 있고 포로 생활이 시작된 사람들도 있었습니다. 많은 사람이 야간 공습과 공포가 지나가고 살아남았다는 사실만으로 감사했습니다. 그러나, 무엇보다 조국의 완전한 패배에 슬픔을 느낀 사람들도 있었습니다. 어떤 독일인들은 산산조각 난 환상에 침통해했던 반면에 다른 이들은 새로운 시작이라는 선물에 감사해했습니다.

대부분의 독일인은 조국을 위해 싸우고 고통 받는 것이라고 믿었습니다. 그러나 이제 그들의 노력은 헛되었을 뿐만 아니라 범죄적 정권의 비인간적인 목표에 기여한 것이라는 사실이 밝혀졌습니다.

하루하루가 지날수록 분명해진 것, 그것은 오늘 우리 모두를 위해 명시되어야 합니다. 5월 8일은 바로 해방의 날이었습니다. 비인간적이고 독재적인 나치 정권으로부터 우리 모두가 해방된 날이었습니다.

오늘 우리가 승리를 축하하는 자리에 참석하지 못할 이유는 전혀 없습니다. 이제 우리는 1945년 5월 8일을 독일 역사에서 일탈이 끝난 날로 인식해야 합니다. 그 끝은 더 나은 미래를 위한 희망의 씨앗을 품고 있습니다. 독재의 뿌리에는 유대인 동포들을 향한 히틀러의 헤아릴 수 없는 증오가 있었습니다. 히틀러는 그 증오를 대중에게 절대로 감추지 않았을 뿐만 아니라 나라 전체를 그 증오의 도구로 삼았습니다. 유대인 대학살은 역사상 유례가 없는 일입니다. 그 파괴의 본질과 범위는 인간의 상상을 넘어섰을지 몰라도, 사실 범죄 자체와는 별도로 무슨 일이 일어나고 있는지 주목하지 않은 사람이 너무나 많았습니다. 양심에 가책을 느끼지 않거나 책임을 회피하거나 시선을 돌리거나 침묵을 지킨 방식이 너무 많았습니다.

국민이 모두 유죄이거나 무죄인 경우는 없습니다. 죄는 결백과 마찬가지로 집단적인 문제가 아니라 개인적인 문제입니다. 그 시대를 직접 경험한 사람 모두가 오늘 그 시대에 자신이 어떻게 개입했는지 조용히 생각해봐야 합니다.

지금 독일 인구의 대다수는 당시 어린아이였거나 아직 태어나지도 않았던 사람입니다. 분별 있는 사람이라면 독일인이라는 이유만으로 그들이 참회해야 한다고 생각하지 않을 것입니다. 하지만 조상들은 독일인들에게 무거운 유산을 남겼습니다.

이것은 과거를 받아들이는 경우가 아닙니다. 그것은 불가능합니다. 지난 일을 바꾸거나 없었던 일로 할 수는 없습니다. 그러나 과거에 눈을 감는 사람은 결국 현재도 보지 못합니다. 과거의 비인간적인 행위를 마음에 새기려 하지 않는 사람은 또다시 그런 위험에 빠지기 쉽습니다.

'잊으려고 하면 유배 기간이 더 길어진다. 구원의 비밀은 기억에 들어 있다'는 유대인의 격언은 하느님에 대한 믿음이 역사에 대한 하느님의 일에 대한 믿음이라는 것을 확실히 보여줍니다. 기억은 역사 속에서 하느님이 하신 일을 경험하는 것입니다. 그것은 구원에 대한 믿음의 원천입니다. 이 경험은 희망을 만들고 구원에 대한 믿음, 분단된 이들의 재통일과 화해에 대한 믿음을 만듭니다.

히틀러는 전쟁을 일으켜 유럽을 지배하려 했습니다. 소련은 다른 나라들을 싸우게 만들어 전리품을 나눠 가질 준비가 되어 있었습니다. 그러나 전쟁을 시작한 것은 독일이었습니다.

그 전쟁 기간에 나치 정권은 여러 국가를 괴롭히고 더럽혔습니다. 그런데 전쟁이 끝나자 고통스럽고 노예가 되고 더럽혀질 곳은 오직 한 나라, 독일이었습니다. 히틀러는 독일이 전쟁에서 승리할 수 없다면 소멸되어야 한다고 선언했습니다. 독일이 시작한 전쟁은 먼저 다른 나라들을 피해자로 만들었고, 그 뒤 우리는 우리들 자신이 일으킨 전쟁의 피해자가 되었습니다.

1945년 이후 유럽의 새로운 시작은 자유와 자결권의 개념에 성공과 패배를 모두 가져다주었습니다. 우리의 목표는 모든 국가의 평화가 힘의 우월성의 결과로만 가능하고 평화로운 시대가 다음 전쟁을 위한 준비 기간에 불과했던 유럽의 오랜 역사를 끝내는 것입니다.

전쟁이 끝난 뒤 많은 독일인이 여권을 숨기거나 다른 나라의 여권으로 바꾸려 했지만 오늘날 독일 국적은 가치가 높습니다. 우리 자신의 역사에 대한 기억을 우리가 앞으로 취할 행동의 길잡이로 삼는다면 지난 40년간

이룩한 발전을 감사의 마음으로 돌아볼 수 있을 것입니다.

- 나치 정권에서 정신 이상자들이 죽음을 당했다는 사실을 기억한다면, 우리에게 정신 장애인들을 보살펴야 할 책임이 있음을 알 수 있을 것입니다.
- 인종과 종교, 정치 때문에 박해받고 죽음의 위협에 놓인 사람들이 다른 국가들로부터 외면당했다는 사실을 기억한다면, 오늘 우리는 죄 없이 박해받는 이들과 보호받기를 원하는 이들을 외면해서는 안 될 것입니다.
- 독재 정권하에서 자유사상이 처벌받은 사실을 기억한다면, 아무리 우리들 자신을 겨누는 것일지라도 모든 사상과 비판의 자유를 보호해야 할 것입니다.

우리 독일인은 한 국민, 한 국가입니다. 우리는 지난 시간을 함께 살아왔기에 서로가 하나라고 느낍니다. 벽으로 나뉜 유럽에서 경계를 초월하는 화합은 불가능하며, 오로지 그 국경들에서 분열을 초래하는 요소들을 제거해주는 하나의 대륙에서만 화합할 수 있습니다. 우리는 5월 8일이 모든 독일인의 공통된 역사에서 마지막 날이 아니라고 확신합니다.

'유럽을 공동의 노력만큼이나 국가적
정체성을 즐기는 국가 가족으로 만듭시다'

마거릿 대처
(Margaret Thatcher, 1925~2013)

영국의 마거릿 대처 총리가 유럽의 비전을 제시하는 연설

| 벨기에 브뤼헤, 1988년 9월 20일 |

1980년대에 유럽의 통합이 가속화되면서 로마 조약 속에 소중히 새겨진 '더욱 가까운 연합'이라는 목표는 한층 더 구체화되었다. 1957년에 맺은 로마 조약에 따라 6개국이 유럽경제공동체 창설에 합의했고, 1988년에 이르러서는 '경제'를 빼고 유럽연합으로 진화하는 조직에 12개국이 가입되어 있었다. 단일유럽의정서Single European Act(1986년)에 따라 국가 간의 무역 장벽을 없애려는 계획도 영국에서 동의를 얻었다. 영국인들은 유럽 공동체를 습관적으로 '공동시장Common Market'이라고 불렀다. 그러나 유럽경제통화동맹European Economic and Monetary Union, EMU은 매우 다른 것이었다. 1988년 여름, 유럽연합 집행위원회European Commission의 의장 자크 들로르Jacques Delors가 의장직을 맡고 있는 위원회가 단일 통화 도입과 중앙은행 수립 계획을 세우고 있었다. 대처 총리의 태도에서 힌트를 얻은 다수의 영국 보수주의자들은 단일 통화가 도입되면 웨스트민스터 의회의 자주권, 즉 영국의 독립이 약화될 것이라고 항의했다. '대처리즘Thatcherism'은

마거릿 대처(1925~2013)

1946 옥스퍼드 대학교에서 자연과학을 전공하고 졸업함
1953 변호사 자격을 취득함
1959 핀칠리 지역 하원의원(보수당)에 당선됨
1970~1974 교육부 장관 역임
1972 보수당 정부가 유럽경제공동체 가입 조약을 체결함
1974. 02 보수당이 총선에서 패배하고, 다음 선거(10월)에서도 패배함
1975 보수당 당수로 선출됨
1979 총선 승리 후 정부가 출범함(1983년과 1987년 재선)
1990. 11 총리직을 사임하고, 후임자인 존 메이저를 비판함
1990 공로훈장을 받음
1992 의원직을 사퇴하고, 남작 작위(케스티븐의 대처 남작)를 받음
1995 가터 훈장을 받음

유럽 기관에 의한 힘의 증대는 가차 없고 일방적인 과정이었으며 그 목표는 연방주의적 초국가를 만드는 일이라고 주장했다. 이 연설은 영국에서 '유럽회의주의'가 단순한 반체제적 주장이 아닌 것으로 인정받도록 했고 '유럽연방주의'를 강력하게 반대함으로써 훗날 공개 청문회가 열리는 계기를 마련했다.

대처는 자본주의에 회의적이고 정부를 쉽게 믿는 유럽의 '정치 계급'을 개괄적으로 묘사하면서 개인의 자유와 기업에 대한 믿음에서 더욱 강한 탄력을 갖춘 영국 정치의 전통과 비교한다. 이러한 신념에는 기업가적 가치에 대한 대처의 열정이 잘 드러난다. 대처의 주요 정책인 국영 산업의 민영화는 영국 경제를 규제 완화와 경쟁 심화로 몰아넣었고 미국식 사업 관행으로 향하게 만들었다. 이 연설은 유럽 정부들이 미국이 촉구해온 대로 북대서양조약기구의 국방비에 더 많은 돈을 내라고 촉구하고 있으며, 이민자들의 혈통으로 볼 때 북아메리카도 또한 '유럽'이라는 주장은 유쾌하면서도 짓궂다.

외교적이라고 볼 수 없도록 공격적인 이 연설의 기저에는 국가 간 합의에 대한 대처의 의심 – 이 경우에는 무미건조하고 퇴보적이고 지역주의적인 유럽의 전형적인 리더십 – 이 깔려 있다. 그녀는 유럽 공동체를 더 넓은 시야로 바라봐야 한다고 촉구하는데, 그러한 국제적 관점은 정치적 지혜와 경제적 덕목에서 모범적이라고 표현된 나라들, 즉 영국과 미국의 범대서양주의Atlanticist적 태도에 따른 것이다.

마스트리히트 조약Maastricht Treaty (1992년)에 따라 합의된 영국의 옵트아웃opt-out 조항이 파운드화와 잉글랜드 은행을 지켜냈지만 대처는 그녀의 '분열주의divisiveness'를 두려워한 보수당에서 리더십을 잃은 뒤였다. 유럽은 그 극의 중심이었다. 1989년 여름, 나이절 로슨Nigel Lawson 재무부 장관과 당시 외무부 장관이던 제프리 하우Geoffrey Howe 는 고립된 대처에게 단일 통화의 전조인 환율조정제도Exchange Rate Mechanism에 원칙적으로 동의하라고 강요했다. 하우는 1990년 11월 정부에서 사임했고 대처 총리의 유럽 문제에 대한 신념은 줄곧 동료 의원들과 상의하지 않음으로써 초래된 결과의 하나라고 공격했다. 같은 달에 내각은 그녀의 사임을 종용했다. 마거릿 대처의 정치 인생을 만든 것도 망친 것도 이 연설에서 찬양되는, 굽힐 줄 모르는 개인주의였다.

━━━◦╬◦━━━

유럽은 로마 조약의 창조물이 아닙니다. 유럽연합에 대한 사상 또한 그 어느 집단이나 단체의 소유물이 아닙니다. 우리 영국은 다른 나라 못지않게 유럽의 문화유산을 계승받았습니다. 우리는 영국이 1215년의 대헌장 이후 자유의 수호자 역할을 하는 대표 제도를 선구적으로 발전시켜왔다는 사실을 마땅히 자랑스럽게 생각합니다. 그러나 우리는 그것이 정치사상에 대한 유럽의 유산 없이는 올릴 수 없는 성과였다는 사실도 잘 알고 있습니다. 문명사회를 야만주의와 구분해주는 법의 지배 개념은 우리가 고대 그리스·로마와 중세의 유럽 사상에서 차용한 것이기 때문입니다.

우리 영국인들은 유럽에 매우 특별한 방식으로 기여했습니다. 우리는 수세기 동안 유럽이 단일 권력의 지배하에 놓이지 않도록 싸워왔습니다. 목숨을 건 영국인들의 투쟁 의지가 없었다면 유럽은 벌써 오래전에 통일되었을 것입니다. 그러나 자유와 정의로의 통일은 아니었을 것입니다.

유럽 공동체는 유럽의 정체성을 나타내지만 유일한 표시는 아닙니다. 우리는 철의 장막 동쪽, 한때 유럽의 문화와 자유, 정체성을 온전하게 향유했던 사람들의 뿌리가 잘려나갔다는 사실을 잊으면 안 됩니다.

또한 우리는 유럽의 가치가 미국이 용맹한 자유의 수호자가 될 수 있도록 해주었다는 사실도 잊으면 안 됩니다.

영국의 유럽 개입은 종래와 같이 유효하고 강인합니다. 그렇습니다, 우리는 다른 이들과 마찬가지로 더 넓은 시야로 바라보았습니다. 유럽은 편협하고 대내지향적인 집합으로서는 절대로 번영하지 못했을 것이고 앞으로도 마찬가지입니다.

유럽 공동체는 모든 가입국의 것입니다. 따라서 모든 가입국의 전통과 미래가 반영되어야 합니다. 영국은 주변부의 안락하고 고립된 존재로 머물고 싶지 않습니다. 우리의 운명은 유럽 공동체의 일원으로 유럽 안에 존재합니다. 영국의 미래가 유럽 안에만 있다는 뜻은 아닙니다. 프랑스와 스페인, 그리고 모든 가입국의 미래 또한 마찬가지입니다.

유럽 공동체의 목적은 그 자체에서 끝나는 것이 아닙니다. 그것은 모호한 지적 개념에 따라 끝없이 변경되는 제도적 장치도 아닙니다. 무한한 규제로 탄력을 잃어서도 안 됩니다. 유럽 공동체는 유럽의 미래 번영과 유럽인들이 다수의 강대국과 다양한 국민들이 존재하는 세계에서 안전하게 살아가도록 보장해주는 실질적인 수단입니다.

독립 주권 국가들 간의 자발적이고 적극적인 협력은 성공적인 유럽 공동체 건설을 위한 가장 좋은 방법입니다. 국가성을 억누르고 권력을 거대한 유럽 복합체의 중심에 집중시키려고 하면 매우 해로울 것입니다. 프랑스는 프랑스로, 스페인은 스페인으로, 영국은 영국으로 각각의 관습과 전통, 정체성을 지니고 있어야 유럽이 더 강해질 것입니다. 합성 몽타주처럼 만든 단일한 유럽의 정체성에 이들 국가를 끼워 맞추는 것은 어리석은 일이 될 것입니다.

유럽 국가들이 좀 더 긴밀하게 협력하는 데에 꼭 브뤼셀의 중앙집권적 권력이 필요한 것도, 지정된 관료들의 의사 결정이 필요한 것도 아닙니다. 영국은 자국 내의 경계도 제대로 없애지 못했는데 브뤼셀에서 새로운 지배력을 행사하는 초유럽 국가와 함께 범유럽 차원에서 같은 짐을 지게 됩니다. 로마 조약 자체는 경제적 자유헌장 Charter for Economic Liberty 으로 의도된 것이었습니다. 하지만 언제나 그렇게 해석된 것은 아니었고, 제대로 적용되지도 않았습니다. 1970년대와 1980년대의 유럽 경제가 가르쳐준 교훈은 중앙 계획 central planning 과 규제 강화가 효과적이지 않으며 개인적인 노력과 자발성이 효과적이라는 것이었습니다.

장벽을 없애고 기업들이 유럽 전역으로 활동 범위를 넓히면 미국과 일본, 그리고 아시아 등지의 경제 신흥국가들과의 경쟁력을 최대한 키울 수 있습니다. 자유 시장과 폭넓은 선택을 보장하고 정부의 개입을 줄여야 한다는 뜻입니다.

유럽중앙은행이 있어야 하는지는 핵심 사안이 아닙니다. 가장 실질적으로 당면한 문제는 다음과 같습니다.

- 유럽 공동체가 자본의 자유로운 이동을 시행하는 것으로, 영국에서는 이미 실행되고 있습니다.
- 유럽 공동체를 통한 외환 관리를 폐지하는 것으로, 영국에서는 1979년에 폐지했습니다.
- 은행, 보험, 투자 등 금융 서비스 분야에서 완전한 자유 시장을 설립하는 것입니다.

유럽 공동체가 유럽 내 무역 장벽을 허물면서 외부적인 보호 대책은 강화한다면 배반 행위가 될 것입니다.

우리는 저개발 국가들에 대한 책임이 있습니다. 저개발 국가들에게는 원조뿐만 아니라 경제적 힘과 독립이라는 존엄성을 획득하기 위해 무엇보다도 무역 기회의 개선이 필요합니다.

상황은 우리가 원하는 방향으로 흘러가고 있습니다. 자유 기업 사회의 민주주의 모델은 그 우월성을 증명했고 제 평생 처음으로 자유가 공격의 자세를, 전 세계를 향해 평화로운 공격 자세를 취하고 있습니다.

우리는 미국이 유럽 방위에 대한 의무를 지속하도록 노력해야 합니다. 미국이 이 세계적 역할을 수행하는 데에 많은 자원을 부담하고 있음을 인정합시다. 그리고, 특히 유럽이 부유해지고 있으므로, 동맹국들이 자유 방위에 제 역할을 다해야 한다는 미국의 주장 또한 자각해야 합니다. 그것은 제도적인 문제가 아닙니다. 징집의 문제도 아닙니다. 그것은 더 단순하고도 더 심오한 문제입니다. 그것은 정치적 의지와 정치적 용기의 문제이자 우리의 방위를 언제까지나 남에게 의지할 수 없다는 사실을 유럽의 모든 국민들에게 설득시키는 문제입니다.

유럽을 서로 더 잘 이해하고 서로에게 더 감사하고 더 단결하면서도 공동의 노력만큼이나 국가적 정체성을 즐기는 국가 가족으로 만듭시다. 안이 아니라 밖을 바라보며 더 큰 세계에서 제 역할을 다하는 유럽, 우리의 가장 고귀한 유산이자 가장 큰 힘인 대서양 양쪽의 유럽, 대서양 공동체를 보존하는 유럽을 만듭시다.

'선택의 자유는 예외가 존재하지 않는
보편적 원리입니다'

미하일 고르바초프

(Mikhail Gorbachev, 1931~)

소련연방최고회의 간부회의장 미하일 고르바초프의 유엔총회 연설

| 미국 뉴욕, 1988년 12월 7일 |

미하일 고르바초프의 연설에는 마르크스·레닌주의 언어의 흔적이 여전히 남아 있다. 소련공산당 최고의 자리에 오른 그는 개인의 신념이 사회적·경제적 '이익'을 반영하며, 그로 인한 '모순'들은 '객관적으로 조건화' 되어 있다는 국가의 공식적 원칙을 옹호할 의무가 있었다. 그러나 이러한 예전 사상은 소비에트 사회주의 연방공화국이 1922년에 탄생한 이후 상징했던 모든 것을 실질적으로 무너뜨린 글라스노스트(개방)와 페레스트로이카(재건)라는 포괄적인 정책 안에 깊이 잠기게 되었다.

고르바초프가 민주화와 자유 시장 개혁으로 방향을 바꾼 것은 그가 새로운 버전의 '소련인'임을 의미했다. 1988년 말 그는 새로운 법으로 기업체의 개인 소유를 허용했고 이듬해엔 복수 정당 선거를 준비하고 있었다. 외교 정책의 변화는 러시아가 미국의 국방 예산 수준을 따라갈 수 없음을 보여주는 것이었고 고르바초프는 무기 예산의 감소가 소련 경제의 어려움을 해소해주길 바랐다. 따라서 1987년 12월에 그는 미국과의 중거

미하일 고르바초프(1931~)

1950~1953 모스크바 대학교에서 공부함
1953 소련공산당(CPSU)에 입당함
1970 캅카스 북부의 스타브로폴 지방 제1서기에 임명됨
1971 CPSU 중앙위원회에 합류함
1978 중앙위원회 농업부 장관에 임명됨
1980~1991 소련 정치국에서 근무함
1985~1991 CPSU 총서기 역임
1986. 04 소련의 기술적 노화가 드러난 체르노빌 원전 대폭발 사고가 일어남
1989. 03~04 인민대의원총회(Congress of People's Deputies)에 의해 민주주의 선거를 실시함
1990~1991 소련 대통령 역임
1990 노벨평화상을 수상함
1991. 08 소련 해체를 막기 위한 쿠데타가 일어나지만 실패함
1991. 12. 25 대통령직을 사임함

리핵전력조약Intermediate-Range Nuclear Forces Treaty, INF 에 서명했다. 양국이 보유하고 있는 핵, 그리고 재래식 지상 발사 탄도 및 순항 미사일을 폐기하기로 한 것이었다. 이 협정은 미국과 북대서양조약기구가 다른 핵무기에서 소련보다 전략적 우위를 확보하도록 해주었지만 소련은 여전히 핵무기가 아닌 재래식 무기에서 월등한 우위를 점하고 있었다. 그러했기에 고르바초프가 유엔총회에서 무기 감축은 물론이고 동유럽에 주둔하는 일부 군대의 철수와 소련군 병력의 대규모 감축을 선언한 것은 엄청난 양보라고 할 수 있었다. 1988년은 또한 1979년 침략 이후 마르크스주의 정권을 지원하며 점령하고 있던 아프가니스탄에서 소련군의 철수가 시작된 해이기도 했다. 소련은 이슬람 '자유 전사' 무자헤딘mujahidin 이 벌인 전쟁으로 깊은 수렁에 빠진 상태였다.

고르바초프가 사면초가에 몰린 독일민주공화국GDR(동독) 정부를 지원하지 않음으로써 얼마 뒤인 1989년 11월에 동독은 붕괴되었고, 그 뒤를 이어 중·동유럽 전역에서 공산주의 정권을 타도하는 민주주의 혁명이 일어났다. 급속한 변화의 바람은 고르바초프의 추종자들을 들뜨게 했지만 단기적으로 볼 때 그의 개혁은 소련 경제를 개선하기보다는 문제를 가중시켰다. 그의 연설에는 '특정 세력'의 저항이 언급되는데, 거기에는 개혁이 소련의 특권을 약화시키고 파국으로 이어질 것이라고 생각하는 내부 비판자들이 포함되었다. 고르바초프의 야망은 러시아와 다른 국가들을 지속적으로 연방 내에 포함시키는 새로운 연방 구조를 갖추는 것이었다. 또한 그는 에스토니아와 라트비아, 리투아니아 등 발트 해 국가들의 독립을 강력히 반대했다. 그러나 1991년에 일련의 사건이 벌어졌다. 옛 소련을 지키려는 이들이 8월에 쿠데타를 일으켰고 고르바초프 대통령을 그의 다차dacha(러시아의 시골 별장 – 옮긴이)에 구금했다. 쿠데타는 실패했지만 고르바초프의 권위는 약화되었다. 12월에 그가 사임하기까지 구소련은 독립국가연합Commonwealth of Independent States이 되었고 러시아 연방Russian Federation은 그에 속한 11개의 자주 국가 중 하나였다. 고르바초프의 유엔 총회 연설은 국제 관계의 새로운 시대가 막 열렸음을 확인시켜주었다. 그러나 2008년에 이르러 그의 낙관론은 퇴색되어 있었다.

'냉전 종식 이후 우리는 새로운 세계 질서를 구축하기 위해 10년의 시간을 가졌다. 그러나 우리는 그것을 낭비해버렸다.'

두 위대한 혁명, 1789년의 프랑스 혁명과 1917년의 러시아 혁명은 역사적 과정의 실제적 본질에 큰 영향을 끼쳤습니다. 그것은 영적으로 매우 훌륭한 자산이지만 미래를 향해 다른 길을 찾아야 할 필요가 있습니다. 오늘날 우리는 모든 인류의 이익을 바탕으로 하는 진보의 시대로 접어들었습니다.

지난 몇백 년, 그리고 천년의 역사는 거의 어디에서나 볼 수 있었던 전쟁의 역사였습니다. 사회적·정치적 이익의 충돌과 사상이나 종교의 불일치 등으로 인한 국가 간 적대감으로 전쟁이 일어났습니다. 그런데 전쟁 과정과 함께, 역시 객관적으로 조건화된 또 다른 과정이 진행되어 힘을 얻고 있었습니다. 바로 상호 연결된 통합 세계의 등장이라는 과정입니다.

이제 앞으로의 세계 발전은 오로지 새로운 세계 질서를 향한 움직임에서 전 인류의 합의를 찾으려고 함으로써 가능합니다. '타인의 희생 위에서'라는 발전 공식은 시대에 뒤떨어지고 있습니다. 지금의 현실에서 개인과 집단의 권리와 자유를 위반하거나 자연을 희생시키는 발전은 불가능합니다. 사회 구조와 삶의 방식, 특정 가치를 선호하는 이면에는 이익이 자리해 있습니다. 거기에서 벗어날 수는 없지만 국제적인 틀 안에서 이익의 균형을 찾아야 한다는 필요성에서도 벗어날 수 없습니다. 무력과 무력의 위협이 더 이상 외교 정책의 수단이 될 수 없으며 그래서도 안 된다는 것이 자명합니다.

선택의 자유는 예외가 존재하지 않는 보편적 원리입니다. 지난 몇십 년 동안 발전한 각양각색의 사회 정치적 구조는 타인의 관점을 존중하고 받아들이는, 다른 현상을 나쁘거나 적대적으로 바라보지 않으려는 준비를 전제로 합니다.

국제 관계의 탈이념 de-ideologization 은 새로운 무대가 요구하는 것이 되었습니다. 우리는 우리의 신념이나 철학, 전통을 포기하지 않을 것입니다. 그렇다고 우리 스스로의 가치관 안에 갇혀 있지도 않을 것입니다. 각자가 가진 체제와 삶의 방식, 가치의 장점을 증명해야 합니다. 말이나 선전만을 통해서가 아니라 실제 행동 또한 수반되어야 합니다. 그것이야말로 진정한 사상 투쟁입니다. 하지만 그것이 국가 간의 관계에까지 영향을 끼쳐서는 안 됩니다. 그러지 않으면 우리는 세계가 직면한 문제, 즉 사람들 간에 광범위하고 서로 유익하고 공평한 협력 방안을 마련하고, 과학 및 기술 혁명의 성과를 합리적으로 관리하고, 세계의 경제적 관계를 변화시키고, 환경을 보호하고, 저개발을 극복하고, 배고픔과 질병, 문맹을 비롯한 집단적 해악을 없애야 하는 문제를 단 하나도 해결할 수 없을 것입니다. 그렇게 되면 궁극적으로 핵무기 위협과 군국주의를 제거할 수도 없을 것입니다.

우리는 수없이 복잡한 소용돌이를 넘어 인류 공통 사상의 우월성을 성취하고 문명의 활력을 보존하는 길을 찾기 위해 힘을 합쳐야 합니다.

소련은 진정한 혁명이 급증하고 있습니다. 국가 재건 계획을 시행하기 위해 우리 사회는 진정으로 민주주의적인 것이 되어야만 했습니다. 민주화의 휘장 아래 정치와 경제는 물론이고 영적인 삶과 사상까지 재건되고 있습니다. 최근에 우리는 최고회의Supreme Soviet(구소련의 최고 권력·입법 기관-옮긴이)의 헌법 개정 결정과 선거법 도입으로 정치 개혁 과정의 첫 단계를 완성했습니다. 거기에서 멈추지 않고 우리는 두 번째 단계를 시작했습니다. 중앙정부와 공화국 간의 상호 작용, 지방 권력의 재편이라는 가장 중요한 과업입니다.

소련의 민주주의는 확고하고 규범적인 토대를 확보하는 것입니다. 이것은 양심의 자유에 관한 법이나 글라스노스트, 공공조합과 조직에 관한 법 등을 의미합니다. 지금 소련에는 정치나 종교적 신념 때문에 형을 선고받고 감금된 사람이 없습니다.

오늘 저는 다음 사실을 알려드릴 수 있습니다. 소련은 병력 축소 결정을 내렸습니다. 향후 2년간 병력을 50만 명으로 줄이고 재래식 무기의 양도 상당히 줄일 것입니다. 이러한 감축은 일방적으로 이루어질 것입니다. 바르샤바 조약에서 동맹국들과의 합의에 따라 우리는 동독과 체코슬로바키아, 헝가리에서 6개 탱크 사단을 철수하고 1991년까지 해체하기로 했습니다. 그 국가들에 위치한 소련군은 5만 명, 탱크는 5,000대로 줄일 것입니다. 동맹국에 남아 있는 소련군도 재편할 것입니다. 오늘날과는 다른 구조를 적용시켜 모호하지 않은 방어 체제를 갖출 것입니다.

55년간 이어진 소련과 미국의 관계는 너무나 오랫동안 대립의 깃발 아래 만들어졌습니다. 소련과 미국은 최대 규모의 핵무기를 구축했지만 서로의 책임을 객관적으로 인정한 뒤 양국은 물론 전 세계를 위협하는 무기의 감축과 폐기에 가장 먼저 합의했습니다. 양국은 규모가 가장 크고 가장 정교한 군사 기밀을 갖고 있습니다. 하지만 무기 생산의 폐기는 물론 제한과 금지에 관한 상호 검증의 토대를 마련하고 그 체계를 발전시키고 있는 것도 두 나라입니다. 우리는 무엇보다 전략적 공격 무기의 50퍼센트 감축 조약을 맺기 위한 일관된 전진과 화학 무기 제거 협약 검토, 유럽의 재래식 무기와 병력 감축에 관해 이야기하고 있습니다.

핵무기와 폭력이 없는 세계로 향하는 움직임은 기본적으로 지구의 정치적·영적 측면을 바꿔줄 수 있지만, 아직 첫걸음을 뗐을 뿐입니다. 게다가 특정 세력의 불신과 저항을 마주하고 있습니다. 깊은 모순과 많은 갈등의 뿌리가 사라지지 않았습니다. 평화의 시대가 여러 사회적·경제적·정치적 체제의 존재와 경쟁 속에서 찾아오리라는 건 분명한 사실입니다. 그러한 경쟁이 선택의 자유와 이익의 균형을 존중하는 조건하에서 의미 있게 이루어지도록 만드는 것이 우리의 국제적 시도의 의미이자 새로운 사고의 원칙 중 하나입니다.

'자국은 물론 세계와도 평화를 이루는
무지개 국가를 건설해야 합니다'

넬슨 만델라

(1918~2013)

자유와 평화, 화합을 강조하는 넬슨 만델라의 대통령 취임 연설

| 남아프리카공화국 프리토리아, 1994년 5월 10일 |

남아프리카공화국의 아파르트헤이트 정권은 오랫동안 내부 반대 세력을 탄압했다. 넬슨 만델라 대통령이 취임 연설에서 말한 그 '치명적 이념'은 국제 여론과 경제적 고립에 의해 약화되었다. 1976년 6월 백인 정부의 아프리칸스 Afrikaans(네덜란드어계 현지 공용어 - 옮긴이) 의무 교육 방침에 항의하는 소웨토 Soweto 봉기로 1,000명 이상이 부상하고 176명이 사망했다. 1977년 9월에는 흑인 운동가 스티브 비코 Steve Biko 가 교도소에서 숨졌다. 남아프리카의 백인 지도자들은 도덕적 비난이나 외교적 반대에 무관심한 듯했지만 경제적 삶 economic life 이 그들에게 불리하게 작용하기 시작한 것이 결정적인 영향을 끼쳤다.

아파르트헤이트 정책을 강제로 시행하기가 점점 더 어려워진다는 사실은 백인 정부가 보기에도 명료했다. 그럼에도 1984년부터 1989년까지는 남아프리카공화국 역사상 가장 억압적인 시기였다. 당시 남아프리카공화국은 식민지 나미비아에서 쿠바군과 이웃 앙골라의 지원을 받아 독

넬슨 만델라(1918~2013)

(133쪽에서 이어짐)

1982　로벤 섬에서 폴스무어 교도소로 이감됨
1990. 02. 02　F. W. 데 클레르크 대통령이 ANC를 합법 단체로 인정하고, 아파르트헤이트 정책의 폐지를 선언함
1990. 02. 11　빅터 버스터 교도소에서 27년 만에 석방됨
1991　ANC 의장으로 선출됨
1992　백인 총선거로 아파르트헤이트의 폐지가 결정됨
1992. 06　보이파통 학살 사건이 벌어짐
1993. 04. 10　흑인 지도자 크리스 하니가 피살됨
1993　F. W. 데 클레르크와 함께 노벨평화상을 수상함
1994. 04. 27　남아프리카공화국 최초로 치러진 평등선거에서 ANC가 득표율 62퍼센트를 획득함
1994~1999　남아프리카공화국 대통령 역임

립운동을 하는 반군들을 물리치려고 했는데, 이는 남아프리카공화국 정부에 금전적으로 엄청난 타격을 입혔다. 1988년에 나미비아에서 군대를 철수한 것은 남아프리카공화국 정부가 결국 권리를 포기한다는 반증이었다. 유엔의 제재와 국제 자본의 이탈이 가중되어 경제 상황이 크게 악화되었기 때문이었다.

만델라의 대통령 취임 연설은 그를 세계에서 가장 존경받는 사람 중 한 명으로 만들어준 품위와 인간성을 보여주었다. 그의 도덕적 위상은 20세기 후반 선진국에서 더욱 널리 확산된 다인종에 대한 관용의 상징이었다. 모든 선입견을 없애려는 노력과 함께, 이 연설은 매우 중요한 인도주의의 기록으로 남게 되었다. 석방 후 만델라와 아프리카민족회의는 인종 화합에 힘썼고 아프리카민족회의의 무장 투쟁도 중단되었다. 그럼에도 1990년부터 1994년까지 이어진 정당 간 협상에는 많은 불안 요소가 뒤따랐다. 1992년 6월에 흑인 40여 명이 숨지는 보이파통Boipatong 학살 사건이 발생하자 만델라는 정부가 사건에 연루되었다고 비난하면서 모든 협상을 중단했다. 극우파가 남아프리카공화국의 다당제 민주주의로의 전환을 가로막고 있음이 드러났고 극우파의 음모로 아프리카민족회의 지도자 크리스 하니Chris Hani가 목숨을 잃은 후 협상이 다시 시작되었다. 1994년 총선거에서 승리한 만델라는 거국연립정부government of national unity를 수립했다. 여기에는 모든 민족 집단 대표가 포함되었고 전임 대통령 데 클레르크F. W. de Klerk가 부통령에 임명되었다.

이제 아프리카민족회의는 제도권 정당이 되었고 이전의 사회주의 노선을 버렸지만 노동쟁의와 과격한 폭력이 계속되자 외국 투자자들이 거리를 두었다. 아직도 남아프리카공화국에는 아파르트헤이트로 인한 고립과 분열의 흉터가 남아 있었다. 하지만 대통령의 강렬한 성품은 비통함을 어떻게 용서로써, 그리고 공동의 목표를 세움으로써 치유할 수 있는 지를 보여주었다. 만델라는 과거의 인권 남용을 조사하고자 초당파적인 진실화해위원회Truth and Reconciliation Commission를 설치했다. 그는 또한 새로운 국가를 건설하는 데에 상징적 이벤트가 얼마나 중요한지를 잘 알고 있었다. 1995년 남아프리카공화국에서 럭비 월드컵이 개최되었을 때 그는 대부분 백인 선수로 구성된 자국의 럭비 국가대표팀 스프링복스Springboks를 전 국민이 응원하도록 독려했다. 스포츠 세계도 백인 우월주의가 지배했음을 보여주는 스프링복스는 우승했고 전국으로 퍼진 승리의 열기는 남아프리카공화국이 다인종의 부흥 시대를 열 수 있다는 가능성을 보여주었다. 만델라는 또한 1964년에 자신에게 종신형을 구형한 퍼시 유타Percy Yutar 검사를 대통령 관저로 초대해 오찬을 함께하며 '그가 할 일을 한 것뿐'이라고 말했다. 그의 고결한 성품을 보여주는 감동적인 일화였다.

———◆◆◆———

오늘 우리 모두는 바로 이 자리에 참석함으로써, 그리고 우리나라와 세계의 곳곳에서 오늘을 축하함으로써 새로이 태어난 자유에 영광과 희망을 주고 있습니다.

너무나 오랫동안 이어진 인간적 재앙의 경험 위에서 모든 인류가 자랑스러워할 수 있는 사회가 탄생해야 합니다.

평범한 남아프리카공화국 국민으로서 우리의 일상적 행동은 정의를 향한 인류의 믿음을 강화하고, 인간 영혼의 고귀함에 대한 믿음을 굳히고, 모두를 위한 영광스러운 삶의 희망을 지속하는 남아프리카공화국의 현실을 만들어낼 수 있어야 합니다.

이 모든 것은 우리 자신과, 오늘 이 자리에 훌륭한 대표자가 참석하신 세계의 여러 사람들 덕분입니다.

동포 여러분, 저는 우리 모두가 한 사람도 빠짐없이 프리토리아(남아프리카 공화국의 행정수도 – 옮긴이)의 저 유명한 자카란다 나무만큼, 그리고 대초원의 미모사 나무만큼이나 아름다운 이 나라의 대지와 긴밀하게 이어져 있다고 조금도 주저하지 않고 말할 수 있습니다.

이 땅의 흙을 만질 때마다 우리는 저마다 새로워지는 것을 느낍니다. 국가의 분위기도 계절에 따라 변합니다.

풀이 초록으로 변하고 꽃이 만개하면 우리도 기쁘고 들뜬 기분을 느낍니다.

우리가 조국과 공유하는 이 영적이고 물리적인 일체감은, 이 나라가 치명적 이념, 인종차별과 인종 억압의 세계적인 근거지가 되었다는 바로 그 이유로 끔찍한 갈등 속에서 분열되고 세상 사람들에게 거부되고 불법화되고 고립되는 모습을 지켜보면서 우리가 얼마나 고통스러워했는지를 말해줍니다.

우리 남아프리카 사람들은 전 인류가 우리를 그 품안에 받아주고, 얼마 전까지만 해도 무법자였던 우리에게 우리 땅에서 전 세계 국가 대표들을 맞이하는 영광이 주어진 것에 성취감을 느낍니다.

우리는 정의와 평화, 인간 존엄성을 위한 인류 모두의 승리를 이 나라 국민들과 함께 손에 넣기 위해 찾아주신 훌륭한 국빈 여러분께 감사드립니다.

우리가 앞으로 평화와 번영, 성차별과 인종차별 해결, 민주주의를 구축하는 난관을 해결할 때도 여러분이 계속 옆에 있어주리라고 믿습니다.

243

이 결말에 이르기까지 우리 국민들과 그들의 정치적 집단, 즉 민주주의, 종교, 여성, 젊은이, 기업 등 각 분야의 집단과 전통적, 그리고 다른 지도자들이 수행한 역할에 깊은 감사를 드립니다. 특히 그중에서도 데 클레르크 부통령에게 감사합니다.

우리는 또한 우리의 보안군에 계급을 막론하고 경의를 표합니다. 그들은 여전히 광명을 거부하는 유혈 세력을 저지하고 최초의 민주주의 선거를 확보하고 민주주의로 변화할 수 있도록 큰 공을 세웠습니다.

이제 상처를 치유할 시간이 왔습니다.

우리를 갈라놓는 골을 메울 시간이 왔습니다. 새로 만들어야만 하는 시간이 눈앞에 있습니다.

마침내 우리는 정치적 해방을 이루었습니다. 우리는 가난과 박탈, 고통, 성차별을 비롯한 각종 차별이라는 지속되어온 속박으로부터 모든 국민을 해방시키겠다고 약속합니다.

우리는 상대적 평화라는 조건 속에서 자유로의 마지막 걸음을 내딛는 데 성공했습니다. 우리는 완전하고 공정하고 지속적인 평화를 만드는 데 힘을 모을 것입니다.

우리는 수백만 국민의 가슴에 희망을 심어주는 데 성공했습니다. 이제 우리는 흑백에 상관없이 모든 남아프리카 사람이 가슴속에 아무런 두려움 없이, 양도할 수 없는 인간의 존엄권을 보장받으며 자부심을 느낄 수 있는, 자국은 물론 세계와도 평화를 이루는 무지개 국가를 건설해야 하는 약속으로 접어들었습니다.

새로운 민족단결정부Interim Government of National Unity는 이 나라를 부활시키기 위한 노력의 표시로 현재 다양한 이유로 투옥되어 있는 국민들을 최대한 신속하게 사면할 것입니다.

우리는 오늘을 우리의 자유를 위해 여러 방면으로 희생하고 목숨을 바친 이 나라와 전 세계의 모든 남녀 영웅에게 바칩니다.

그들의 꿈은 현실이 되어 있습니다. 자유가 그들에게 주어진 보상입니다.

저는 인종차별도 성차별도 없는 통일 민주주의 남아프리카공화국의 첫 번째 대통령으로서 이 나라를 어둠의 계곡에서 끌고 나가야 하는 명예와 특권을 겸허하게 받아들이면서도 한편으로 마음이 고양되어 있습니다.

우리는 자유에 이르는 길이 결코 쉽지 않다는 사실을 알고 있습니다.

우리는 혼자서는 그 누구도 성공할 수 없다는 것을 잘 알고 있습니다.

우리는 국민 화합과 국가 건설과 새로운 세상의 탄생을 위해 함께 행동해야 합니다.

모두를 위한 정의가 있게 합시다.

모두를 위한 평화가 있게 합시다.

모든 사람이 일자리와 빵, 물과 소금을 갖도록 합시다.

육체와 정신, 영혼이 자유로워져 스스로 충족될 수 있게 되었음을 모두가 알게 합시다.

이 아름다운 나라에서 다시는, 다시는, 결코 다시는 사람에 의해 사람이 억압받지 않고 세계적으로 불쾌한 존재가 되는 수모를 겪지 않도록 합시다.

자유가 군림하도록 합시다.

영광스러운 인간의 성취에 비치는 태양은 결코 지지 않을 것입니다.

아프리카에 축복이 있기를!

'지금 제가 살고 있는 아일랜드는
동시대 아일랜드인들의 도움으로 상상할 수
있었던 아일랜드입니다'

셰이머스 히니

(Seamus Heaney, 1939~2013)

아일랜드 시인 셰이머스 히니의 노벨문학상 수상 연설

| 스웨덴 스톡홀름, 1995년 12월 7일 |

1994년 8월 31일, 아일랜드 공화국군Irish Republican Army, IRA은 자정부터 군사작전을 중단하겠다고 선포했다. '평화 협상 과정'의 한 단계가 끝나고 새로운 단계가 시작되었다.

셰이머스 히니의 연설에서 언급되는 서닝데일 협정Sunningdale Agreement(1973~1974년)은 북아일랜드 위기를 해결하기 위한 영국 정부의 시도였다. 그 협정에 따르면 1972년 이후 권한을 정지당한 스토몬트 자치의회Stormont Assembly가 부활될 예정이었다. 다수의 통합론주의자Unionist가 반대편과의 권력 공유에 동의함으로써 북아일랜드 행정부는 위임 정부가 될 것이고, 정부 장관과 하원의원들이 북아일랜드 자치의회Northern Ireland Executive and Assembly 대표들과 아일랜드 위원회에 나란히 앉을 것이라는 내용이었

셰이머스 히니(1939~2013)

1961 벨파스트의 퀸스 대학교를 졸업함
1965 첫 시집 『11편의 시(Eleven Poems)』를 발표함
1966~1972 벨파스트 퀸스 대학교에서 영문학을 강의함
1970~1971 캘리포니아 대학교 버클리 캠퍼스 방문학자로 초빙됨
1975 『북쪽(North)』을 발표함
1980 『선집 1965~1975』을 출간함
1982 하버드 대학교 교환교수로 재직함
1984 하버드 대학교 수사학과 웅변학(Rhetoric and Oratory) 교수로 재직함. 중세 아일랜드어로 된 시를 번역한 『스테이션 아일랜드(Station Island)』, 『길 잃은 스위니(Sweeney Astray)』를 출간함
1988 『혀의 지배(The Government of the Tongue)』(에세이 모음집)를 출간함
1989~1994 옥스퍼드 대학교 시학 교수로 재직함
1990 『새로운 선집 1966~1987』을 출간함
1991 소포클레스의 『필록테테스(Philoctetes)』 버전인 『트로이의 해결책(The Cure at Troy)』과 시집 『헛것을 보다(Seeing Things)』를 출간함
1995 『시의 교정(The Redress of Poetry)』(에세이 모음집)을 출간함. 노벨문학상을 수상함
1998 『열린 대지 1966~1996(Opened Ground: Poems, 1966~1996)』를 출간함
1999 『베오울프 : 새 번역』을 출간함

다. 통합론주의 지도자들은 처음에 이 협정을 지지했지만 신교도 노동자들이 반대하고 나섰다. 얼스터 노동자위원회Ulster Workers' Council가 총파업을 일으키자 협정이 무산되었고, 1968년 '북아일랜드 분리 운동'이 시작된 이래 여섯 개 주를 휩쓸었던 신·구교도 간의 보복성 폭력 사태에 빠져들었다. 1993년 12월 15일에 발표된 다우닝가 선언The Downing Street Declaration이 교착 상태를 깨뜨렸다. 영국 정부가 '북아일랜드에 이기적인 경제적·군사적 이해가 없다'고 선언했고 아일랜드 정부는 통일 아일랜드가 북아일랜드 유권자 다수의 합의를 필요로 한다는 데에 정식으로 합의했다.

25년간 이어져온 '경직된 태도'가 끝나가고 있지만 앞으로의 진보는 여전히 험난하다는 히니의 생각은 옳았다. 북아일랜드 위임 정부 구성을 약속한 성금요일 협정The Good Friday Agreement(1998년 4월 10일)에는 군대 감축과 북아일랜드 내 구교도들의 인권을 보장한다는 내용도 들어 있었다. 그후 투표를 통해 북아일랜드 의회Northern Ireland Assembly와 권력공유의회power-sharing executive가 탄생했다. 통합론주의자들이 아일랜드 공화당인 신페인당 – 아일랜드 공화국군과 밀접하게 연관된 당 – 과 협력하기로 한 것이다. 그러나 아일랜드 공화국군의 무기 보유에 대한 통합론주의자들의 의심이 계속됨으로써 위임 정부의 활동은 2002년부터 2007년까지 보류되었다. 아일랜드 공화국군은 2005년에 국제 위원회의 감독 아래 비축한 무기를 파기하기 시작했다. 신페인당과 민주통합당Democratic Unionist Party 지도부는 2007년에 합동 내각을 구성했고 이듬해 선거를 통해 의회가 다시 소집되었다. 북아일랜드의 치안 유지를 지원하는 영국군의 작전이었던 배너 작전Operation Banner이 종료되고 북아일랜드에는 평화가 찾아왔다.

이 연설에서 히니는 자신의 상상력이 진화한 과정과 아일랜드 정치의 비극적 측면의 연결고리를 추적한다. 그가 강조하는, 그의 시「북North」에 나오는 구절은 1970년대 북아일랜드의 팽팽한 긴장감을 전해준다. 그는 압박으로 인한 상처를 치유하고 분열을 초월하는 시의 언어적 능력에 계속 몰두했다. 북아일랜드 시골 마을의 구교도 집안에서 태어난 그는 그 지역의 풍경과 사람들의 인내 속에서 중요한 서사적 주제를 발견했다. 또한 그의 시는 앵글로색슨 문학과 아일랜드어(게일어) 문학의 영향을 받았는데 특징적인 '북부'의 관용어가 그것을 말해준다. 그가 스톡홀름에서 설명한 '몸을 똑바로 세운 것'이라는 표현은 광활하고 서정적인 언어로의 시적 변화다. 「스테이션 아일랜드Station Island」에서는 단테의 영향을 보여주고 「헛것을 보다Seeing Things」에서는 베르길리우스의 메아리를 흡수한 그는 '언어의 광활함'으로의 여정을 계속하여 변화의 길을 보여주었다.

━━━◦※◦━━━

저는 1940년대에 데리 주의 시골 마을에서 식구가 계속 늘어나는 집안의 맏이로 자랐습니다. 우리 가족은 방이 세 개인 전통 초가지붕 농가에서 정서적으로나 지적으로나 외부 세계로부터 보호되는 일종의 은신 생활을 했습니다. 바람이 너도밤나무를 흔들면 맨 꼭대기 가지에 연결된 전깃줄도 흔들렸습니다. 그 바람이 우리 라디오 수신기의 내부까지 쓸고 가면 부글거리고 끽끽거리는 작은 혼란이 갑자기 BBC 뉴스 진행자의 목소리로 바뀌었습니다. 폭격기와 폭격당한 도시, 전선戰線, 육군 사단, 사망자의 이름, 진격 등과 같은 말을 들을 수 있었습니다. 하지만 저는 세계가 경악하는 소식을 들어도 두려워하지 않았습니다. 전쟁은 저에게 성찰이 이루어지기 전의 시간pre-reflective이었습니다.

시간이 흐르고 뉴스에 관심을 갖게 되면서 저는 커다란 소파의 팔걸이

부분으로 올라가 라디오 스피커에 귀를 가까이했습니다. 일부러 스피커 볼륨 조절 다이얼 쪽으로 다가가 해외 기지 이름에도 익숙해졌습니다. 광활한 세계로의 여정을 이미 시작했던 것입니다. 그것은 광활한 언어로의 여정이기도 했습니다. 저는 시 덕분에 이 우주 유영을 할 수 있었다고 생각합니다. 시 덕분에 마음의 중심과 둘레 사이에, 라디오 다이얼에 적힌 '스톡홀름'이라는 글자를 바라보던 아이와 가장 영광스러운 지금 이 순간에 스톡홀름에서 만난 사람들을 마주하고 있는 남자의 매끄럽고 복원적인 관계가 가능했습니다.

1970년대 중반에 저는 작은 집에 있었습니다. 이번에는 더블린 남부의 위클로Wicklow에서 꾸린 지 얼마 되지 않은 가정과 예전보다는 별로 눈길을 끌지 않는 라디오가 있는 그 집에서 나무 사이로 내리는 빗소리와 점점 가까워지는 폭격 소식을 들었습니다. 벨파스트의 아일랜드 공화국군 급진파Provisional IRA 뿐만 아니라 충성주의loyalist를 내세운 준군사조직이 더블린을 공격하는 끔찍한 소식이었습니다.

우리는 시가 즐겁게 옳을 뿐만 아니라 강렬하게 지혜롭고, 세상에 대한 놀라운 변형일 뿐만 아니라 세상 자체의 귀환이기를 바랄 때가 있습니다. 바로 그것이 제가 위클로에서 바랐던 것입니다.

영국 정부가 서닝데일 협정이 끝난 1974년 이후 얼스터의 충성주의 노동자들의 강압 작전에 항복하기 전까지, 생각이 있는 사람들은 상황을 이해할 수 있기를, 약속된 것과 파괴된 것의 균형을 맞출 수 있기를 여전히 희망할 수 있었습니다. 그로부터 1994년 8월에 전쟁이 끝나기까지 20년이라는 오랜 세월 동안 그런 희망조차 불가능하다는 것이 증명되었습니다. 아래에서의 폭력은 위에서의 보복적인 폭력만 낳을 뿐이었고 정치 연대와 정신적 외상의 고통, 순전히 감정적인 자기방어의 자연스러운 결과물로 사람들은 25년에 이르는, 굳어지는 태도와 좁아지는 가능성의 시간으로 접어들었습니다.

가끔 역사가 도살장만큼 교훈적이라는 생각을 억누르기가 힘들 때가 있습니다. 법칙에 대한 복종에 얽매여 똑같은 행동과 자세를 반복하면서 의무적으로 명상하는 수도승이 기도대에 절하는 것처럼 제가 오랫동안 책상에 대고 절한 이유도 그렇습니다. 불꽃을 폭발시켜 미약한 열을 내고, 신앙을 잊고 좋은 작품을 위해 쥐어짜듯 나아갔습니다.

그리고 마침내 기쁘게도, 저는 몸을 똑바로 세울 수 있었습니다. 저는 몇 년 전부터 제 생각 속에 공간을 만들어 살인적인 사람들뿐만 아니라 경탄할 만한 사람들을 상상하려고 애썼습니다. 20세기는 무력에 의한 나치의 패배를 목격했습니다. 그러나 소련 정권의 몰락은 무엇보다도 강제된 사상적 순응 아래서도 문화적 가치가 지속되었기 때문입니다. 유럽에서 장벽이 무너진 것은 아일랜드에도 새로운 가능성이 여전히 열릴 수 있다는 희망을 불어넣습니다.

70여 년 전에 시인 예이츠W. B. Yeats가 이 연단에 섰을 때, 아일랜드는 충격적 내전의 고통에서 벗어나는 중이었습니다. 예이츠는 노벨상 수상 연설에서 아일랜드의 내전을 거의 언급하지 않았습니다. 그때 그는 아일랜드 시인과 극작가들의 작품이 게릴라군의 매복 작전만큼이나 아일랜드라는 국가의 장소와 시간의 변화에 중대한 역할을 했다는 사실을 세상에 말하고자 스웨덴에 온 것이었습니다. 그의 고양된 연설문에 나타난 자부심은 훗날 그가 쓴 시 「다시 찾은 시립미술관Municipal Gallery Revisited」에 표현된 자부심과 거의 동일했습니다. 그 시에서 예이츠는 최근 역사의 사건과 인물들을 기념하는 자화상과 서사적 그림들의 가운데에 서 있다가 갑자기, 정말로, 획기적인 일이 일어났음을 깨닫습니다.

'이건 아니야', 나는 말한다.

'내 청년기의 죽은 아일랜드가 아니라

시인들이 상상해왔던, 무섭고도 즐거운 아일랜드이다.'

그리고 시는 이렇게 끝맺습니다.

어디서 인간의 영예가 대개 시작되고 끝나는지 생각해보라,

그리고 나의 영예는 이 벗들을 가졌음이라 말하라.

저는 여러분께 예이츠가 관객들에게 요구했던 것을 요구합니다. 아일랜
드의 시인과 극작가, 소설가들이 지난 40여 년간 무엇을 성취했는지 생
각하시기 바랍니다. 그중에서 저는 훌륭한 벗들을 가졌음을 자랑스럽게
여깁니다. 지금 제가 살고 있는 아일랜드는 동시대 아일랜드인들의 도움
으로 상상할 수 있었던 아일랜드입니다.

음유시인 데모도코스가 트로이의 함락과 그에 따른 대학살에 대해 노래
할 때 오디세우스는 통곡하고, 호메로스는 그의 눈물이 마치 한 여인이
전장에서 죽어가는 남편을 보며 우는 것 같다고 말합니다.

마치 한 여인이 조국과 동족을 수렁에서 구하려고 싸우다가 조국과 우군
앞에 넘어져 괴로운 숨을 넘기며 죽어가는 사랑하는 남편을 부둥켜안고
슬피 외쳐 울 때, 적들은 창으로 그녀의 등과 어깨를 치며 노동과 잡일을
시키려고 그녀마저 노예로 데려가려 하므로 그녀의 뺨이 비탄에 젖는 것
을 보는 것과 같아, 오디세우스는 눈물이 비 오듯 슬프게 울었다.

이 여인의 등과 어깨를 치는 창의 냉혹함은 시간과 언어를 초월해 그대로 살아남았습니다. 그러나 서정시 특유의 적합성이 또 있습니다. 그것은 억양과 어조, 운율, 연이 만드는 부력_{浮力}과 관련되어 있습니다. 그것은 시인이 모든 목소리 뒤에 숨어 있는 전적으로 설득적인 목소리에 귀기울이려고 애쓰게 만듭니다. 그것은 제가 소파의 팔걸이에서 결코 내려오지 않았다고 말하는 방식입니다.

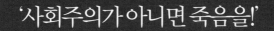

'사회주의가 아니면 죽음을!'

피델 카스트로

(Fidel Castro, 1926~2016)

쿠바 지도자 피델 카스트로의 쿠바 사회주의 혁명 40주년 기념일 연설

| 쿠바 산티아고 데 쿠바, 1999년 1월 1일 |

피델 카스트로는 정기적으로 몇 시간 동안 연설을 했는데, 쿠바인들에게 혁명 의식을 고취시켜 자신의 권력을 공고히 유지하기 위한 방편이었다. 그의 연설은 유약한 이들에게는 맞지 않았다. 투철한 이념뿐만 아니라 체력까지 요구되었다.

이 연설은 당시 그의 나이가 73세였음에도 여전히 마르크스주의 교의와 민족주의 감성을 결합하여 강력한 효과를 이끌어낼 수 있음을 보여주며, 또한 그의 가장 특징적인 확신의 몇 가지 측면을 잘 나타내주고 있다. 쿠바의 혁명적 서사가 세계의 역사적 추세와 통합되었다며 그 과정을 설명하는 카스트로의 속도감 있는 묘사는 듣는 이들에게 투쟁 의식을 고취시킨다. 쿠바의 세계적 승리가 확실하지만, 성공을 이루려면 지속적인 노력을 기울여야 한다는 것이다. 카스트로가 이 연설을 하는 도시는 그가 혁명의 첫 승리를 선포한 곳인 만큼, 그가 과거의 감정을 재생하는 부분은 극적인 특징을 보인다. 그는 격렬한 게릴라 연대에 대한 혁명가들의 향수를 자극하고 그들의 성공이 전략의 영리함뿐만 아니라 사상의 힘에 있었다고 말한다. 카스트로는 극적인 연설 속에서 혁명 그 자체에 세속적인 예배식을 거행한다. 죽은 이들의 희생을 감사로 추모하고 과거의

피델 카스트로(1926~2016)

1953 산티아고 데 쿠바의 몬카다 병영 습격 사건(7월 26일)으로 15년형을 선고받음. 1955년에 사면되어 출소함

1956. 12 멕시코에서 돌아와 쿠바군과의 게릴라전을 지휘함

1959. 01. 01 산티아고 시청의 발코니에서 쿠바 혁명의 승리를 선언함. 이후 총리에 취임함(2월 16일)

1965 쿠바공산당 제1서기에 임명됨

1976 총리직 폐지 후 쿠바 국가평의회 의장(쿠바 대통령), 각료회의 의장에 취임함

2008. 02 대통령직과 쿠바군 최고사령관직을 사임함

승리에 감사하고 있다. 금융시장의 불안정은 자본주의의 붕괴로 이어질 것이고 세계는 사회주의를 통해 구원을 얻을 것이라고 한다.

자신의 운명에 대한 카스트로의 신념은 쿠바 혁명의 시작부터 분명했다. 그는 1953년에 산티아고 데 쿠바Santiago de Cuba에 있는 몬카다Moncada 병영을 습격하다 실패한 뒤 받은 재판에서 '경고하겠다. 이것은 시작일 뿐이다. 비난의 대상이 된다 하더라도 그것은 중요하지 않다. 역사는 나를 무죄라고 할 것이다'라고 말했다. 카스트로는 감옥에서 풀려난 뒤 몬카다 병영을 습격한 날을 따서 이름 붙인 '7월 26일 운동26th of July Movement'을 결성하고 쿠바 엘리트 계급의 이권과 결탁한 풀헨시오 바티스타Fulgencio Batista 대통령의 친미 정권을 타도하기 위해 군사적 투쟁을 조직했다.

카스트로가 승리로 이끈 게릴라군은 300명밖에 되지 않았기에 '우리와 적의 장비와 힘에는 엄청난 차이가 있었다'고 강조하는 카스트로의 말은 과장된 자부심이 아니었다. 그는 미국이 쿠바에 끼치는 영향력에 분개하는 민족주의자로서 힘을 얻었고, 의도적이긴 했지만 카스트로의 금욕적인 혁명 스타일은 부패한 바티스타 정부의 화려한 퇴폐주의와 대비되었다. 그는 미국 기업이 소유한 부동산을 대대적으로 몰수하고, 개인의 땅 소유를 제한하는 농업 개혁을 실시하고, 극좌파 성향의 새 정부를 출범시키고, 국가 사회주의를 채택했다. 결국 약 100만 명의 쿠바인이 미국으로 이민을 갔고, 미국 내 쿠바 이민자들로 이루어진 다수의 압력단체는 카스트로 반대 세력의 중심축이 되었다. 1961년 12월, 카스트로는 자신이 마르크스·레닌주의자임을 공식 선포했고 쿠바가 공산주의 국가임을 선언했다. 두 달 뒤 미국은 소련과 정치적·경제적·군사적으로 확고한 동맹을 맺은 쿠바에 상업·금융 봉쇄 조처를 내렸다. 카스트로가 즐겨 쓴 표현대로 '특별한 시기'가 시작된 것이었다.

저는 1959년 1월 1일 밤을 회상하려고 합니다. 바로 지금 이 순간 일어나고 있는 일처럼 그때의 일과 느낌을 생생하게 다시 체험해보려고 합니다.

승리를 거둔 순간에 찾아온 잠깐 동안의 슬픔은 우리가 겪어온 일에 대한 향수였습니다. 우리는 우리의 산과 전원 생활을 뒤로하고 떠나야 했으며, 절대적이고도 의무적인 내핍 생활을 하면서 언제든 육지와 하늘에서 적이 나타날 수 있는 상황에서 끊임없이 불침번을 서야 하는 긴장된 생활을 버텨내야 했습니다. 그것은 인간이 형제가 되고 인간 최고의 미덕이 가득 펼쳐지는 건강하고 힘겹고 순수한 생활이자 위대한 희생이고 위험을 공유하는 것이었습니다.

우리와 적의 장비와 힘에는 엄청난 차이가 있었기에 우리는 불가능한 일을 해야만 했습니다. 이동 중인 적을 공격하는 절대적으로 확실한 전술이 핵심 요소였습니다. 단단한 요새, 그리고 침투 불가능한 지점에 있는 적을 밖으로 유인해내는 것은 우리의 가장 훌륭한 전술 중 하나가 되었습니다. 우리가 산속과 울창한 밀림 지대에서 배운 것들은 저지대에서도 적용되었습니다. 도시에서도 같은 방식이 응용되었습니다. 산티아고 데 쿠바 광장의 수비대를 공격하고 점령하는 계획도 그렇게 만들어졌습니다.

이 나라가 완전히 독립하도록 힘쓰다가 죽은 이들에게 경의와 영원한 영광, 무한한 존경과 애정을 바칩니다. 산과 평야, 그리고 도시에서 혁명의 서사시를 쓴 이들, 지하 게릴라들과 전사들, 승리 이후 또 다른 영광스러운 임무로 목숨을 잃은 이들, 정의와 주권, 국민들의 구원이라는 대의명분을 위해 충성스럽게 젊음과 열정을 바친 이들입니다.

문맹 혹은 반문맹에 가깝고 정치의식도 거의 없었던 이들이 혁명을 일으키고 나라를 지킴으로써 놀라운 정치의식을 갖게 되었고 북반구뿐만 아니라 세계적으로도 유례없는 혁명 과업을 시작했습니다.

어제와 오늘의 영웅들, 우리의 영원한 사람들은 3대가 참여해 40년간의 공격과 봉쇄, 세계 역사상 가장 강하고 부유한 제국주의 세력이 일으킨 경제·정치·이념의 전쟁에 맞섰습니다. 영광의 가장 놀라운 페이지는 우리가 미국에서 90마일(약 145킬로미터) 떨어진 곳에 전적으로 혼자 남겨졌지만 계속 앞으로 나아가기로 결심했던 근래의 특별한 시기에 쓰였습니다.

우리 국민은 다른 국민보다 우월하지 않습니다. 우리 국민의 역사적 위대함은 우리가 시험대에 놓였고 그것을 견뎌낼 수 있었다는 단 하나의 사실에서 비롯됩니다. 우리 국민은 그 자체로 위대한 것이 아니라 스스로를 위대하게 만든 사람들이며, 그렇게 할 수 있는 능력은 위대한 사상과 그 사상이 수호하는 대의명분의 정당함에서 나옵니다. 이런 대의명분과 같은 것은 아무 데도 없으며 예전에도 없었습니다.

1959년 1월에 시작된 투쟁은 거침없이 모든 인류의 이익을 위한 투쟁이 되었습니다. 인류를 위한 해결책은 세계를 지배하고 착취하는 이들의 선의에서 나오지 않을 것입니다. 현재의 체제는 지속될 수 없습니다. 사회와 자연을 파괴하는 맹목적이고 혼란한 법에 기반을 두기 때문입니다. 그 체제의 가장 광적인 옹호자와 추종자들은 시장을 새로운 종교로 전환시켰습니다. 시장의 신학이 등장했습니다. 우리는 전 세계 수십억 명이 정직하게 실천하는 순수한 종교와 순수한 신학자들에 대한 존경심에서, 시장의 신학은 종파주의적이고 근본주의적이며 전혀 기독교적이 아니라고 말할 수 있습니다.

예상치 못한 새로운 현상이 나타나고 있습니다. 정부와 국제 금융기관의 규제를 피해 가고 있는 현상입니다. 아주 사소한 부주의만으로 투기꾼들의 공격을 받아 단 며칠 만에 수십 년간 쌓아온 통화 가치가 하락하고 보유한 경화가 휴지가 됩니다. 그 누구도 안전하지 않고 안전할 수 없습니다. 무리를 지은 늑대들이 컴퓨터 프로그램의 도움을 받아 언제 어디를 왜 공격해야 하는지 알고 있기 때문입니다.

인플레이션과 경기 침체, 디플레이션, 잠재적 과잉 인구 위기, 기본 산업의 장기 침체 사이의 지배적 질서가 뒤집힙니다.

국제 경제 시스템 내부의 경제 위기와 해결책 부재는 여러 정부를 불안정하게 만들 것입니다. 우리는 우리가 고통 받고 있는 현실을 의식하기도 전에 일련의 사건이 빠르게 일어나는 세상을 살고 있습니다. 우리는 사상을 심화하고 허위 정보와 제도화된 거짓에 대응하는 수단과 방법을 이용해 기만과 궤변, 위선의 가면을 벗겨야 합니다.

맹목적이고 무정부적이고 혼란스러운 원칙을 강요하고 인류를 심연으로 몰고 가는 독재적 질서는 종말을 맞이할 것입니다.

국가 내, 그리고 국가 간의 불가해한 빈부 차이는 절대로 계속 커질 수 없습니다. 그것은 계속 작아지다가 끝내 사라질 것입니다. 절도와 투기, 약자 착취가 아니라 가치와 역량, 창조적 정신, 인류 복지에 개인이 실질적으로 기여하느냐에 따라 그 차이가 정해지도록 합시다. 인도주의를 위선적 구호가 아닌 구체적인 행동으로 실천하도록 합시다.

우리의 모든 동포, 특히 젊은이들에게 장담하건대 앞으로 40년은 세계의 운명이 결정되는 시기입니다. 여러분 앞에는 비교할 수 없을 정도로 더욱 복잡하고 더욱 어려운 과업이 놓여 있습니다. 새롭고 영광스러운 목표가 여러분을 기다립니다. 명예로운 쿠바 혁명가가 되기 위해서 요구되는 일입니다. 무장한 전투와 마찬가지로 이념 전쟁에도 사상자가 있습니다. 저는 오늘 전쟁의 한가운데에 있었던 과거의 모든 젊은 지원자를 회상했습니다. 열 중 하나는 이겨냈습니다. 그러나 그 한 명은 열 명, 백 명, 천 명의 가치가 있었습니다. 의식을 강화하고 인성을 기르고 이 시대의 힘겨운 삶이라는 학교에서 젊은이들을 교육하며 강한 신념을 키우고 반박할 수 없는 주장을 펼치고 본보기를 통해 설교하고 인류의 명예를 믿을 때, 우리는 열 명 중 아홉 명이 깃발과 혁명, 조국과 함께 그들이 싸웠던 그곳에 남아 있게 할 수 있습니다. 사회주의가 아니면 죽음을!

'마음 가는 곳에 씀으로써 더 친절하고
사랑이 넘치는 세상을 만들 수 있습니다'

아니타 로딕

(Anita Roddick, 1942~2007)

더바디샵 창업자 아니타 로딕의 세계화 국제포럼 연설

| 미국 시애틀, 1999년 11월 27일 |

20세기 말에 서구는 물론이고 개발도상국에서도 광범위하게 사회주의가 후퇴하는 양상을 보였다. 시장 자본주의도 새로운 단계로 접어들었는데, 세계 무역 패턴이 점점 더 서로 맞물렸고 규제가 사라진 금융 시장은 정보 기술의 발달로 단 몇 초 만에 거대 자본을 국경 너머로 이동시킬 수 있게 되었다. '세계화Globalization'는 무역 증대와 생산성 향상, 비용 인하 등을 가능하게 했지만 저임금 착취와 환경 문제에 대한 무관심, 독점자본주의의 제3세계 지배에 대한 비판도 일었다. 그러한 과정에 맞서려 한 서구 사회의 급진주의자들은 고립된 좌파 정당보다는 자발적 단체나 자선단체, 비정부 조직에 합류했다. 세계가 서로 연결되어 있다는 인식에서 환경 운동이 시작되었고, 그 분야가 분산되긴 했지만 분노하는 관심의 세계적 연대가 생겨났다. 아니타 로딕은 이러한 운동을 열렬히 지지했다.

　　로딕은 동물 실험을 거친 재료를 사용하지 않는 화장품 업체 더바디샵을 통해 '윤리적 소비주의'를 개척한 천재적 기업가였다. 그녀는 페미니즘적인 입장에서 기존의 화장품 산업을 '여성에게 거짓말과 속임수, 착취

아니타 로딕(1942~2007)

1976 더바디샵을 창업함

1984 더바디샵을 공기업으로 전환함

1990 아시아와 동유럽의 소외된 어린이들을 위한 자선단체 '칠드런 온 디 에지(Children On the Edge)'를 설립하고, 노숙자들이 직접 판매하는 노숙자들을 위한 잡지 〈빅 이슈(The Big Issue)〉를 창간함. 더바디샵 재단을 설립해 활발한 기부 활동을 펼침

2003 영국에서 데임(Dame) 작위를 받음

2006 로레알이 더바디샵을 인수함. 로레알은 동물 실험을 하는 기업이고 공동 지분을 가진 네슬레 또한 제3세계 생산자들에 대한 부당한 대우로 비난을 받아왔는데, 로딕은 더바디샵이 로레알 내부에 변화를 일으킬 거라고 주장함

2007 1971년 수혈을 통해 C형 간염에 감염된 사실을 공개함

를 일삼고 실현 불가능한 꿈을 파는 괴물'이라고 비난했다. 영국 브라이턴Brighton에서 작은 가게로 시작한 더바디샵은 세계에 약 2,000개의 매장을 둔 다국적 기업으로 성장했는데, 그 현기증 나는 속도의 확장에도 불구하고 로딕은 공급업체에는 '공정 무역' 원칙을 고수했다. '친환경의 여왕Queen of Green'은 노동력 착취 반대와 노동자 인권 보호 운동을 벌였고 더바디샵은 전통 사회의 경제 기반과 문화적 다양성을 지원하기 위해 지역에서 생산된 유기농 재료를 사용했다. 로딕은 국제통화기금과 세계은행의 대출 조건을 충족하느라 고군분투하는 정부들의 채무 구제를 지지하는 주요 인물이기도 했다. 1999년 11월에 세계무역기구wto 각료회의가 새로운 국제 무역 협상을 앞두고 있을 때 시애틀에 모인 시위자들은 그녀의 연설에 준비된 청중이었다.

세계무역기구 각료들은 근로 조건과 환경 문제가 자신들의 소관이 아니고 '보호주의'를 막는 것이 자신들의 유일한 목적임을 지적했다. 위기에 처한 부문에 대한 정부 보조와 수입 경쟁에 대한 관세 부과는 아무런 소용도 없는 대응적인 조치일 뿐이었다. 선진국에서 경제 발전은 결국 고임금 일자리로 이어지지만 다수의 제3세계 국가에서 저임금 일자리에 대한 유일한 대안은 일자리가 아예 없어지는 것이었다. 로딕은 이러한 비판에 취약했지만 그녀는 단지 '뉴에이지' 이론가에 불과한 것이 아니라 기업이 어떻게 해서 이익을 내면서도 도덕적 리더십을 제공할 수 있는지를 보여주었다. 그러나 1999년 11월 30일 시애틀의 거리에서 벌어진, 미리 계획된 대규모 민간 소요에는 4만 명이 넘는 시위자가 몰려들어 처음에는 경찰을 압도할 정도였고 무정부주의 집단이 공공 기물 파괴 행위vandalism까지 저지르는 바람에 로딕의 주장은 그 의미를 잃어버렸다. 소요 당일 늦게 질서를 되찾고 다시 회의가 열릴 수 있었으나 보호주의 장벽을 지지하는 신흥국가들이 기존 국가들과 대립하면서 협상은 곧 결렬되었다.

※

우리는 기본 인권과 환경을 핵심에 두는 세계 무역 시스템을 옹호하기 위해 시애틀에 와 있습니다. 세계에서 가장 강력한 기업들이 우리의 반대편에 서 있습니다. 그들은 우리에게 정보를 주는, 혹은 주지 않는 미디어를 소유하고 있습니다. 그들은 아마도 정치인들도 소유하고 있을 겁니다. 누구라도 불안해할 수밖에 없습니다.

세계 무역 협상자들에게 묻고 싶습니다. 당신들이 그렇게 큰 관심을 쏟고 있는 시스템이 섬겨야 할 사람은 누구입니까? 월스트리트나 런던의 시티에 있는 반짝이는 건물들, 세계 무역을 움직이는 자본 시스템을 만지는 힘 있는 남녀에게도 같은 질문을 할 수 있습니다. 누구를 위한 시스템입니까?

좀 더 가까이에서 살펴봅시다. 빛나는 금융 빌딩들은 매일 2조 달러의 자금 흐름을 감독합니다. 무서운 사실은 무역과 관계된 것은 그중 3퍼센트밖에 되지 않는다는 사실입니다. 동등한 공동체 간의 자유무역은 말할 것도 없습니다.

무엇보다도 돈과 연관된 일입니다. 현재의 세계 무역 시스템이 오로지 돈을 위해 존재한다는 것은 위대한 세계적 신화입니다.

2조 달러 중 97퍼센트는 투기입니다. 거품이지만, 사람들의 삶에 무서운 힘을 발휘하는 거품입니다. 우리 모두는 가난하건 부유하건 불안정성에 대한 편견이 내재된 통제 불능의 세계 카지노가 초래하는 불안함 속에서 살아야 합니다. 불안정이 돈을 거래하는 사람들에게 돈을 벌어주기 때문입니다.

저는 해마다 세계를 돌아다니며 세계화의 전선에 놓인 사람들, 여성들, 지역 농부들, 아이들과 이야기를 나눕니다. 저는 이런 신화들이 얼마나 비현실적인지 압니다. 개발도상국들뿐만 아니라 우리 눈앞에서도 마찬가지입니다.

미국의 소농들이 좋은 예입니다. 세계화는 보조금이 대규모 농장으로 간다는 뜻입니다. 그런데 지금 미국의 여러 지역에서 그토록 많은 미국 공동체들의 핵심인 소농들이 자금 부족으로 실패합니다.

우리의 세계 무역 시스템은 이러한 부당함을 보지 못합니다. 정부의 힘이 줄어들수록 이 시스템은 사실상 선거로 뽑히지도 않고 통제되지도 않는 우리의 새로운 세계 정부가 됩니다. 그 정부는 보다 나은 세상을 만들려는 우리의 노력을 가로막습니다.

세계무역기구와 세계무역기구를 운영하는 비선출직 무역 각료 집단은 지금 지역의 법과 안전 규제, 그리고 그들이 말하는 '무역을 방해하는' 것은 무엇이든 뒤집을 권리를 가진 세계 최고의 법원입니다.

기본적으로 세계 정부이지만 눈이 먼 정부입니다. 돈을 측정하지만 다른 것은 전혀 보지 못합니다. 수익과 손실은 알아보지만 인권과 아동 노동, 미래 세대를 위한 환경 보호는 아예 외면합니다.

그것은 심장이 없는 정부입니다. 심장이 없으면 인간의 창의적 정신이 위축되기 시작합니다.

'자유무역'은 원래 지역사회가 서로 동등하게 거래할 수 있는 자유에 관한 것이었습니다. 크고 부유하고 강한 자들이 작고 가난하고 약한 이들을 짓밟을 수 있는 면허증이 된 오늘날의 모습과는 전혀 달랐습니다.

저보다 세계적인 관점을 선호하는 사람은 없을 것입니다. 국제주의 internationalism는 세계의 그늘진 구석을 들여다볼 수 있고 산림을 파괴하거나 어린아이들에게 담보 노동을 시키는 기업들에 책임을 물을 수 있다는 뜻입니다. 세계화는 정반대입니다. 세계화의 법칙은 편협한 국제 경쟁 속에서 국가들이 서로 겨루고 근로자들이 서로 겨루게 만듭니다.

국제주의는 우리가 전 세계에서 지역 단위로 연결되고 소비자로서의 힘을 발휘할 수 있다는 뜻입니다. 모든 분야에 걸쳐 단결하면 기업들을 사적인 탐욕에서 공공의 선으로 바꿔놓을 수 있습니다. 더 중요한 사실은 지금까지 그 어떤 세대에서도 시도하지 못한 방법으로 우리가 서로를 이해하기 시작할 수 있다는 것입니다.

확실히 해야 합니다. 우리는 무역에 반대하지 않습니다. 착취와 점검되지 않은 힘에 반대할 뿐입니다. 수익을 포기하고 공동체를 설립하거나, 인건비가 낮은 나라에서 반노예를 고용해 노동력을 착취하는 대신 지역 사회에 생산을 맡기는 업체들은 그러한 노력 없이 가격만 낮춘 경쟁업체들에 수익을 빼앗기거나 기업 약탈자들의 목표물이 되어 인수당할 위기를 무릅쓰고 있습니다. 세계무역기구의 영향력이 기업 약탈을 심화시킵니다.

기업은 사회를 변화시키는 힘이 되어야 합니다. 끔찍한 악을 피하는 것만으로는 충분하지 않으며 적극적으로 선을 행해야 합니다. 법칙이 바뀌어야 합니다. 이익보다 사람을 우선시하는 급진적 대안이 필요합니다. 이제는 성공을 측정하는 방법이 달라져야 합니다.

정치인과 기업, 분석가들이 수익과 돈의 성장만 측정한다면 세상이 왜곡되는 것도 놀라운 일이 아닙니다. 세계무역기구가 반쯤 눈이 멀어 기업 약탈꾼들만 알아보고 그들이 파괴하는 사람들은 알아보지 못하는 것도 놀랍지 않습니다. 햄버거를 뒤집는 것은 가치 있게 여기지만 모두가 필요하다고 여기는 보살핌이나 교육같이 중요한 일을 도외시하는 것도 놀랍지 않습니다. 인간의 웰빙well-being을 얼마나 강화해주느냐에 따라 그 지역과 기업의 성공을 평가합시다. 정말로 중요한 것을 측정하면 우리가 간절히 필요로 하는 친절의 혁명이 일어날 수 있습니다. 그것이야말로 진정한 수익입니다.

마지막으로, 우리는 이미 힘을 가지고 있다는 사실을 기억해야 합니다. 소비자로서, 그리고 변화를 위해 나날이 영향력이 커지는 전략적 연대를 형성하는 조직으로서 우리는 힘을 가지고 있습니다. 소비자가 사지 않는 물건은 누구라도 만들 수 없습니다. 유럽의 소비자들이 생명공학 산업을 궁지에 몰리게 만든 것을 보십시오.

우리는 정치적 소비자, 자경自警 소비자가 되어야 합니다. 매일 과잉 선전의 포격이 쏟아지므로 그래야만 합니다. 무역 회담에서 어떤 결정이 이루어지든, 어디에 우리의 돈과 에너지를 쏟을지 알 수 있도록 우리는 지혜로워야 합니다. 어떤 말을 듣건, 혹은 어떤 유혹을 받든지 우리는 가장 싼 것을 위한 경쟁이 아닌, 최선을 위한 협력을 통해 진실을 얻어내도록 힘을 합쳐야 합니다.

우리의 마음이 가는 곳에 돈을 쓰고 착취적인 상품은 구입하지 않고 강력한 전략적 연대를 형성함으로써 우리는 더 친절하고 사랑이 넘치는 세상을 만들 수 있습니다.

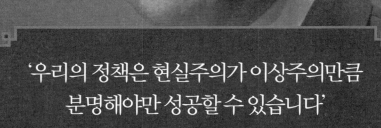

'우리의 정책은 현실주의가 이상주의만큼
분명해야만 성공할 수 있습니다'

토니 블레어

(Tony Blair, 1953~)

9·11테러 이후 영국 총리 토니 블레어의 노동당 전당대회 연설

| 영국 브라이턴, 2001년 10월 2일 |

이것은 토니 블레어가 국내 정치에서 성공한 뒤 세계 무대로 나아가 도록 해준 연설이다. 유능하고 젊은 현대화의 얼굴이라는 이미지로 그는 새로운 노동당을 선보였다. 초기에 블레어는 정책보다 발표presentation에 너무 집착한다는 비판을 자주 받았다. 그의 연설 리듬은 스타카토였다. 문장이 짧고 동사가 없는 경우도 많았다. 새로운 노동당의 효과적인 어 구는 미디어의 관심을 끌기 위해 고안되었고 실제로 효과적이었다. 오랫 동안 영국 언론의 조롱을 받아온 노동당이었지만 블레어가 시도한 미디 어 소유주와 언론인들의 관심 끌기는 언론에 비춰지는 노동당의 모습을 바꿔놓았다. 그러나 노동당의 실체가 바뀌지 않았다면 이러한 일이 불 가능했을 것이다. 노동당의 당헌 4조는 '생산과 교환 수단의 공동 소유' 라는 고전적 사회주의 성향의 개념이 담긴 내용이었다. 블레어는 이러 한 국가민족주의state nationalization의 옹호가 영국의 경제적 필요에 적합하지 않고 노동당의 선거 승리 가능성도 해친다고 의원들을 설득했다. 결국

토니 블레어(1953~)

1975 옥스퍼드 대학교를 졸업한 뒤 노동당에 가입함
1976 잉글랜드와 웨일스 변호사 자격을 취득함
1983 더럼 세지필드 지역 하원의원(노동당)에 당선됨
1988 노동당 예비 내각에 합류함
1992 노동당 전국집행위원회(National Executive Committee) 위원으로 선출되고, 노동당이 총선에서 패배
　　 한 뒤 예비 내각의 내무부 장관에 취임함
1994 노동당 당수로 선출됨
1997 총선에서 노동당이 압도적인 승리를 한 뒤 총리에 당선됨
2001 총선에서 노동당이 승리함
2003 의회의 명예훈장을 받음
2005 총선에서 노동당이 승리함
2006. 09 12개월 안에 사임하기로 발표함
2007. 06. 27 총리직을 사임함

1995년에 당헌 4조를 철회한 것은 자유 기업 경제로 전향한 '새로운 노동당'의 길을 마련해준 매우 상징적인 순간이었다. 토니 블레어는 총리로서 개인의 선택과 공공 서비스 분야의 효율성을 촉진하기 위해 고안된 시장 주도적 해결책의 도입을 장려했다. 그가 재임하는 동안 개인의 세율은 유럽 기준으로 볼 때 낮아졌고 경제 활황으로 보건과 교육 예산이 크게 늘어났다. 사회주의적 이념보다 개인의 야망과 부의 창조가 노동당이 '소수가 아닌 다수'를 위해 기회를 확장하는 방식이 되었다.

토니 블레어는 9·11테러의 중대성을 곧바로, 직관적으로 강렬하게 받아들였다. 뉴욕의 쌍둥이빌딩이 테러리스트들의 공격을 받은 사건은 국제 관계를 변화시킬 것이었고 미국에 정치적·군사적 지원을 하는 것은 영국의 의무였다. 미국의 정보국은 오사마 빈 라덴Osama bin Laden 이 이끄는 알카에다al-Qaeda가 테러를 주도했으며 아프가니스탄에 있는 기지에서 테러가 계획되고 그 기지는 이슬람 조직 탈리반Taliban 이 운영하는 정부의 보호를 받는다는 결론에 이르렀다. 이 연설이 이루어진 5일 뒤 테러리스트들의 기지를 공습하는 미군을 지원하기 위해 영국 해군이 파견되었고, 그 이후 영국군이 미국 육군을 도와 실행한 지상전으로 탈리반 정부가 붕괴되었다. 2004년에 민주적인 선거로 새 정부가 들어섰지만 탈리반 게릴라군의 저항으로 미국과 영국의 연합 군사작전은 오랫동안 계속되었다.

도덕 지향적인 블레어의 외교 및 군사 정책은 2003년 이후 몇 년 동안의 이라크 전쟁 때 가장 극한의 시험대에 올랐다. 조지 W. 부시 대통령과 그의 고문관들이 테러와의 전쟁을 위해 사담 후세인Saddam Hussein을 제거해야 한다는 결론을 내린 것이다. 후세인은 이라크의 잔혹한 대통령이자 이웃 국가에도 위협적인 존재였지만 9·11테러와는 관련되어 있지 않았다. 따라서 영국군의 이라크 전쟁 개입은 노동당 내부뿐만 아니라 영국 전체를 분열시켰다. 토니 블레어의 임기가 끝났을 때(2007년) 그가 6년 전에 묘사한 만화경은 여전히 흔들리고 있었으며 세계는 그가 제시한 새로운 질서를 거부했다.

　　돌아보면 밀레니엄은 시간 속의 오직 한순간만 표시했습니다. 그것은 역사의 전환점을 나타낸 9월 11일의 사건이었습니다. 우리는 역사의 전환점에서 미래의 위험을 마주하고 인류가 직면한 선택을 분석하게 됩니다. 그 사건은 비극이었고 악의 행동이었습니다. 영국은 피해자들에게 깊은 동정과 기도를, 그리고 미국인들과의 깊은 연대감을 느낍니다. 우리는 처음에 여러분과 같이 있었고 마지막까지 함께할 것입니다.

우리 삶의 방식은 광신도들의 행동보다 훨씬 더 강하며 훨씬 오래 지속될 것입니다. 이것은 오로지 하나의 결과만 있는 싸움입니다. 바로 그들이 아닌 우리의 승리입니다. 의심하지 마십시오. 빈 라덴 무리가 이 잔혹 행위를 조직했습니다. 탈리반이 그를 지원하고 사주합니다. 빈 라덴은 테러 행위를 결코 그만두지 않을 것입니다. 탈리반도 그를 계속 도울 것입니다.

우리는 온당하고 표적이 분명한 행동을 취할 것입니다. 우리는 민간인 사상자가 생기지 않도록 인간으로서 할 수 있는 최선을 다할 것입니다. 그러나 우리가 대하는 저들이 누구인지 잊지 마십시오. 그런 이들과는 협상이나 협의가 불가능하며 그들이 저지른 테러를 이해할 필요도 없습니다. 오직 선택만 해야 할 뿐입니다. 패배시킬 것인가, 패배할 것인가.

우리는 패배시켜야 합니다.

오늘날 갈등이 국경에서만 일어나는 경우는 드뭅니다. 오늘날에는 한 금융시장에서 조금의 떨림만 있어도 전 세계로 퍼져나갑니다. 오늘날에는 믿음도 세계적입니다. 믿음이 있거나 없거나 둘 중 하나입니다. 저는 오래전부터 이러한 상호 의존이 우리가 살아가는 새로운 세상을 정의한다고 믿었습니다. 사람들은 공격을 받은 대상이 미국이기 때문에 우리가 행동한다고 말합니다. 이중 잣대라고 말입니다. 하지만 밀로셰비치가 코소보 지역에서 이슬람교도를 대상으로 인종 청소를 시작했을 때도 우리는 행동했습니다. 우리는 이겼고 난민들은 집으로 돌아갔고 인종 청소 정책이 뒤집혔습니다.

만약 르완다에서 100만 명이 학살된 1993년의 일이 다시 벌어진다면 당연히 우리는 행동을 취할 도덕적 의무가 있습니다. 국제 사회는 우리의 도움을 받아 지난 10년간 전쟁과 기근으로 300만 명이 목숨을 잃은 콩고민주공화국의 분쟁이라는 병충해를 처리할 수 있었습니다.

우리가 의지를 찾는다면 선진국과 개발도상국이 아프리카를 위한 파트너십을 맺을 수 있습니다. 우리가 선택한다면 기후 변화를 무찌를 수 있습니다. 우리는 상상력을 발휘해 지구를 파괴하지 않는 에너지를 만드는 기술을 활용하거나 찾을 수 있습니다. 원한다면 중동 평화 과정Middle East Peace Process에 새로운 숨결을 불어넣을 수 있으며 그래야만 합니다.

세계 공동체는 무력만큼 연민compassion에 대한 역량도 보여야만 합니다. 비판자들은 국가들이 저마다 자국의 이익을 위해 행동하는데 어떻게 세계가 하나의 공동체가 될 수 있느냐고 할 것입니다. 물론 맞는 말입니다. 하지만 금융시장과 기후 변화, 국제 테러, 핵 확산, 세계 무역이 주는 교훈은 무엇입니까? 오늘날 자기 이익과 상호 이익은 불가분하게 서로 얽혀 있습니다.

세계화를 어떻게 막느냐가 쟁점이 아닙니다. 우리가 어떻게 공동체의 힘으로 세계화와 정의를 합치느냐가 쟁점입니다. 영국 내에서 좋은 결과를 내준 원칙, 즉 힘과 부, 기회가 소수가 아닌 다수의 손에 놓여야 한다는 원칙을 세계 경제를 위한 빛의 길잡이로 삼는다면 그것은 선을 위한 힘이 될 것입니다.

현대 사회민주주의의 통치 이념은 공동체 정신입니다. 그것은 사회정의라는 원칙으로 세워졌습니다. 사람들이 출신이 아닌 장점에 따라 성공해야 하고 제대로 된 사회냐 아니냐의 시험대는 가난하고 약한 자들에 대한 헌신이라는 원칙입니다.

하지만 가치만으로는 충분하지 않습니다. 우리의 정책은 현실주의가 이상주의만큼 분명해야만 성공할 수 있습니다. 오늘날 우리 당의 강인함은 우리가 이룬 변화와 배움의 여정에서 나옵니다. 우리는 진정한 평등이란 평등한 결과가 아닌 평등한 가치라는 사실을 배웠습니다. 우리의 여정에서 가치는 결코 변하지 않았습니다. 하지만 수단은 변합니다. 여정은 아직 끝나지 않았으며 영원히 끝나지 않습니다.

9·11테러를 저지른 자들을 응징하려는 우리의 행동은 피를 갈망해서 나오는 것이 아닙니다. 그것이 옳은 일이기 때문입니다. 우리는 이슬람에 맞서지 않습니다. 진정한 이슬람교도는 이 투쟁에서 우리의 형제자매입니다. 빈 라덴은 복음의 가르침을 말하면서 약탈과 살인을 저지른 12세기의 십자군만큼이나 코란의 진정한 가르침을 따른다고 할 수 없습니다. 이제 서구는 이슬람의 무지에 맞서야 합니다. 유대인, 이슬람교도, 기독교 모두가 아브라함의 자식입니다. 이제는 믿음을 더욱 한데 모아 공동의 가치와 유산, 힘과 단결의 원천을 이해해야 하는 순간입니다.

이슬람 역시 미국에 대한 선입견에 맞서야 할 때입니다. 이슬람뿐만 아니라 일부 서구 사회도 그래야 합니다. 미국도 우리처럼 한 사회로서의 결함이 있습니다. 하지만 미국은 자유국가이고 민주주의 국가이며 우리의 동맹입니다. 9·11테러에 대한 일부의 반응은 미국을 증오하는 이들을 창피하게 만듭니다.

저는 이것이 자유를 위한 투쟁이라고 믿습니다. 저는 정의를 위한 싸움이 되기를 바라고 있습니다. 죄인을 벌하는 정의일 뿐만 아니라 민주주의와 자유의 동일한 가치를 전 세계인에게 전하는 정의입니다. 여기에서 자유는 개인에 한정된 좁은 의미가 아니라 개인의 잠재력을 온전히 개발할 수 있는 경제적·사회적 자유라는 넓은 의미입니다. 그것이야말로 만인의 동등한 가치 위에 세워진 공동체의 의미입니다.

북아프리카의 사막에서 가자지구의 빈민가, 아프가니스탄의 산악지대에 이르기까지 가난하고 비위생적인 곳에서 배고프고 비참하고 착취당하며 살아가는 사람들 또한 우리의 대의명분에 속합니다. 우리는 이 순간을 잡아야 합니다. 만화경은 흔들렸고 조각들이 움직이고 있습니다. 머지않아 그들은 다시 자리를 찾을 것입니다. 그 전에 세상의 질서를 다시 세웁시다.

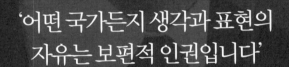

'어떤 국가든지 생각과 표현의
자유는 보편적 인권입니다'

오르한 파묵

(Orhan Pamuk, 1952~)

터키 소설가 오르한 파묵의 펜 월드 보이스 페스티벌 개막 연설,
'글을 쓸 수 있는 자유' 강연 | 미국 뉴욕, 2006년 4월 25일 |

오르한 파묵은 2005년 2월에 발간된 스위스 잡지 〈다스 마가진Das Magazin〉과의 인터뷰에서 조국 터키에 대해 이렇게 말한 것으로 보도되었다.

'여기에서 쿠르드족 3만 명과 아르메니아인 100만 명이 학살되었다. 감히 그 사실을 언급하는 사람이 많지 않다. 그래서 내가 말한다.'

이 말 때문에 그가 엄청난 논란의 중심에 서게 되었는데, 이 강연이 이루어진 직접적인 배경이기도 하다.

터키는 2005년 6월부터 새로운 형법을 시행했는데 극단적인 민족주의 성향의 변호사들이 새로운 형법 301조에 따라 파묵의 발언이 '터키 모독'이라면서 그를 기소했다. 2005년 12월에 그의 재판이 시작되었지만 6개월~3년형을 선고받을 수 있는 그의 기소 처분은 기각되었다. 형법 조항이 소급 적용되는 사건이었으므로 재판이 계속되려면 법무부 장관의 승인이 필요했는데 터키 정부는 세계적인 평판을 의식했고, 특히 유럽연합 가입 문제가 걸려 있어 기소 처분을 기각했다.

동서의 문화가 서로 교차하며 흐름을 다루는 파묵의 소설은 유럽과 아시

오르한 파묵(1952~)

1976 이스탄불 기술대학교에서 건축학을 공부한 뒤 이스탄불 대학교를 졸업함
1982 첫 소설 『제브데트 씨와 아들들』을 발표함
1985~1988 뉴욕 컬럼비아 대학교 방문학자로 초빙됨
1985 『하얀 성』으로 세계적인 명성을 얻음
1990 『검은 책』을 발표함
1998 『내 이름은 빨강』을 발표함. 터키 정부의 '국가 예술가' 칭호를 거부함
2002 『눈』을 발표함
2003 『이스탄불 : 도시 그리고 추억』을 발표함
2006 컬럼비아 대학교 방문교수에 임명됨. 노벨문학상을 수상함

아 대륙 양쪽에 다리를 걸치고 있는 도시 이스탄불을 면밀하게 그려냄으로써 작품의 힘을 얻는다. 그는 현대화가 오래된 문화를 흔드는 충격을 묘사하고 전통적인 비서구 사회들이 진보적이고 자기만족적인 서구에 느끼는 굴욕감을 두려워하는 모습에 민감하다. 평소 자신의 작품과 사회 문제에 거리를 유지하고 사회운동의 정해진 구호를 거부했기에 그가 사회문제를 공개적으로 언급하는 것이 쉬운 일은 아니었다.

이 강연은 곤란한 진실을 인정할 수밖에 없는 자연적 탐미주의자의 지적 긴장을 잘 보여준다. 작가는 자신의 맥락에서 벗어날 수 없으며 억압에 대한 저항은 도덕적으로 불가피한 일이라는 것이다. 파묵이 쿠르드족과 아르메니아인을 언급한 것은 열성적인 국민 의식을 일깨우기 위한 계산된 행동이었다. 하지만 그는 한 명의 터키인으로서 역사와 현대의 특정 사실에 맞서야 한다고 국민들을 설득했다.

쿠르드족은 오스만 제국으로부터 독립하기를 원하는 수많은 민족 집단 중 하나였지만 그들의 염원은 이루어지지 못했다. 제1차 세계대전 이후 오스만 제국이 멸망하자 쿠르드족은 이란, 이라크, 시리아, 그리고 새로 들어선 터키공화국 등의 국경 지대로 흩어졌다. 터키군과 쿠르드족 분리 독립주의자들은 근래에 매우 격렬한 갈등에 휩싸였고 터키가 1991년까지 법적으로 금지했던 쿠르드어의 사용은 여전히 제한되어 있다.

제1차 세계대전은 '아르메니아인 대학살'의 배경이기도 하다. 이슬람 문화권인 오스만 제국은 당시 여전히 기독교 정교회 문화였던 러시아와 전쟁 중이었는데 러시아와 같은 종교를 믿는 아르메니아인들이 친러시아 성향이며 반역적 행동과 정서를 가지고 있다고 의심했다. 중립적 관찰자들에 따르면 오스만 제국 정부의 민족 말살 정책으로 1915년부터 1917년까지 100만~150만 명의 아르메니아인이 학살되었다. 오스만 제국에 이어 들어선 터키공화국은 학살을 부정했으므로 파묵은 '금지된 주제'를 다룬 것이었다. 파묵의 맺는말은 '무장한 선교사'를 아무도 반기지 않는 이유를 일깨워준다.

————◆❋◆————

1985년 3월, 아서 밀러Arthur Miller와 해럴드 핀터Harold Pinter는 이스탄불을 함께 여행했습니다. 당시 그들은 세계 연극계에서 아마도 가장 중요한 인물이었지만, 안타깝게도 그들은 연극이나 문학 행사 때문이 아니라 터키에서 표현의 자유가 제한되어 있었기 때문에 이스탄불에 온 것이었습니다. 저는 그 시대의 신문 자료나 연감을 볼 때마다 대부분의 사람이 그 시대에서 떠올리는 이미지를 마주하게 됩니다. 양쪽에 헌병을 세워두고 법정에 앉아 있는 빡빡머리의 남자들이 재판이 진행될수록 얼굴을 찌푸리고 있는 모습입니다. 그중에는 작가도 많았는데 밀러와 핀터는 그러한 작가들과 그 가족을 만나 그들을 돕고 그들이 처한 역경에 세상의 관심이 쏠릴 수 있도록 하기 위해 이스탄불에 온 것이었습니다. 저는 친구와 함께 그들의 가이드를 맡기로 되어 있었습니다.

그전까지만 해도 저는 정치 세계의 변두리에 서 있었습니다. 하지만 억압과 학대, 완전한 악에 대한 숨 막히는 이야기를 들으면서 저는 죄책감으로, 또한 연대감으로 그 세계에 이끌렸습니다. 그리고 그와 동시에 그 모든 것으로부터 나 자신을 보호해야겠다는, 평생 아무것도 하지 않고 아름다운 소설만 써야겠다는 정반대되는 욕망도 느꼈습니다.

선명하게 떠오르는 이미지 하나가 있습니다. 이스탄불 힐튼 호텔의 기다란 복도 끄트머리에서 저와 친구가 조금 불안한 듯 귓속말을 주고받고,

다른 쪽 끄트머리에서는 밀러와 핀터가 똑같이 강렬하고 어두운 분위기 속에서 귓속말을 나누고 있습니다. 그 장면은 복잡한 제 마음속에 새겨졌습니다. 아마도 터키의 복잡한 역사와 그들의 역사 사이에 자리한 먼 거리를 보여주는 동시에 위안을 주는 작가 연대가 가능하다는 사실을 시사하는 장면이기 때문일 것입니다.

저는 그들과 함께 참석한 모든 모임에서 공동의 자부심과 수치심을 똑같이 느꼈습니다. 우리가 만난 작가, 사상가, 기자들은 대부분 스스로 좌파라고 말했습니다. 그로부터 20년이 지난 뒤 그들 중 절반, 정확한 숫자는 모르겠지만 절반 정도가 서구화·민주주의와 뜻이 다른 민족주의의 편에 서 있습니다. 물론 저는 애석함을 느낍니다.

어떤 국가든지 생각과 표현의 자유는 보편적 인권입니다. 현대인이 빵과 물만큼이나 간절히 갈구하는 이 자유는 민족주의 정서나 도덕적 민감성, 그리고 최악으로는 기업 또는 군사적 이익 때문에 제한되어서는 결코 안 됩니다. 우리는 종교와 민족적 뿌리 때문에 이민자와 소수민족을 폄하하는 이들을 경계해야 합니다. 그들이 떠나온 조국의 정부가 자국민들을 억압하는 경우도 마찬가지입니다.

소수민족의 휴머니티와 종교적 믿음을 존중하려면 생각의 자유를 제한해서는 안 됩니다. 나와 다른 이들을 이해하기 위해서라면서 인권을 침해해서는 안 됩니다.

저는 언제나 정치적 판단을 명확하고 단호하게, 그리고 강력하게 표현하는 데에 어려움을 느낍니다. 사실이 아닌 말을 하는 것처럼 가식적으로 느껴집니다. 그것은 삶에 대한 제 생각이 단 하나의 목소리와 단 하나의 관점으로 축소될 수 없다는 사실을 잘 알고 있어서입니다. 결국 저는 작품 속의 모든 인물, 특히 악역들과 자신을 동일시하는 일을 직업으로 하는 소설가이기 때문입니다. 억압과 압제의 희생자였던 사람이 금세 억압자가 될 수 있는 세상에서 살고 있기에 저는 사람과 사물에 대해 강한 신념을 갖기가 얼마나 힘든지도 잘 알고 있습니다.

저는 또한 대부분의 사람이 선한 의지와 좋은 의도에서 이러한 모순적인 생각을 동시에 품는다고 생각합니다. 소설을 쓰는 즐거움은 이 특정한 현대사회의 조건을 탐험할 수 있다는 데서 나옵니다. 우리는 우리 자신, 우리의 기이하고 모순적인 내면의 생각, 그리고 제가 앞에서 언급한 자부심과 수치심을 이해해야 합니다.

20년 전에 제가 이스탄불에서 밀러와 핀터를 안내하면서 느낀 수치심과 자부심을 좀 더 분명하게 보여주는 이야기를 해드리겠습니다. 그들이 이스탄불을 방문하고 10년이 지난 뒤, 저는 우연히도 제 소설과 아무런 연관이 없는 표현의 자유에 대한 공개적인 발언을 연이어 하게 되었고 오래지 않아 저는 제가 의도한 것보다 훨씬 더 강력한 정치적 성향을 띠게 되었습니다. 그즈음의 어느 날, 표현의 자유에 관한 유엔 보고서를 작성한 인도인이 이스탄불에 와서 저를 찾았습니다. 그는 지금까지 제 머릿속에서 이상하게 메아리치는 질문을 했습니다.

'파묵 씨, 당신의 조국에서 일어나고 있는 일 가운데 소설에서 다루고 싶지만 법적으로 금지되어 있어서 피하고 있는 일은 무엇입니까?'

10년 전만 해도 터키에는 법과 억압적인 국가 정책으로 금지된 주제가 지금보다 훨씬 더 많았지만 하나씩 살펴보니 '제 소설'에서 다루고 싶은 것은 하나도 없었습니다. 하지만 '토론이 불가능한 주제들 중에 내 소설에서 다루고 싶은 것은 하나도 없다'고 대답하면 좋지 못한 인상을 줄 게 뻔했습니다. 저는 이미 위험한 주제들에 대해 공개적으로 자주 말했기 때문이었습니다. 머릿속으로 이 모든 생각을 하는데, 갑자기 제 침묵이 부끄러워졌고 표현의 자유가 자부심에 뿌리를 두고 있으며 본질적으로 인간의 존엄성의 표현이라는 제 믿음을 다시금 확인할 수 있었습니다. 저는 금지되었다는 이유만으로 금지된 주제를 제기하기로 한 작가들을 개인적으로 알고 있습니다. 저 역시 다르지 않다고 생각합니다. 다른 집의 다른 작가가 자유롭지 않으면, 그 어떤 작가도 자유롭지 않기 때문입니다.

친구들은 저에게 혹은 다른 이들에게 가끔 이렇게 말합니다. '그런 식으로 표현하지 말았어야 해. 불쾌하게 느끼는 사람이 없도록 표현했다면 지금 곤란에 처할 일도 없잖아.' 하지만 억압받는 문화 속에서 모든 사람에게 받아들여질 수 있도록 말을 바꾸고 포장한다면 그것이 바로 수치스럽고 치욕스러운 일입니다.

올해 펜 페스티벌PEN fstival의 주제는 이성과 신념입니다. 그러니 문화와 종교를 폄하하는 것이, 혹은 더욱 구체적으로, 민주주의와 생각의 자유라는 이름으로 다른 나라에 무자비한 폭력을 가하는 것이 얼마나 '이성적'인 일인지 질문해봅시다. 이라크 전쟁에서 독재화와 10만 명에 가까운 이들을 죽인 것은 평화도 민주주의도 가져다주지 못했습니다. 그와 반대로 민족주의와 서구에 대한 분노에 불을 지폈을 뿐입니다. 민주주의와 세속주의를 위해 투쟁하고 있는 중동 지역 소수민족들의 상황이 오히려 훨씬 더 어려워졌습니다. 이 야만적이고 잔인한 전쟁은 미국과 서구의 수치입니다. 펜 같은 조직, 그리고 해럴드 핀터와 아서 밀러 같은 작가들이 그 자부심입니다.

'오늘로 부정의 시대,
지연의 시대는 끝났습니다'

케빈 러드

(Kevin Rudd, 1957~)

오스트레일리아 총리 케빈 러드의 원주민 탄압 역사에 대한 사과 연설

| 오스트레일리아 캔버라, 2008년 2월 13일 |

케빈 러드 총리는 오스트레일리아가 원주민을 탄압했던 역사를 회개하는 안건을 의회에 제출함으로써 선거 공약을 지켰다. 노동당이 5.4퍼센트의 지지율 역전을 보이며 선거에서 승리한 것은 대단한 일이었고 중도좌파로의 결정적인 전환이 그를 총리로 만들어주었다. 러드는 '새로운 스타일의 리더십'을 약속했고, 그의 과묵함은 오스트레일리아 정치 전통에서 흔히 볼 수 있는 열정적인 스타일과 확연히 구분되었다. 유창한 중국어 실력과 외교적 전문성 덕분에 러드는 중국 및 동남아시아와의 전략적 관계에서 확고한 태도를 취할 수 있었고 선거 운동 중에도 정치 관료와 기업가로 활동한 자신의 경험을 강조했다. 그는 진지한 결단력으로 하원에서 '도둑맞은 세대stolen generations'에 대해 이야기함으로써 '오스트레일리아 역사의 가장 어두운 장'에 제기된 사안을 공정하게 다루었다. 그의 연설에서는 그 사안들이 오스트레일리아의 과거뿐만 아니라 미래에 갖게 되는 의의를 창의적으로 이해하고 있다. '미완의 과제'가 자연적 정의의 문제이고 원주민에 대한 사과는 오스트레일리아가 식민주의적 태도에서 벗어나는 마지막 단계라고 했다. 백인의 도착과 함께 시작된 시

케빈 러드(1952~)

1981 캔버라의 오스트레일리아 국립대학교 아시아학과를 졸업함

1981~1988 외무부 소속 외교관으로 활동함

1989~1992 퀸즐랜드 주총리 웨인 고스(노동당)의 비서실장으로 근무함

1992~1995 퀸즐랜드 정부 내각사무처 처장 역임

1996~1998 회계 기업 KPMG 오스트레일리아의 중국 담당 선임 컨설턴트로 근무함

1998 오스트레일리아 의회 하원의원으로 선출됨

2001~2005 예비 내각의 외무부 장관 역임

2006 노동당 당수로 선출됨

2007 오스트레일리아 총선에서 노동당이 자유-국민당 연립정부를 누르고 승리(11월 24일), 총리에 취임함(12월 3일)

대가 막을 내렸고 러드는 오스트레일리아를 더욱 포용적인 시대로 이끌고 있었다.

오스트레일리아의 원주민은 최소 5만 년 전 아시아에서 건너온 이주자들의 후손이다. 러드가 언급한 '꿈의 시대Dreamtime'는 원주민의 전통 설화에 등장하는 세상이 창조되기 이전의 성스러운 시대를 말한다. 그들의 신화적 가치는 현재까지 상징과 믿음 속에서 존속되고 있다. 오스트레일리아에서 원주민 아이들과 부모를 떼어놓은 정책이 처음 시행된 것은 빅토리아 식민지가 채택한 원주민 보호 정책Aboriginal Protection Act(1869년)의 규정을 통해서였다. 다른 주들도 원주민 인구를 결국 '소멸'시키고 백인 다수 집단에 유전적·문화적으로 동화시키려는 공동의 목표를 위해 똑같은 수단을 선택했다. 러드 총리의 사과에는 토레스 스트레이트 섬Torres Strait Islands 원주민들까지 포함되었는데 오스트레일리아 북부 해안과 뉴기니 사이에 위치한 그 섬의 주민들도 같은 정책으로 고통당했기 때문이다.

20세기 말 원주민 인구의 문맹과 질병, 실업률 통계는 사회적 '개선'이라고 일컬었던 정책 목표의 실상을 비극적으로 말해주었다. 1997년에 발표된 '도둑맞은 세대'에 대한 전국적 연구 보고서 「그들을 집으로Bringing Them Home」는 강제 분리에 대해 입법부가 공식적으로 사과해야 한다는 결론을 내렸다. 빅토리아와 사우스오스트레일리아, 뉴사우스웨일스 주 의회와 노던 주는 찬성했다. 그러나 당시 총리였던 존 하워드John Howard는 연방 정부의 공식 사과를 거부했다. 거기에는 그가 정치인으로서 유지해온 다문화주의 거부 노선의 영향도 있었지만 정부가 공식 사과할 경우 막대한 보상금 요구에 부딪힐까 우려한 것이기도 했다. 하워드는 그러나 2007년 총선 직전에 '원주민 문화와 사회적 분열 위기에는 원주민의 정체성과 문화에 대한 더 강력한 긍정이 필요하다'고 인정했다. 하워드 역시 전 국민적인 분위기를 감지하고 있었지만 새로운 정서를 대변한 것은 러드 총리였다. 러드가 내놓은 회개 안건은 야당의 지지를 받았고 하원과 상원에서 만장일치로 통과되었다.

———◆———

저는 제안합니다. 오늘 우리는 인류 역사에서 가장 오래 지속되고 있는 문화를 가진 이 땅의 원주민들에게 경의를 표합니다. 우리는 과거에 원주민들에게 가해진 학대에 대해 반성합니다. 특히 우리 국가의 역사에 오점을 남긴, '도둑맞은 세대'에 가해진 학대에 대해 반성합니다. 우리는 같은 오스트레일리아인들에게 엄청난 비통과 고통과 상실을 가했던 의회와 주 정부들의 법과 정책에 대해 사죄합니다. 특히 원주민과 토레스 스트레이트 섬의 아이들을 그들의 가족과 공동체와 나라에서 떼어낸 것을 사죄합니다.

도둑맞은 세대와, 그들의 후손과 남은 가족들의 고통과 상처와 아픔에 대해 우리는 사죄합니다.

가족과 공동체를 파괴한 것에 대해 어머니와 아버지들에게, 형제와 자매들에게 사죄합니다.

그로 인해 긍지 높은 사람들과 자랑스러운 문화에 가해진 모욕과 멸시에 대해 사죄합니다.

우리 오스트레일리아 의회는 이 사죄가 국가를 치유하는 일환으로 받아들여지기를 정중히 부탁드리는 바입니다.

우리는 미래를 위해 위대한 우리 대륙의 역사에 이 새로운 장이 지금 쓰일 수 있게 되었음을 되새기며 마음을 다집니다.

국가의 역사에는 자신 있게 미래를 포용하기 위해 국민들이 과거와 완전히 화해해야 하는 때가 있습니다.

우리 오스트레일리아는 바로 그런 때에 이르렀습니다.

그렇기에 오늘 이 의회는 이 나라의 미완의 과제를 다루고자, 이 나라의 영혼에서 커다란 오점을 제거하기 위해, 진정한 화해의 정신으로 이 위대한 땅, 오스트레일리아의 역사에 새로운 장을 열기 위해 모였습니다.

냉랭하고 완고하고 귀먹은 침묵이 10년 이상 계속되었습니다. 그 침묵은 우리 의회가 옳고 그름에 대한 가장 기본적인 본능을 보류해야 한다는 관점이었습니다. 너무나 잘못된 일을 옆으로 제쳐놓고 마치 도둑맞은 세대가 흥미로운 사회적 현상에 불과한 것처럼 역사가와 학자, 문화운동가들에게 맡길 구실을 찾아야 한다는 관점이었습니다.

도둑맞은 세대는 지적 호기심의 대상이 아닙니다. 그들은 인간입니다. 의회와 주 정부들의 법과 정책으로 인해 큰 피해를 입은 사람들입니다.

하지만 오늘로 부정의 시대, 지연의 시대는 끝났습니다.

아직도 우리가 지금 왜 행동해야 하는지 의구심을 갖고 있다면 잠깐 다음의 사실을 돌아보도록 하겠습니다. 1910년부터 1970년 사이에 원주민 아동 중 10~30퍼센트가 어머니와 아버지로부터 강제 분리되었고, 그 결과 5만 명에 가까운 아동이 가족과 떨어졌습니다. 법이 부여한 명백한 위력에서 나타나듯, 이것은 국가의 고의적이고 계산된 정책이 낳은 산물입니다.

이러한 강제 분리가 어쨌든 역사적 맥락에서 정당화되는 동기로부터 나온 정책이었다는 주장을 영구적으로 처리하려면 이러한 사실을 인정해야만 합니다. 원주민 아동의 강제 분리가 불과 얼마 전인 1970년대 초까지도 이루어지고 있었다는 사실을 기억해야 합니다. 우리들 중 많은 성인들이 기억하고 있는 일입니다.

이런 이유에서 이 나라의 의회와 주 정부들은 반드시 사과해야 합니다. 간단히 말해, 우리 의회가 제정한 법 때문에 도둑맞은 세대가 생겼습니다. 법을 실행한 이들이 아니라 우리, 이 나라의 의회에 궁극적인 책임이 있습니다. 법 자체에 문제가 있습니다.

모든 정착민 사회가 그러하듯, 우리는 선조들로부터 많은 축복을 받았습니다. 따라서 우리는 그들의 짐도 져야 합니다. 이 나라를 위한 행동 방향은 분명합니다. 오스트레일리아 역사의 가장 어두운 장이 된 문제를 지금 해결하는 것입니다.

그렇게 하다 보면 우리는 우리 자신과도 씨름하게 됩니다. 우리가 진실을 완전히 마주하기 전까지 완전히 단결되고 완전히 화해한 국민으로서 우리의 미래에 항상 그림자가 드리울 것입니다.

도둑맞은 세대에 다음과 같은 말을 드립니다. 오스트레일리아의 총리로서 사죄합니다. 오스트레일리아의 정부를 대신해 사죄합니다. 우리 의회가 만든 예전의 법에 의해 가해진 모든 고통과 아픔에 대해 사죄합니다. 그 법들에 담긴 수모와 비하, 모욕에 대해 사죄합니다. 연이어 내려온 의회와 정부의 행동으로 삶이 파괴된 아버지와 어머니, 형제와 자매, 가족과 공동체에 사죄합니다.

미래를 위한 우리의 도전 과제는 원주민 오스트레일리아인과 비원주민 오스트레일리아인 간에 새로운 파트너십을 받아들이는 데 있습니다. 미래를 위한 이 파트너십의 핵심은 원주민과 비원주민 오스트레일리아인의 기대수명, 교육의 성취, 고용 기회의 격차를 좁히는 데 있습니다.

국가적 화해의 날인 오늘을 나라에 대한 우리의 인식을 바꾸는 특별한 날이 되게 합시다. 우리 의회의 이름으로 도둑맞은 세대에 가해진 부당함을 다시 생각해보고 우리의 믿음 깊숙한 곳에 실질적인 화해의 가능성이 뚜렷해지는 날입니다. 모든 원주민의 오스트레일리아에 걸친 화해, 수천 세대 전 '꿈의 시대'에 나타난 사람들과 저처럼 불과 얼마 전에 바다 건너에서 온 사람들 사이의, 때때로 유혈이 낭자했던 만남의 모든 역사에 걸친 화해입니다.

이제 우리는 정착 역사의 첫 두 세기를 끝내고 새로운 장을 시작합니다. 우리는 우리들 사이에 진정한 축복으로 주어진 위대한 고대 문화를 긍지와 동경, 경외심으로 포용합니다. 그 문화는 우리 오스트레일리아 대륙을 지구상에서 가장 오래된 선사시대와 연결해주는 독특하고 연속적인 인류의 맥을 제공해줍니다.

이 나라의 역사에 새로운 장을 함께 써나갑시다.

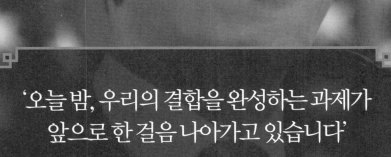

'오늘 밤, 우리의 결합을 완성하는 과제가
앞으로 한 걸음 나아가고 있습니다'

버락 오바마

(Barack Obama, 1961~)

미국의 버락 오바마 대통령이 선거일에 한 재선 당선 연설

| 미국 시카고, 맥코믹 플레이스, 2012년 11월 6일 |

미국 최초의 흑인 대통령으로 낙관주의의 물결을 타고 백악관에 입성한 버락 오바마였기에, 그가 2008년 존 매케인John McCain에게 승리함으로써 생겨난 기대를 실망시키리라는 것은 어쩌면 불가피한 일이었다. 더욱 놀라운 것은 명연설가로서의 재능으로 널리 찬사 받은 오바마에게 초임 기간에 가장 자주 쏟아진 비난 중 하나는 그가 자신의 비전을 국민들에게 전달하지 못한다는 것이었다. 선거 전에 아이비리그 출신이라는 점과 침착한 태도, 국제적인 배경은 그의 강점으로 비춰졌다. 그러나 역사적인 대선 승리의 기억이 희미해지면서 오바마는 점점 더 현실과 동떨어진 냉담한 존재로 인식되었다.

경기 부양책에도 좀처럼 활기를 띠지 못하는 경제, 끈질긴 반대 끝에 극적으로 통과된 말 많은 건강보험개혁법안, 건설적인 정치가 아니라 방해를 원칙으로 삼은 공화당이 장악한 입법부 등과 직면한 버락 오바마는 미국의 수치스러운 단임 대통령 중 한 명으로 남을 위기에 처한 것처럼

버락 오바마(1961~)

1983 뉴욕 컬럼비아 대학교를 졸업함
1985~1988 시카고 지역 사회개발 프로젝트(Developing Communities Project) 책임자로 활동함
1988~1991 하버드 법학대학에 재학하면서 〈하버드 로 리뷰(Harvard Law Review)〉 편집장을 맡음(1990년)
1992~2004 시카고 법학대학에서 강의함
1993 로펌 데이비스, 마이너, 반힐 앤 갤런드에 합류하고 법률 고문으로 근무함(1996~2004년)
1995 『내 아버지로부터의 꿈』을 출간함
1996 일리노이 주 상원의원에 당선됨(1998년과 2002년 재선), 2004년 11월에 사임함
2004. 07 민주당 전당대회에서 기조연설을 함. 상원의원에 당선됨(11월)
2006 『담대한 희망』을 출간함
2007. 02 2008년 민주당 대선 후보에 도전하겠다고 발표함
2008. 06. 03 민주당 대선 후보로 사실상 확정됨.
2009. 01 제44대 미국 대통령에 취임함(2012년 재선)
2017. 01 대통령직에서 퇴임함

보였다.

2012년 대선이 역사상 가장 치열하리라는 것은 거의 분명했다. 성난 선거운동은 21세기 초 미국에 번진 단층선을 드러냈다. 오바마의 경쟁자는 매사추세츠 주지사 출신으로 2008년에도 공화당 대선 후보에 도전했던 미트 롬니Mitt Romney였다. 롬니는 기본적으로 중도파 공화당원이었지만 2012년 공화당 대선 후보로 지명되기 위해 보수주의적 견해를 적극 옹호했다. 설문 조사 결과 두 후보의 지지도는 종이 한 장 차이로 막상막하였다.

하지만 재선에 도전한 오바마는 젊은 세대와 흑인, 라틴계, 여성 유권자들로 이루어진 '무지개 연합'의 압도적인 지지 덕분에 가뿐하게 승리했다. 오바마의 재선은 미국의 인구층을 크게 바꾼 변화를 분명하게 말해주었고 동시에 그에게 진보적인 의제를 추구할 권한을 주었다. 이 두 가지 주제는 롬니가 선거 결과에 승복하고 몇 시간 뒤에 한 오바마의 연설에도 깊이 새겨져 있다.

오바마는 지난 몇 년간 미국 정치 담론의 전형적인 특징이 되어버린 독한 논쟁이 일으킨 상처를 애써 부정하지 않는다. 미국의 주들은 그 어느 때보다 심하게 분열되고, 대선 경쟁 또한 그 어느 때보다도 독설로 가득 찼다. 하지만 이 연설은 오바마의 개인적인 낙관주의와 미국의 미래에 대한 믿음을 다시 확인해준다. 그것은 그동안 중요해 보이지 않았던, 200년 이상 이어져온 철저하게 미국적인 믿음이었다.

———◆◆◆———

한 식민지가 스스로 운명을 결정할 수 있는 권리를 쟁취한 지 200년도 더 지난 오늘 밤, 우리의 결합을 완성하는 과제가 앞으로 한 걸음 나아가고 있습니다.

여러분 덕분에 앞으로 나아갑니다. 여러분이 전쟁과 공황을 이겨낸 정신을, 이 나라를 절망의 구렁텅이에서 희망의 드높은 곳으로 들어 올린 정신을, 각자가 개인의 꿈을 추구하는 동시에 우리가 한 나라와 한 국민으로 흥망성쇠를 함께하는 가족이라는 믿음을 다시 확인해준 덕분에 앞으로 나아갑니다.

저는 정치 캠페인이 때로는 하찮고, 심지어 어리석어 보이기까지 한다는 것을 알고 있습니다.

하지만 여러분이 우리의 집회에 나왔거나, 고등학교 체육관에서 로프 라인을 따라 수많은 인파와 함께 서 있거나, 집에서 멀리 떨어진 작은 마을의 선거운동 사무실에서 늦게까지 일하는 사람들과 이야기를 나눠본다면 뭔가 다른 사실을 발견할 것입니다.

여러분은 혼자 힘으로 대학까지 나오고, 또 모든 아이가 그런 기회를 가질 수 있도록 노력하는 한 젊은 선거운동 현장 책임자의 목소리에서 단호한 의지를 느낄 수 있을 겁니다. 지역 자동차 공장이 근무 교대조를 늘려서 오빠가 드디어 취직되었기 때문에 집집마다 다니는 자원봉사자의 목소리에서 자부심을 느낄 수 있을 것입니다. 나라를 위해 싸우는 그 누구도 고국으로 돌아왔을 때 직장이나 집을 얻기 위해 싸울 필요가 없도록 밤늦게까지 전화로 선거운동을 하는 군인 배우자의 목소리에서 깊은 애국심이 느껴질 것입니다.

그것이 바로 우리가 이 일을 하는 이유이고, 그것이 정치에 담긴 가능성입니다. 그것이 선거가 중요한 이유입니다. 절대 하찮지 않은, 큰일입니다. 3억 인구의 국가에서 민주주의는 시끄럽고 혼란하고 복잡할 수 있습니다. 우리는 저마다 견해가 있습니다. 저마다 굳은 신념을 가지고 있습니다. 우리가 한 나라로서 힘든 일을 겪을 때나 중대한 결정을 내릴 때, 그 상황은 당연히 우리의 열정을 자극하고 논쟁도 일으킵니다. 그것은 오늘 밤 이후로도 변하지 않을 것입니다. 변해서도 안 됩니다. 우리 각자가 가진 주장은 자유의 표시입니다. 우리는 우리가 자유롭게 자기 견해를 말할 때 저 먼 어떤 나라의 사람들은 지금 이 순간, 중요한 사안에 대해 주장을 펼치고 우리가 오늘 한 것처럼 투표할 수 있는 기회를 얻기 위해 목숨을 걸고 있다는 사실을 결코 잊을 수 없습니다.

그러나 우리의 그 모든 차이에도 불구하고 우리 대부분은 미국의 미래에 대해 어떤 희망을 공유하고 있습니다.

우리는 우리 아이들이 가장 좋은 학교에서 가장 좋은 선생님으로부터 교육 받고, 좋은 일자리와 새로운 사업들이 생겨나는 나라에서 자라기를 바랍니다.

우리는 아이들이 빚에 허덕이지 않고 불평등으로 약해지지 않고 지구 온난화의 파괴적인 힘에 위협받지 않는 미국에서 살기를 원합니다.

우리는 안전하고 세계적으로 존경받는 나라, 이 전쟁의 시간을 넘어 모든 인간을 위한 자유와 존엄성에 대한 약속 위에 건설되는, 평화를 이룩하기 위해 자신 있게 움직이는 나라를 아이들에게 물려주고 싶어 합니다.

우리는 너그러운 미국, 연민을 가진 미국, 관용이 있는 미국을 믿습니다. 우리 학교에서 공부하고 우리 깃발에 맹세를 하는 이민자의 딸의 꿈, 가까운 길모퉁이 너머의 삶을 바라보는 시카고 남부에 사는 소년의 꿈, 의사나 과학자, 엔지니어, 기업가, 외교관, 심지어 대통령도 되고 싶어 하는 노스캐롤라이나 가구 노동자의 자녀가 가진 꿈에 열려 있는 미국을 믿습니다.

그것이 바로 우리가 희망하는 미래입니다.

이 나라는 어느 국가보다 많은 부를 소유하고 있지만 우리를 부자로 만드는 것은 물질적 부가 아닙니다. 미국은 역사상 가장 강한 군대를 가지고 있지만 우리를 강하게 만드는 것은 그것이 아닙니다. 우리의 대학과 문화는 전 세계의 부러움의 대상이지만 전 세계가 계속 미국으로 건너오는 이유는 그것이 아닙니다. 미국을 탁월하게 만드는 것은 지구상에서 가장 다양한 민족을 하나로 묶어주는 유대감입니다. 우리가 공동의 운명을 가졌으며 서로와 미래 세대에 대한 의무를 받아들여야만 이 나라가 잘 굴러갈 수 있다는 믿음입니다. 수많은 미국인이 투쟁하고 죽음으로 얻은 자유에는 권리뿐만 아니라 책임이 함께 따르며 그 책임에는 사랑과 자선, 의무, 그리고 애국심이 있습니다. 그것들이 바로 미국을 위대하게 만듭니다.

그런 정신이 미국에서 움직이는 모습을 보았기에 오늘 밤 저는 희망적입니다. 이웃들을 해고하기보다 자신의 급여를 깎는 가족 사업 운영자들과, 친구가 일자리를 잃게 하는 것보다 자신의 근무 시간을 줄이는 근로자들에게서 그 정신을 보았습니다. 팔이나 다리를 잃었는데도 재입대하는 군인들, 뒤를 받쳐주는 친구가 있음을 알기에 계단을 돌진해 어둠과 위험 속으로 뛰어드는 해군 특수부대 대원들에게서 그 정신을 보았습니다. 뉴저지와 뉴욕의 해안에서 모든 정당과 정부의 지도자들이 서로의 차이를 내려놓고 태풍 피해로 망가진 지역사회를 재건하기 위해 돕는 모습에서 그 정신을 보았습니다.

우리가 그동안 겪은 모든 시련과 정부의 좌절에도 불구하고 저는 오늘 밤, 그 어느 때보다 우리의 미래에 대해 희망적입니다. 저는 지금 그 어느 때보다 미국에 대해 희망적입니다. 저는 여러분께 그 희망을 이어나갈 것을 요청합니다.

앞에 놓인 거대한 과제나 길을 막는 장애물을 그저 무시해버리는 그런 유의 희망, 맹목적인 낙관론에 대해 말하는 것이 아닙니다. 옆으로 물러나 앉아 있거나 싸움을 회피해도 되는 희망적 이상주의에 대한 이야기도 아닙니다. 저는 항상 희망이란, 그에 반대되는 모든 증거에도 불구하고, 도달하려고 하는 용기를 갖고 있는 한, 계속 일을 하는 한, 우리가 싸우고 있는 한, 보다 나은 무언가가 우리를 기다린다고 우리 마음속에서 고집스럽게 주장하는 것이라고 믿어왔습니다.

저는 우리가 우리의 건국 약속을 지킬 수 있다고 믿습니다. 열심히 일하려는 의지만 있다면 여러분이 누구건, 어디에서 왔건, 어떻게 생겼건, 어디를 사랑하건 상관없다는 약속 말입니다. 흑인이든 백인이든, 히스패닉이든 아시아인이든 미국 원주민이든, 젊든 나이가 들었든, 부자든 가난하든, 비장애인이든 장애인이든, 동성애자든 이성애자든 상관없습니다. 미국에서는 노력 의지만 있으면 성공할 수 있습니다.

저는 정치가 시사하는 것만큼 우리가 분열되어 있지 않기에 함께 이 미래를 붙잡을 수 있다고 믿습니다. 우리는 정치 전문가들의 생각만큼 냉소적이지 않습니다. 우리는 각 개인의 야망을 합친 것보다 더 큰 존재이며, 우리는 공화당이 우세한 주와 민주당이 우세한 주를 합친 것보다 더 큽니다. 우리는 미합중국이며 앞으로도 영원히 그러할 것입니다.

그들은 말했다!

초등학교 시절 반 대표로 전교 웅변대회에 나갔던 일은 아직도 살짝 부끄러운 기억으로 남아 있다. 수많은 전교생 앞에 서서 말해야 한다는 것이 어찌나 부끄러웠던지, 허공의 한 지점을 정해놓고 줄곧 그곳만 응시하면서 어설픈 웅변을 했던 기억이 아직도 생생하다. 원고 또한 직접 작성한 것이 아니라 선생님이 준 것이었으니, 부끄러움은 둘째 치고 제대로 된 연설이라고도 할 수 없었다. 아이들 또한 아무 생각 없이 듣고 있었을 것이다. 청중 앞에 선 연설자가 깊은 울림을 가진 메시지로 사람들을 움직일 수도 있다는 사실을 그때는 알지 못했다.

그런 기억을 간직한 채 만난 이 책은 진정한 연설이란 무엇인가를 깨닫게 해주고 현대사 공부도 할 수 있는 기회를 주었다.

제2차 세계대전 당시 아일랜드가 택한 중립 정책에 대해 설명하는 데 벌레라 총리부터 재선에 성공한 버락 오바마 대통령까지 현대 역사에서 굵직굵직한 자리를 차지하는 이들의 연설이 한자리에 모여 있다. 또 한 권의 흔한 명연설문집처럼 보일 수 있지만, 연설문뿐만 아니라 연설자에 대한 짧은 소개는 물론 연설 문구의 맥락까지 간단하게 설명해 한결 더 이해하기 쉽도록 도와준다. 읽다 보면 1945년 이후부터 현재까지 어떤 일들을 거쳐 세상이 어떻게 만들어졌는지가 그려진다.

유럽에 철의 장막이 드리워졌음을 알리는 윈스턴 처칠, 국가가 당신을 위해 무엇을 할 수 있는지 묻지 말고 당신이 국가를 위해 무엇을 할 수 있을지 물어보라고 요구하는 존 F. 케네디, 불명예스러운 사임에 대해 실수한 건 맞지만 사리사욕을 취한 적은 없다고 힘주어 말하는 리처드 닉슨, 노병은 죽지 않고 사라질 뿐이라는 비장한 분위기의 맥아더 장군, 유럽 각국의 정체성을 유지한 채 단결을 도모하자고 주장하는 마거릿 대처 등 우리에게 친숙한 이름의 연설자를 많이 만날 수 있다.

특히 신념을 위해서는 죽을 준비가 되어 있다고 담담하게 말하는 넬슨 만델라의 연설이나 '나에게는 꿈이 있습니다'라면서 마치 붓으로 그리듯 꿈을 생생하게 묘사하는 마틴 루터 킹 주니어의 연설은 과연 그들이 괜히 명연설자가 아니라는 감탄을 자아낸다.

그런가 하면 피델 카스트로나 니키타 흐루시초프, 마오쩌둥 같은 이들의 연설은 독재자에게도 언어가 무력 못지않게 중요한 도구였음을 알려준다. 특히 연설에서 자유로운 관점을 장려해놓고 오히려 자신에게 반대하는 이들을 잡아들이는 수단으로 역이용한 마오쩌둥의 전략은 또 다른 측면에서 언어의 힘을 보여준다. 연설이 나쁜 쪽으로 사람을 쥐락펴락할 수도 있다는 것이다.

또한 자부심을 담아 새 헌법을 공포하는 캐나다 트뤼도 총리의 연설이나 오스트레일리아 정부의 원주민 탄압 역사에 대해 진심으로 거듭 사죄하는 케빈 러드 총리의 연설, 과거에 눈을 감으면 미래도 보지 못한다며 독일에 국가적 차원의 자기 성찰 기회를 마련하는 폰 바이츠제커 대통령의 연설, 다국적 기업에 대한 소비자의 힘을 강조하는 아니타 로딕의 연설 등은 매우 신선하고 새로운 느낌으로 다가왔다.

오르한 파묵이나 셰이머스 히니 같은 명망 있는 작가의 연설문은 서정적인 느낌과 더불어 남다른 울림을 선사한다. 또한 어나이린 베번, 제시 잭슨, 배리 골드워터, 줄리어스 니에레레, 가말 압델 나세르 등 비교적 우리에게 친숙하지 않은 정치인들 또한 만나볼 수 있었다. 그들 각자가 처한 상황의 맥락을 알 수 좋은 기회였다.

이 책은 훌륭한 연설이 한 개인에게 영감을 줄 뿐만 아니라, 나아가 한 국가를 움직일 수도 있음을 실감하게 해준다. 이 연설자들의 연설은 역사속에서 지혜와 영감을 구하고자 하는 독자들이 언제든 기댈 수 있는 든든한 어깨가 되어줄 것이다.

그레이트 스피치

초판 1쇄 인쇄 | 2017년 12월 11일
초판 1쇄 발행 | 2017년 12월 15일

지은이 | 하이웰 윌리엄스
옮긴이 | 정지현
펴낸이 | 박남숙

펴낸곳 | 소소의책
출판등록 | 2017년 5월 10일 제2017-000117호
주   소 | 03961 서울특별시 마포구 방울내로9길 24 301호(망원동)
전   화 | 02-324-7488
팩   스 | 02-324-7489
이메일 | sosopub@sosokorea.com

ISBN 979-11-961012-3-7 (03340)